U0578883

本书为

国家社科基金重大项目"明清盐政与边疆治理研究"（23&ZD245）

阶段性成果

新 / 经 / 济 / 史 / 丛 / 书

"十四五"国家重点出版物出版规划项目

择利而从

明代泉州盐场人群的
户籍策略

叶锦花 著

社会科学文献出版社
SOCIAL SCIENCES ACADEMIC PRESS (CHINA)

"新经济史"丛书序言

黄国信 温春来

呈现在大家面前的这套丛书，最终以"新经济史"命名，是一个无奈的选择，也是一个有意识的选择。以"新"来命名历史学或者历史学相关学科，实在缺乏表现力；更糟糕的是，"新经济史"本是 20 世纪西方经济学中以数量分析而著名的经济史流派。这两个因素，足见以"新经济史"来命名一套丛书，绝非明智之举。但我们最终仍然行此下策，是希望能赋予这一概念某种新义。我们所谓的"新经济史"，是结合经济史中的历史学派与计量学派的学术理路，以中国社会经济史传统为学术传承，以历史上经济、政治、社会、文化等密切联系的各要素的整体组合为思考依据，从历史过程的内在逻辑出发，以阐释学术意义上的中国传统经济体系为旨归，力图据此与相关社会科学展开对话，推动基于中国历史经验的经济史解释模式学术理路的形成与发展。

　　学界通常所说的"新经济史"，兴起于1950年代的美国，是计量方法与历史主义方法竞争的结果。受德国经济学历史学派的影响，1880年代以后，历史主义一直是美国经济史研究的主流方法，研究者并不以新古典经济理论为指导，而是强调历史文献和历史数据统计，意图从描述史料和统计数据中形成理论。然而，1950年代开始，经济学在美国全面数学化。在一般均衡原理得到数学的严格证明后，1957年在美国经济史协会的专题学术会议上，有学者正式提出，同样可以用新古典经济学理论解释历史上的因果关系，这成为美国新经济史的宣言，计量方法开始挑战历史主义方法，并逐步成为美国经济史研究的主流。

　　在此背景下，1964年，罗伯特·福格尔（Robert W. Fogel）出版了《铁路与美国经济增长：计量经济史论文集》一书，成为美国新经济史的代表作品。该书以新古典理论为指导，意在基于计量，精确地对铁路与美国经济增长的关系予以新解。此前，著名发展经济学家沃尔特·罗斯托（Walt W. Rostow）认为，铁路是美国经济起飞的重要动力，铁路降低了运输成本，扩大了国内市场，并且带动了煤、铁和现代工业的成长。这一观点得到经济史学界的广泛认可，成为经典论述。不过，福格尔认为，这一论述缺少足够的数理支持，只能视为一种假说。因此，在缺乏直接数据的情况下，福格尔极有创意地采用了反事实推定法，他推算如果没有铁路，美国的经济增长会受到多大影响。为此，他设定了一系列指标，并用线性规划模型，据已有数据创造数据，计算出1890年铁路带来的货物运输的社会节约是5.6亿美元，仅为当年GDP的4.7%，铁路建设对钢铁、机械、木材等产品的购买量为3211万美元，仅占制造业总额的3.94%。综合两个数据后，他觉得罗斯托关于铁路是美国经济起飞重要动力的结论，是有问题的。

福格尔新论一出，引起了美国经济史学界的强烈关注，支持者众，批评者亦不少。但他把由直觉推论得到的结论，置于科学主义的计量分析之下，具有极大魅力。由此开始，以计量为主要方法、以新古典经济学为理论指导的"新经济史"在美国蓬勃兴起。1968年，道格拉斯·诺斯（Douglass C. North）的《1600~1850年海洋运输生产率变化的原因》发表。该文用每吨货物的平均海洋运输成本来衡量海洋运输生产率，认为1600年至1850年轮船代替帆船之前，货物的平均运输成本下降，海洋运输生产率提高。而造成这一变化的原因，不在众口一词的海洋运输技术进步，而在海洋运输的安全性加强和市场经济规模扩大。而后者的动力，来自制度的变革。诺斯的研究，把新经济史的计量分析演化成经济学史上的新制度学派，制度从经济分析中的常量，一跃成为内生变量，"新经济史"由此进入一个新阶段。

实际上，比"新经济史"在美国的兴起稍早，在法国，计量方法也在历史研究中产生了重大影响。法国年鉴学派大约从1930年代起，逐步将计量方法引入历史研究。他们首先利用计量开展价格史研究，并逐步将其发展为"系列史"。所谓系列史，就是将一组同质的事实材料，尤其是数字材料，排成一个序列，以分析其在特定时间范围内的变化，既包括价格、税收等经济史数据，也包括宗教文书、建筑等同质数据。在系列史中，过程成为研究对象，时间的同质性被消解。由此，最终发展出米歇尔·福柯（Michel Foucault）的历史非连续性论断。此后，年鉴学派又将计量方法引入心态史研究，推动历史学的计量化，比美国"新经济史"走得更远。

凭借计量的科学感、制度分析的魅力，法国年鉴学派和美国新经济史学派引领了大批学者进入历史计量分析行列。虽然由于历史上的统计数据常常残缺，难以直接计量，但具备良好数理逻辑思维的研究者，总可以将许多并非数据的史料，通过赋值转化成数据史料来利用。比如，可以将黄河决堤理解为水量增加，把沿海动乱看成海盗活动，并将其赋值，进而进行计量分析。经过赋值，历史计量可能性变大，研究领域大幅扩展。由此，计量方法不仅在经济史研究中广泛运用，而且被推广到历史学其他领域，形成了全球性的"计量历史学"热潮，以《计量历史学》为名的教科书应广泛的市场需求而产生。与此同时，经济学家也从史料中寻找数据源，努力创新经济理论，诺斯还因此获得诺贝尔经济学奖。

　　"新经济史"和计量历史学以其模型化和计量化，把不可计量的内容变成可计量，反对"从直感得到推论和综合"的历史学，得到了作为社会科学家的经济学家们的认可，他们甚至期待这一方法可以将历史学彻底"科学化"。不过，这也激起了一批经济史家、经济学家和历史学家的广泛批评，其要点可以概括为以下几个方面。第一，计量数据与历史语境的抵牾性。以"新经济史"为代表的计量历史学以统计分析为基本手段，数据是其根本基础。然而，不少计量历史学研究者利用数据时，缺乏良好的历史学素养，不了解既有数据的语境，将其视为当然，直接使用，难免差之毫厘，失之千里。须知历史数据与其他史料一样，必须置于其语境中去考察，否则就可以根据清前期田赋额较低，而推断当时国家能力孱弱了。既有数据之外，对非数据史料赋值，更需要良好的历史感，符合历史学的基本原则，不然就可以根据史料中盗贼出现的次数，来推断农民起义爆发的次数了。计量经济史学家认为，推动经济学学理意义上的学术进步，才是计量经济史学的重点，在这一目标之下，某些数据错误并不影响计量结论。诚然，如果经济数据的性质早已得到广泛认可，数据的大小有偏差，并不影响逻辑结论，比如清嘉庆年间,中国的 GDP 占全球 30% 还是 35%,的确不影响宏观结论,但如果得出宏观结论本身所依据的数据有错误,则跟物理实验材料用错性质相同了。所以,英国著名历史学家埃里克·霍布斯鲍姆(Eric Hobsbawm)早就指出过,"新经济史"虽然可促进历史学者清晰思考,但它把终结历史神话的历史学家变成算术工具,失去对史料的掌控和驾驭,严重伤害了历史学。第二,人文学科与社会科学的方法论差异。历史学是典范的人文学科,关注行动者的主体性和能动性,重视具体场合所发生事情的多样性与丰富性。人们做出决策的机制非常复杂,在人的复杂决策机制中选择一两项作为变量而将其他视为常量或者外生变量,显然会背离事实。进而言之,历史是在无数人的合力推动下演变的,较之于个体,变量尤其复杂多歧,虽然康德、黑格尔、恩格斯等先哲早就表述过,无数个体的激情与意图所造成的偶然性,无损于历史总体内在的合规律进程,但如果研究者不是从这种历史哲学出发去阐明整个人类历史演变的宏观模式,而是致力于实证性的经验研究,就不得不面对人心易变且变量变化可能杂乱无序的状况。这就需要以整体史观作为研究的理论指导,以人为思考的中心,尽量关注到各种变量,并且要注意变量的突变,即同一个或一群人决策时,变量从 A 突然跳跃到 B 的情况(诸如有人开始以经济理性做决策,突然又转变到为宗教理性所左右)。此外,相当多的历史学者,和不少经济史家一样,明确表示无法接受历史研究的反事实推定,他们认为假定即虚构,由此构建的数据与事实无关。而一批有良好历史感的经济史家,则几乎众口一词地认为"新经济史"构建的历史模型,控制变量太多,自变量太少,结论可信度大有问题。第三,经济理论不像自然科学公式那么有效,只能是经济和经济史分析的工具,不能直接套用。它不是经济史的源头,反而经济史才是经济理论的来源之一。凯恩斯（John M. Keynes）指出，经济理论只是人们思考和理解经济问题的工具，并不具有普适性，不能与自然科学的公式相提并论。韦斯利·C.米切尔（Wesley C. Mitchell）同样认为，如果将理论当作公式分析历史数据，则不仅可能违背历史逻辑，更会遗漏发明经济理论的可能机会。第四，某些计量经济史研究不过是用一些漂亮的模型来表达一些历史学习以为常的结论。虽然经济学家可能认为这是将历史学结论从假定变成了科学验证的结论，但是，批评者仍然认为，这种研究没有提供任何新的知识，是无意义的重复劳动，对历史研究并无帮助。

计量历史学的种种缺陷，使当初曾雄心勃勃想以之改造历史学的学者们的意图彻底落空，甚至有的主要倡导者也很快改弦易辙。1967 年，著名历史学家、年鉴学派第三代学者的代表之一埃马纽埃尔·勒华拉杜里（Emmanuel Le Roy Ladurie）放言："未来的历史学家要么就是一个程序员，要么就不是历史学家。"然而，仅仅 8 年后，他的代表作《蒙塔尤》出版，这部享誉世界的史学经典，回归到传统史学的叙事，与计量毫无关系。1970 年代后，计量历史学逐渐衰落。近年来，计量历史学在一些国家和地区有复兴趋势，这有着计算机算法进步、云计算与大数据时代来临的背景。一些计量历史研究和"新经济史"也号称大数据，但事实上，许多计量历史研究，无论是在基本理念、数学模型还是数据规模上，都与六七十年前的第一代计量历史学没有多大区别，体现不出多少新意，失误的类型也如出一辙，唯一的区别可能只是史料获取更为方便了。

"新经济史"和计量历史学受到的批评，除了数据的语境之外，主要是经济学与历史学之间的学科差异造成的，双方都有自己的学理依据，都觉得有必要去改造对方。但是，对双方来说，这都是不可能完成的事情，毕竟双方学科的基本逻辑不一样。因此，提出"看得见的手"的著名企业史家艾尔弗雷德·D. 钱德勒（Alfred D. Chandler）认为，与其让双方不停相互指责，不如让双方各守本业。

我们认为，固然双方都有自己的学科本位，但中间亦存在着沟通的可能性与必要性。基于此，本丛书希望在传承中国社会经济史学术传统的基础上，就此开展一些探索。中国社会经济史研究有着近百年的时间纵深，自诞生起，它就坚持历史学的严谨考证方法，注重史料语境，强调史料利用的可靠性，并在此基础上，引入经济学、社会学等学科的分析方法，揭示纷繁复杂的历史现象所蕴含的意义。梁方仲的明代中国商业经济"一马当先"论、傅衣凌的资本主义萌芽于山区论、吴承明的二元经济论和广义经济学，均是此类研究的经典和代表。在他们开创的学术道路上，近年来刘志伟提出贡赋经济体系，系统解释了传统中国商业的高度活跃与高度集权的政治经济体系之间的关系，构建了经济史研究的"中国模型"。

本丛书倡导的"新经济史"，希望循着既有的研究路径，坚持历史学本位，以社会科学视野为观照，探析传统中国经济史的可能路径，既注重史料的语境及其可靠性，讲求历史过程的内在逻辑，也注重经济学等社会科学的分析方法和模型化的思维方式，进一步推进历史学与社会科学的融合。中国经济史文献中，叙述性史料浩如烟海，占据着主导地位，它们难以被数量化，但又是我们理解传统经济运行机制的凭借，也为相关数据性史料提供了语境。基于此，必须高度重视叙述性史料，但除了利用考据、编年等传统史学方法对之进行解读外，还必须以建构模型的视野来分析之，并且要考虑更多变量。我们也高度重视数据史料，既重视数据本身，也重视其生产过程与文本意义，回归历史场景和历史内在逻辑来建构数量关系模型。此外，我们对通过赋值来产生数据的方法持谨慎态度，不会轻易将复杂的历史现象归结于一两个简单的指标以创造数据。作为历史学者，我们深知，稍有不慎，看似科学、客观的赋值数据就会变成研究者的主观臆断，千疮百孔，破绽百出。总之，我们希望可以建构一套宏观理解传统中国经济体系的模型，以此为指导，结合扎实的描述史料和数量分析，具体展现财政、盐政、矿政、马政、市场以及其他领域的经济运行机制。我们希望本丛书倡导的新经济史在方法论上有下述特点。

第一，坚持历史学的基本原则，但对经济学和其他社会科学保持开放性。研究对象本身并不意味着学科属性，研究取向才真正决定学科性质。对过去的人与社会的研究，可以是历史学，可以是人类学，也可以是经济学，或者其他学科，但如果不遵守历史学的史料处理原则，不遵从历史过程的内在逻辑，就意味着无论研究的时期为何，都不能被视为史学研究，而只能是其他学科的研究。从历史学的立场出发，无论是文字史料、数字史料还是非文字史料，都应该当作文本看待，史料是生产于具体语境之中的，脱离语境，必将误读史料。建立在误读史料基础上的研究，无论描述如何精彩，统计如何"精确"，模型如何优美，都只是一种背离史实的智力游戏，很容易就被大量的史料与史实所证伪，不可能令历史学者满意，更不要说试图以此来改造历史学了。

但是，经济史研究也应超越美国历史主义经济史传统，不要认为只能从历史中产生理论，而不能用经济理论和其他社会科学理论来分析历史现象、历史数据和历史材料。我们认为，经济学以及其他社会科学的理论、概念和方法，有助于理解、分析和把握历史时期的经济现象与其他社会现象。很多时候，凭借这些理论、概念和方法，研究者往往能够事半功倍地穿透纷繁复杂的历史文献资料，看到意义，抓住要害，发现历史的内在逻辑，并使分析明晰化。

社会科学是在近代西方发展起来的，中国史研究对其保持着开放性，必然会涉及本土经验与西方理论的调适问题。我国史学界存有一种观念，认为西方理论产生于西方土壤，应用于中国历史，难免水土不服。然而，理论本就是对经验现象的简化与抽象，因此一定是与现实不完全吻合的，古今中外的任何理论莫不如此。简化与抽象的角度不同，针对同一现象的理论之间甚至可能势若冰炭。若说西方理论符合西方经验，那就不至于基于同一西方经验现象，却产生出层出不穷的西方理论了。理论的意义不在于完全符合现实，而在于提供一种观察视角与分析工具，而不同的人类社会虽然存在着差异，但或多或少有相通、相似之处，因此来自异域的分析工具，往往有可利用之处。只是任何理论，不管是来自本土还是异域，都不能简单套用，否则就是将工具等同于现实了。

本丛书倡导的"新经济史"，希望立足于本土经验，并认为传统中国的经济史有自身的历史逻辑，并非可以由现有的任何理论模式轻易阐释。近年来贡赋经济、帝制农商社会等理论，虽然在逻辑的自洽性以及与西方理论对话的能力上，并非完全等同，但都是立足本土经验并积极放眼国际学术所发展出来的经济史理论，值得我们重视和借鉴。

我们相信，异域经验不仅可以作为研究中国经济史演进的对照与参考，而且从异域经验出发产生的经济学理论等社会科学的理论，很多也能作为中国经济史分析的工具。众多西方的大师级学者中，有的甚至关注过中国，他们高屋建瓴的理论建构以及对中国本土经验的抽象概括，令人叹服，已经成为中国研究的宝贵学术积累。因此，无论是他们理论模型中的中国经验，还是他们产生于中国经验之外的理论架构与概念方法，均可以在切实弄清其语境和中国的历史情境之后，判断是否可加以利用。例如，近年来明清社会经济史学界日益认识到，传统中国赋役、财政与市场之间紧密结合的情形，与习俗经济、命令经济、再分配经济等来自异域的、与市场相关的西方理论之间，存在着很大的利用与对话的可能，从这里出发，我们有可能更深入地认识传统中国独树一帜的经济体系与别具一格的国家治理模式，并进而提出相应的概念范畴与理论体系。

第二，坚持整体思维的基本原则，但不避讳模型思维。鉴于计量经济史研究数理模型存在设定的常量和外生变量多而内生变量少，并且无法处理变量的突变等缺陷，我们希望坚持整体思维，从一堆复杂的历史现象里，尽可能地观察到更多的变量，进而从历史的内在逻辑出发，分析它们之间的关系，确定哪些是变量而哪些是常量，哪些应该深入展开，以及变量会不会突然跳转、常量与变量会不会转换等要素，然后再以此指导复杂的史料分析。

在这样的分析中，我们并不忌讳模型思维，而是在整体思维的基础上利用模型。我们将历史视为有机联系的整体，借用模型来洞察复杂的历史关系，并在模型中融入历史维度，以期将历史展现得更为清晰，更富有逻辑，更具备与社会科学对话的可能与潜力。当然，我们强调的模型思维，必须建立在扎实的史料基础上，否则，模型会变成脱离实际的空中楼阁，非但价值不大，甚至会造成某种误导。此外，由于整体思维的引入，并且要观照变量之间的突变以及常量和变量之间的转换，我们并不一定要追求模型的函数化及其可计算性，模型可以用文字表述，也可以用图形表达，当然也可以是公式化的。

第三，在追求历史的丰富性与多样性的同时，力求从总体上给出一种明晰的解释。经济学家所写的经济史，通常围绕一两个基本假设展开，抛去那些烦琐的细节，剔除与主旨疏离的事实，显得明晰、简洁而优美。从历史学出发的经济史，则往往缺乏一以贯之的概念与主线，但却有着复杂的枝蔓与丰富的史实。本丛书基于历史学的定位，力图不厌其烦地从史料中发掘经济现象的细枝末节，呈现不同行动者的矛盾与博弈，考察经济决策的来龙去脉及其落地的具体情景，探讨管理制度的区域与人群差异。不过，我们也深知这样的研究取向庞杂而缺乏解释力，所以，我们也要在丰富性与多样性呈现的基础上，给出提纲挈领、简明扼要的总括说明，并进而提出一些概念范畴，以期更为深刻、明晰地解释复杂的历史现象。为此，历史学者应积极借鉴社会科学家那种概念清晰、逻辑自洽的表述方式。

目前，各种社会科学的分析概念与理论模式，均无法完全有效解释传统中国的经济模式与运行机制，我们希望从史料及其语境出发，以人为思考的中心，借鉴经济学等社会科学的概念方法，结合整体史观与模型思维，注重描述研究与计量分析，基于历史过程的内在逻辑，提出一些关于中国传统经济体系的理论解释，并探索与社会科学理论对话的可能。这样一种"新经济史观"，并不敢企望真正融合钱德勒所说的经济史研究中的双方，而是希望凝聚一批志同道合者，表达一种努力的方向。

2022 年 4 月 28 日

于中山大学马岗顶历史人类学研究中心

目　录

图表目录

绪　论

　　明代户籍制度运作的历史就是一部普通民众择利而从的历史。明代的普通民众因赋役风险而对各色户籍产生不同的偏好，并在国家明文禁止更改户籍名色的制度环境下，有谋略地选择户籍、更改户籍，实现在户籍系统内的"用脚投票"，以达到控制赋役风险的目的，进而为家族的生存和发展谋求更大的空间。普通民众在户籍系统内用脚投票是明代户籍制度运作的一个重要方面，也是明代户籍赋役制度及地方社会变迁的重要推力，深刻地影响着地方治理。

明代普通民众的户籍策略

　　在明代户籍制度的施行和运作过程中，普通民众并非完全处于被动地位，相反，他们具备一定的主观能动性。生活在明代的普通民众不仅通过"逃亡"选择脱离户籍系统，而且在军户、民户、灶户等不同名色的户籍之间进行选择和流动，甚至同时占有军、民、灶等多重户籍，并根据需要或亮出某一户籍，或宣称多籍身份。明代平民的这种行为是择利而从之举，也是在户籍系统内给各色户籍"用脚投票"（voting with feet）。

用脚投票理论是在经济学界影响极大的一个理论，由美国经济学家查尔斯·蒂伯特（Charles M. Tiebout，旧译蒂布特）于 1956 年在讨论公共产品配置问题时提出，华莱士·奥茨（Wallace E. Oates）等学者进一步修正、完善。他们都认为居民"用脚"（迁入或迁出某地）来给当地政府投票能促成公共产品的有效配置。具体而言，在一系列假设条件下，消费者可以根据各地方政府提供的公共产品和税负组合，自由选择那些最能满足自己偏好的地方定居（从不能满足其偏好的地区迁出，而迁入可以满足其偏好的地区居住）。社区间的竞争类似于厂商间的竞争，能够使资源得到有效配置，达到帕累托最优。[1] 此理论在经济学界产生重大影响，开启了地方公共经济学研究序幕，也成为城市经济学研究的一个重要参考系。[2] 本书虽非讨论公共产品配置问题，但所关注的明代普通民众选择并更改自身户籍身份的行为与蒂伯特、奥茨探讨的居民在不同行政区之间的流动，本质上是一致的。

当然，蒂伯特、奥茨理论所涉及的居民用脚投票是在各行政区之间流动，而明代普通民众选择并更改户籍身份，并非在实体空间中迁徙，而是既定户籍框架下多个不同名色户籍之间的"迁出"和"迁

1　Charles M. Tiebout, "A Pure Theory of Local Expenditures," *Journal of Political Economy*, Vol.64, No.5 (Oct. 1956), pp.416-424; Wallace E. Oates, "The Effects of Property Taxes and Local Public Spending on Property Values: An Empirical Study of Tax Capitalization and the Tiebout Hypothesis," *Journal of Political Economy*, Vol.77, No.6 (Dec. 1969), pp. 957-971.

2　参见曹荣湘主编《蒂布特模型》，社会科学文献出版社，2004。

入"。另外，明代普通民众所处环境与蒂伯特、奥茨理论的前提假设不同。明代平民没有在各色户籍之间流动的自由（消费者能自由选择自己偏好的社区是蒂伯特等理论的一个重要前提假设），明王朝明文禁止民众变更户籍。在国家明文禁止的制度环境下，正是因为没有更改户籍的自由，普通民众在户籍系统内用脚投票才需要有策略地展开。

　　生活在明代的普通民众为何要选择户籍，为何要在户籍体系内用脚投票，又如何在国家明文禁止的情况下实现户籍身份变更，民众变更户籍身份对户籍制度、地方治理产生怎样的影响，这是本书所聚焦的问题。

　　在中国传统时期，户籍制度并非简单的人口信息登记与管理，而是与土地、赋役和社会等级制度紧密关联。刘志伟指出："无论是从理论上还是从历史事实上看，忽视了户籍制度的意义，就不可能真正深入理解中国传统社会的特质。"[1] 在明代，户籍制度既包括人口、事产信息的登记、管理，也包括建立在户籍信息基础上的里甲编排、赋役征发，户籍制度既是王朝国家确立统治基础、控制编户齐民、建立地方统治秩序的基本制度，又是征发财政资源、组织军伍的基础性制度。[2] 朱元璋在南京建立明王朝的第二年就要求各地地方官整顿户籍，命令民众按规定登记户籍，对不按规定登记户籍者进行惩罚，此后还规定户籍世代相承，严禁改籍。[3] 毋庸置疑，户籍制度的推行是王朝国家意志的体现，带有强制性。

　　然而，我们不能因此忽略普通民众在登记户籍、选择户籍上的

1　刘志伟：《在国家与社会之间：明清广东地区里甲赋役制度与乡村社会》，中国人民大学出版社，2010，第1~2页。

2　目前，史学界对明代户籍的研究已经取得丰富的成果，具体研究进展可参考黄忠鑫《视角的变换：民间文献与明清户籍制度研究的推进》，《中国史研究动态》2022年第6期。

3　《明朝的配户当差制》，《王毓铨史论集》下册，中华书局，2005，第816页。

自主权，不能因此认为生活在明代的普通民众完全按照国家制度规定，安于自己登记（或被迫登记，或世袭父祖辈的）户籍。实际上，不管是在明初国家整顿地方户籍时，还是在洪武十四年（1381）各地完成户籍整顿及黄册编纂后，普通民众都有登记及选择户籍的空间，也都在户籍选择上付诸实践。本书将考察明代普通民众选择户籍（即"用脚投票"）的策略、实践方式、背后逻辑及其影响。

　　换言之，本书关注明代户籍制度，但不是从国家的角度研究户籍制度的出台及其演变，也不是探讨国家如何利用户籍制度管理民众、征发赋役，而是立足生活于明代的普通民众，从实践层面考察他们如何在国家户籍制度下生活，具体探讨他们怎样在明代既定的户籍体系下选择户籍、变更户籍身份，探讨民众户籍策略背后的深层次逻辑，分析民众户籍策略如何促使州县、盐场等负有财政资源征发职责的机构改变财政资源征发方式及相关制度，又如何造成这些机构之间关系紧张，最终推动国家管理地方、财政体制的演变。普通民众户籍选择及其策略不仅是户籍制度运作的一方面，而且是户籍赋役制度乃至国家管理地方体制转变的不可忽视的动力。

　　明代普通民众的户籍选择不仅包括是否登记户籍，而且包括如何登记户籍。[1] 本书主要聚焦后者，即明代平民对户籍种类的选择。

1　在明代国家要求所有人登记户籍的制度下，仍有部分人选择不登记户籍，或在登记户籍之后，又逃离户籍体系。刘志伟指出明王朝并没有将所有人纳入户籍管理系统，户籍体系之外尚有被称为"化外之民""通赋之徒"的人，他们往往被与地方动乱相挂钩（刘志伟：《在国家与社会之间：明清广东地区里甲赋役制度与乡村社会》，第34~35页）。鲁西奇、徐斌对江汉平原的研究也指出明初江汉平原诸州县编排黄册里甲，主要集中在已经开发的平原边缘低岗丘陵和腹地地势较高的园垸地区；散布于低洼湖区、"闸办"河湖水域、承纳鱼课的渔户，则作为"业户"被编入由河泊所管领的"业甲"，并未纳入黄册里甲系统。进入江汉平原的客民则多未入籍，其所垦垸田也多未征科，或仅以"渔户"身份缴纳"湖租"。见鲁西奇、徐斌《明清时期江汉平原里甲制度的实行及其变革》，《"中央研究院"历史语言研究所集刊》第84本第1分，2013年3月。科大卫认为人们并不会因为中央的制度而主动登记户籍（科大卫：《皇帝和祖宗：华南的国家与宗族》，卜永坚译，江苏人民出版社，2009，第85~86页）。陈支平则指出明初福建许多家族设法减少人口登记（陈支平：《民间文书与明清赋役史研究》，黄山书社，2004，第23~24页）。

与新中国成立以后国家依据地域和家庭成员关系登记户口、将户口划分为农业户口和非农业户口不同，明代推行"配户当差户籍制"。"人户以籍为定""役因籍役""按户派役"是明代户籍制度最为重要的特点和原则。具体而言，明王朝根据徭役需求，将能控制到的民众，分别登记为民户、军户、匠户、灶户等不同名色的户籍，并规定不同名色户籍的人承担不同种类的徭役。一般认为，民户承担民差，军户服军役，匠户承担匠役，灶户承办灶役，等等。因而，民户、军户、匠户、灶户也被统称为"役户"。根据王毓铨的研究，明代全国役户种类超过80种，其中民户、军户、匠户、灶户是最主要的4种，各县户籍种类及所登记户籍名色有所不同。[1]国家科派赋役，以户为基本对象，根据每个户的人丁事产，核定各户负担能力的高下以及各赋役项目负担的轻重，将特定赋役项目派给特定的编户去承担，即所谓求户问赋、按户派役。[2]

　　与配户当差相配合，明代还形成由州县、盐场、卫所、河泊所等不同机构分别催征不同徭役项目的徭役征调体制。州县作为国家管理地方最为基本的机构，负责向辖境内所有编户（可能有民户、灶户、军户等各色户籍）征收夏税秋粮，征调里甲正杂诸役。此外，国家在军事重镇地方设立卫所，负责处理军政事宜，包括向军户征调军役。国家还在食盐生产规模较大的地方设置盐课司，负责盐政事宜，包括监督灶户生产食盐，向灶户征收盐课。州县、卫所和盐场分别隶属布政司、都司和都转运盐使司（或盐课提举司）管辖，三司则分别向朝廷负责，后者分别考核三司官员。州县、卫所和盐场为完成财政资源征发任务，分别将相应役户组织起来，形成

1　《明朝的配户当差制》,《王毓铨史论集》下册，第808~813页。
2　刘志伟：《从"纳粮当差"到"完纳钱粮"——明清王朝国家转型之一大关键》,《史学月刊》2014年第7期。

各自的徭役征发系统。一般而言，州县有里甲组织，卫所有总旗、小旗等组织，盐场有仓－埕－甲或团总等组织。[1]

需要指出的是，在明初编户亲身应役的劳役制下，"服役是基于身份上的依从关系而承担的义务，也就是基于王朝国家与编户齐民之间的人身支配关系而产生的一种资源供应关系。这种资源供应关系的建立，不是根据双方的合意，而是基于人身的控制"。[2]故而明初州县、卫所、盐场等财政资源征发机构向相应役户征发徭役，实际上是基于对其的人身控制。各机构有徭役征发职责，即有管理、控制相应役户的权力，所形成的徭役征发组织，也是对相应役户人身控制的组织。

各机构为更好地征发徭役，在黄册基础上，编纂服务于本机构赋役征发的户籍册。黄册里甲制度是明代最为重要的户籍管理制度。这是一套以户为单位、人口与财产相结合的户籍管理体系。[3]黄册于洪武十四年开始编纂，由各县县官负责，按里甲登记所有编户（各县的户籍名色不同，东南沿海县份往往登记有民户、灶户、军户、渔

1　目前，学术界不仅分别对州县与民户、卫所与军户、盐场与灶户展开研究，而且出现在社会区域史视野下同时关注具体地区内多套管理机构、多籍并存的研究。各领域的研究进展可参见徐威《20世纪以来明代赋役制度研究综述》，《社会科学动态》2019年第3期；张金奎《二十年来明代军制研究回顾》，《中国史研究动态》2002年第10期；邓庆平《明清卫所制度研究述评》，《中国史研究动态》2008年第4期；彭勇《学术分野与方法整合：近三十年中国大陆明代卫所制度研究评述》，《中国史学》第24卷，日本朋友书店，2014；*Szonyi M., Zhao S., The Chinese Empire in Local Society: Ming Military Institutions and Their Legacies, London: Routledge, 2020*；李晓龙、温春来《中国盐史研究的理论视野和研究取向》，《史学理论研究》2013年第2期；黄国信：《单一问题抑或要素之一：区域社会史视角的盐史研究》，《盐业史研究》2014年第3期；倪玉平：《评〈国家与市场：明清食盐贸易研究〉》，《盐业史研究》2020年第4期。此外，近几年，明清盐场、卫所的研究有很大的推进，主要成果包括：蒋宏达《子母传沙：明清时期杭州湾南岸的盐场社会与地权格局》，上海社会科学院出版社，2021；杨培娜《生计与制度：明清闽粤滨海社会秩序》，社会科学文献出版社，2023；黄国信、叶锦花、李晓龙、徐靖捷《煮海成聚：明清灶户与滨海社会建构》，社会科学文献出版社，2023；等等。

2　刘志伟：《从"纳粮当差"到"完纳钱粮"——明清王朝国家转型之一大关键》，《史学月刊》2014年第7期。

3　刘志伟：《从"纳粮当差"到"完纳钱粮"——明清王朝国家转型之一大关键》，《史学月刊》2014年第7期。

户等色户籍）的人口、财产等方面的信息，是各县征发夏税秋粮及里甲正杂诸役的依据，也是国家掌握户籍的最为基本的册籍。此外，都司、运司等其他有徭役征发职责的机构往往以黄册为基准，编纂相关役户的户籍信息，形成各类"役籍"。都司卫所以卫所为单位，编纂在本卫所承担军役的军户，形成军黄册；运司盐课司以盐场为单位，将在本盐场承担盐课的灶户编纂成册，形成盐册；河泊所则将渔户编入赤历册；等等。[1]军黄册、盐册、赤历册与黄册一样，都是明代重要的户籍登记册，也是各机构征发徭役、管理相关人群的依据。国家就各类户籍册的编纂、保管等形成多套规制。简言之，明代形成以黄册为基本册籍，军黄册、盐册、赤历册等各类役册并行的多轨管理体制。军黄册、盐册等虽来源于黄册，但数据与黄册可能不同，有同一户在不同册籍中信息不同的现象。总之，与国家财政资源在地方上由不同机构负责征发相结合，明代户籍管理呈现多轨特征。

　　立足明代普通民众的视角，则可发现他们只要登记或拥有不同名色的户籍，就需要承担不同种类的徭役，可能被编入不同的户籍管理和徭役征发体系中，接受不同机构的管辖。属于民户的百姓只需要向州县负责，在里甲组织中承担里甲正杂诸役，而不需要向卫所、盐场等其他机构负责，亦不受其管辖。属于军户的百姓除向州县负责，承担里甲正杂诸役（优免一二丁服里甲正役），还受卫所管辖，向卫所承担军役，具体包括派遣户下成丁到指定卫所充当营

---

[1]　关于明代户籍册籍研究请参见梁方仲《明代的户帖》,《人文科学学报》第 2 卷第 1 期, 1943 年；《明朝田地赤契与赋役黄册》,《王毓铨史论集》下册, 第 739~755 页；韦庆远《明代黄册制度》, 中华书局, 1961；栾成显《明代黄册研究》, 中国社会科学出版社, 1998；栾成显《鱼鳞图册起源考辨》,《中国史研究》2020 年第 2 期；孙继民等《新发现古籍纸背明代黄册文献复原与研究》, 中国社会科学出版社, 2021；徐斌《明清河泊所赤历册研究——以湖北地区为中心》,《中国农史》2011 年第 2 期；郑小春《洪武四年祁门县僧张宗寿户帖的发现及其价值》,《历史档案》2014 年第 3 期；宋杰、刘道胜《洪武四年绩溪城市儒户葛善户帖探研》,《历史档案》2021 年第 2 期；蒋宏达《"崇祯二十四年黄册"新证》,《史林》2022 年第 4 期。

兵，以及提供军费盘缠。属于灶户的百姓除向州县负责，承担里甲正役（优免杂役），还受盐场管辖，向盐场办纳灶役，具体包括制盐纳课，还要充当盐场总催、秤子等职役。在明初劳役制下，不管是里甲正杂诸役，还是军役、灶役，各役内容、形式都不同，各役户为完成徭役责任而在人力、物力、财力和时间等各方面的支出，以及承役过程中可能面临的风险，都有多少高低之别。随着赋役、盐政改革，明中后期，民差各项目和盐课逐渐折银，相关役银摊入丁田 / 米（或丁 / 米，或田 / 米）中，因各役户所承徭役种类不同，故户下丁田 / 米被摊派的役银种类和数额不同，最终各色役户户下单位丁田 / 米应纳役银多寡有别，这更为清晰明了地显示出民户、灶户在赋役负担上的不同。[1] 军户在州县上应承赋役任务除能优免一两丁外，其他与民户一致，具体演变亦与民户一致，然而直到明末，军户在制度上仍需要派遣成丁到卫所充当营兵。

那么，明代的普通民众如何面对和处理户籍带来的各种不同？

回答上述问题之前，我们需要先弄清楚，明代的普通民众是否了解这种差异？答案是，生活在多籍共存地区的人们都了解。明初以降，许多地方各色役户杂居共处乃至一门多籍。就东南沿海盐场地区而言，明初沿海各县县官根据本县徭役需求整顿户籍，除登记民户、军户、渔户外，境内或周边设有盐场的县份还登记灶户。整顿户籍时，虽然灶户及沿海卫所军户一般在盐场、卫所"附近"登记，但各县并没有为户籍登记划定区界，"附近"不管是在概念上还是在实际操作上，都有模糊性。盐场地区户籍登记的结果往往呈现民户、灶户、军户、渔户等户籍人群杂居共处的局面。乡邻、亲友可能分属民户、灶户、军户、渔户，甚至一个家庭中可能就被迫登记了军户和民户、军户和灶

1　现有研究显示明中后期灶户户下丁田的赋税科则较低。详见叶锦花《明代盐场制度变革与州县赋役调整——以福建同安县为中心》，《社会科学辑刊》2015 年第 5 期。

户等多个户籍。[1] 此户籍登记状况使明初以降东南沿海盐场人群在日常生活中不仅得以与其他户籍人群接触、沟通，了解他们的徭役负担、承役风险，而且可能自己就需要承担数种徭役，亲身应对各役之负担、风险，同时向多个官府负责。因此，明初以降，东南沿海盐场人群就不断地比较各色徭役之轻重、风险之高低，对比各色户籍在享有福利上的区别，充分了解和体会由户籍引发的各种不均平。

明代普通民众往往根据自身的理解和认知，设法利用户籍制度所制造的各种差异。目前，明清史学界对东南沿海盐场地区的研究，已经注意到民户、灶户（特别是灶户利用灶籍优势）占有、开发灶田、荡地等维持生计的资源，同时享受相对较低的赋税负担，造成各役征调复杂化，影响州县的徭役征发。[2]

1　叶锦花：《明清灶户制度的运作及其调适——以福建晋江浔美盐场为例》，博士学位论文，中山大学，2012；徐靖捷：《明清淮南中十场的制度与社会——以盐场与州县的关系为中心》，博士学位论文，中山大学，2013；郑振满：《明代金门的制度变革与社会转型——以盐政改革为中心》，《历史人类学刊》（香港）第11卷第2期，2013年10月；饶伟新：《明代"军灶籍"考论》，《"中央研究院"历史语言研究所集刊》第85本第3分，2014年9月；蒋宏达：《明代军灶籍新证》，《中国经济史研究》2019年第6期；杨培娜：《生计与制度：明清闽粤滨海社会秩序》。

2　徐靖捷指出扬州府泰州灶户利用优免政策，侵占民田而不承担赋役，拖累民户赔补，导致户口凋敝，税粮空虚，由此引发明中叶州县方面的赋役制度改革。叶锦花则指出明代中后期福建泉州场灶户利用灶田役轻，将大量的民田变成灶田，以降低赋役负担。吴滔对明代浦东荡地归属与盐场管理之争进行研究，指出民户与灶户因水乡荡地能享受灶户优免杂泛差役而展开争夺，盐场与州县则围绕盐课缴纳责任、征收方式等进行博弈，为解决问题，明中后期浦东地区多次清丈田荡。吴滔还考察了明中后期两浙西路场为解决灶户贫富分化严重及灶户优免毫无限制等问题而展开的关于灶田优免制度的一系列改变，揭示课税客体"从丁到田"的结构性转型。详见徐靖捷《盐场与州县——明代中后期泰州灶户的赋役管理》，《历史人类学刊》（香港）第10卷第2期，2012年10月；叶锦花《明代盐场制度变革与州县赋役调整——以福建同安县为中心》，《社会科学辑刊》2015年第5期；吴滔《明代浦东荡地归属与盐场管理之争》，《经济社会史评论》2016年第4期；吴滔《从计丁办课到丁略半——〈剂和小困诚〉所见西路场之一条鞭法改革》，《史林》2015年第6期。除了民、灶，在渔户、民户杂厝的地方，人们还利用民、渔在赋役制度上的差异，展开户籍赋役、维生资源等方面的争夺，引发地方赋役制度改革、地方社会变迁。详见杨培娜《明代中后期渔课征纳制度变革与闽粤海界圈占》，《学术研究》2012第9期；徐斌《明清两湖水域产权形态的变迁》，《中国经济史研究》2017年第2期；徐斌《国家与渔民：宋至清两湖地区渔税的性质、征收及其演变》，《清华大学学报》（哲学社会科学版）2019年第4期；杨培娜《从"籍民入所"到"以舟系人"：明清华南沿海渔民管理机制的演变》，《历史研究》2019年第3期。

实际上，明代的普通民众除抢占灶田、滩涂等赋税科则较低的田地，变民田为灶田，还设法变更户籍身份，以避重就轻。梁方仲、栾成显、王毓铨、黄仁宇、高寿仙、张金奎等学者的研究都涉及明中期民间冒籍役轻之户的现象，如以军户作民户、以民户作军户、以民户作灶户、以灶户作民户、民户投充杂役户等。[1] 饶伟新在对明代东南沿海地区"军灶籍"产生机制的考证中也指出明初以降东南沿海地区有部分人"以军入灶"，以图谋灶户差役优免的利好和逃避重役、诡寄人丁田产甚至变乱户籍，促成"军灶籍"产生甚至获得官方认可。[2] 郑榕探讨卫所、户籍制度在 14~18 世纪闽南地域社会的实践及影响时，指出闽南地区一些屯军家族利用附籍制度，购置民田，厕身民籍并成立游离于卫所和州县管理体系之外的寄庄，通过寄庄的方式隐没屯田或逃避州县差徭。[3] 宋怡明考察东南沿海的军户如何利用制度套利以应对国家统治并实现自身利益最大化，并指出明中后期拥有政治资本的军户利用附籍的相关规定，同时支配军户与民户双重户籍，以军户身份避差徭，以民户身份逃勾军。[4] 明中后期卫所军户附籍州县是国家之政策，卫所军户借此获得民籍是对该制度的运用。那么，非卫所军户人群是否有办法？叶锦

1　梁方仲：《一条鞭法》，《明代赋役制度》，中华书局，2008，第 21 页；韦庆远：《明代黄册制度》，第 198 页；《明朝人论明朝户口》，《王毓铨史论集》下册，第 870~871 页；黄仁宇：《十六世纪明代中国之财政与税收》，阿风等译，三联书店，2001，第 259~260 页；高寿仙：《明代北京杂役考述》，《中国社会经济史研究》2003 年第 4 期；张金奎：《明代军户地位低下论质疑》，《中国史研究》2005 年第 2 期。

2　饶伟新：《明代"军灶籍"考论》，《"中央研究院"历史语言研究所集刊》第 85 本第 3 分，2014 年 9 月。

3　郑榕：《14~18 世纪闽南的卫所、户籍与宗族》，博士学位论文，闽南师范大学，2017，第 102~109 页。

4　宋怡明：《被统治的艺术：中华帝国晚期的日常政治》，钟逸明译，中国华侨出版社，2019，第 233~276 页。

花指出明中后期福建泉州盐场人群通过析户、合户、顶户等途径变更户籍，进而同时拥有民户、灶户、军户等多重户籍，多层次、多途径规避赋役。[1]

不管是改役重之籍为役轻之籍，还是设法拥有多重户籍，都是明代民众在户籍系统内用脚投票。需要注意的是，明代普通民众虽在户籍体系内用脚投票，却不拥有蒂伯特模型的前提假设，即消费者（也是投票者）能自由选择自己偏好的社区。在制度上，明代平民没有选择户籍名色的自由。生活在洪武年间的人被国家要求按照他们在元代的户籍情况登记户籍，他们的子孙则被要求继承父祖辈所登记的户籍，不得私下更改户籍。王毓铨概括为"役皆永充""役籍是世籍"。[2] 为禁止民间更改户籍名色，国家制定相关惩罚制度。《大明律》载："凡军、民、驿、灶、医、卜、工、乐诸色人户，并以籍为定。若诈冒脱免、避重就轻者，杖八十；其官司妄准脱免，及变乱版籍者，罪同。"[3]

不管是国家禁止民间更改户籍，还是老百姓在不同户籍之间流动，都是明代的事实。也正因为如此，官方文献往往将民间更改户籍行为称为"冒籍"，即冒充某一户籍，或假冒某一户籍。那么，民间是如何实现"冒籍"的？换言之，在国家明文禁止的情况下，明代普通民众如何实现户籍身份变更，在各色户籍之间"迁出""迁入"？此类问题是明代户籍制度运作的重要方面，然而目前我们对此类问题的答案知之甚少。究其原因，主要是官方文献

1　叶锦花：《户籍择改与赋役规避——明中期泉州盐场地区多籍策略研究》，《清华大学学报》（哲学社会科学版）2020年第6期。

2　《明朝的配户当差制》，《王毓铨史论集》下册，第816页。

3　《大明律》卷4《户律一·户役·人户以籍为定》，洪武三十年五月颁布，享保八年（1723）刊行，早稻田大学图书馆藏，第18页 a~b。

记载的阙如。明代官方文献不乏"诈冒脱免""避重就轻""冒籍为灶""变乱版籍"等民间户籍选择结果的记载，但是关于这些结果如何实现，亦即普通民众如何变更户籍身份等问题则往往无详细记录。因此，欲探讨民间户籍策略，则不能局限于官方文献。实际上，部分族谱、契约、碑刻等民间文献留下的关于明代祖先户籍登记故事及家族纳粮当差的记载，反映人们对户籍、赋役的精心安排。这些安排背后往往隐藏着某些户籍策略，只是相对隐晦。故而，只有将相关文献放置在具体时空下进行解读，回到普通百姓塑造其祖先户籍故事及重新安排家族赋役负担时的具体场景，考察他们所处的制度环境、所面临及试图解决的问题，探讨户籍故事、赋役安排背后的各种考虑，分析所载祖先户籍故事、家族赋役安排历次变化所涉及的群体范围，才能使民间户籍策略逐渐浮现。

另外，一些民间传说、仪式传统也与明代的户籍策略有关。明中后期东南沿海盐场人群的户籍策略往往与宗族建构或重组、祖先故事塑造、祭祖仪式调整有关。相关的故事和仪式往往会在民间流传，部分则流传至今。笔者曾到石狮市沙堤村考察，发现沙堤龚氏祠堂中，不仅摆放着龚氏历代先祖的神主牌，还有一个蔡仲永的神主牌。沙堤村民告诉笔者，蔡仲永是他们祖先的母舅，无子孙后代，但对他们祖先有养育之恩，所以他们祖先在蔡去世后给蔡仲永立神主牌，并让子孙后代祭之。这一习俗保留到今天。当笔者将这些故事与《沙堤龚氏族谱》结合阅读，则发现其背后与明中后期沙堤龚氏"复姓"去掉军籍有关。

因此，在坚持历史学研究方法的基础上，借助人类学的研究方法，到所研究的区域进行田野考察，搜集民间文献、口述访谈，在田野中解读文献，是从实践层面考察明代普通民众户籍策略的重要途径。有鉴于此，本书坚持历史人类学的研究方法。

结合官方文献和民间文献记载，可发现普通民众有多种途径变更户籍。其中，不乏与国家公然对抗的行为，如脱离户籍体系，[1] 或使用暴力将户籍转移给贫弱者。[2] 此类行为简单粗暴，行为主体所付出的成本和面临的风险较大。脱离户籍体系有被官府惩罚和再次被纳入户籍体系的风险，故而往往需要逃离本地。逃离本地意味着放弃他们在当地的土地等生计资源和房屋等难以移动、携带的财富。而即便逃到其他地方，仍有被发现、被惩罚及再次进入户籍系统的风险。没有户籍，在明代统治者眼里就属"无籍之徒"，是社会盗乱等不安定因素的制造者。无籍之徒不仅不能参加科举，而且在与有籍者的纠纷中往往得不到官府的支持。使用暴力将户籍转移给贫弱者亦容易遭到被转移者的反抗、官府的制止和惩罚。此类办法本书在相应地方会提及，但不深入探讨。本书主要关注的是平民低成本更改户籍的策略，即人们在更改户籍的同时，设法降低需要支付的成本，规避潜在风险。民间的做法往往是设法让自己的条件和行为符合国家制度规定，按照制度规定更改户籍，即"合法"地更改户籍名色。此类户籍策略为本书关注的重点。

综合上述，本书将利用历史人类学的研究方法，考察和分析下面一些问题：明代普通民众如何应对户籍制度，特别是如何处理因户籍名色不同引发的各种不均平，又如何低成本、低风险地改变户籍身份；民众择利而从，在户籍系统内用脚投票如何影响户籍，地方治理相关制度的改革又如何推动地方社会变迁；等等。

---

1 刘志伟：《在国家与社会之间：明清广东地区里甲赋役制度与乡村社会》，第34页。
2 于志嘉：《明代军户中的家人、义男》，《"中央研究院"历史语言研究所集刊》第83本第3分，2012年9月。

灶、军、民杂居共处的泉州盐场地区

本书的研究区域是明代福建泉州盐场地区。

泉州盐场地区，即明代福建都转运盐使司下辖的惠安盐场、浔美盐场、㳍州盐场及浯州盐场四个盐场所在地，包括四场盐课司及制盐场地，以及四场灶户居住和活动的地区。

从空间上看，惠安等四个盐场主要坐落在福建泉州府惠安县、晋江县和同安县滨海地区。具体而言，惠安场盐课司位于惠安县东南二十二都玉埕（今惠安县张坂镇玉埕村），制盐场地大体沿该县东南部、泉州湾东部沿岸分布，即惠安东南青山至洪山沿海一带。浔美场盐课司在晋江县十七八都永宁（今石狮市永宁镇），盐埕散布于泉州深沪湾两岸及今石狮市锦尚镇沿海地区。㳍州场盐课司在晋江县十一都㳍州（今晋江市金井镇㳍州村），制盐场地坐落于围头湾东岸地区。浯州场盐课司在同安县十七都浯州岛（大金门）上，除了浯州，烈屿（小金门）也是浯州场主要产盐地（各场位置详见图0-1）。[1] 概言之，从制盐场地看，泉州盐场地区大体为惠安、晋江二县滨海地方，同安县浯州、烈屿二岛。而从四场灶户居住区看，明初泉州四场灶户主要聚居于制盐场地所在都图及其附近都图，但也有部分灶户居住在距离盐场较远的地方。明初以降，灶户除在盐场附近地方繁衍，还逐渐向盐场之外的地

---

[1]　弘治《八闽通志》卷41《公署·文职公署·泉州府·晋江县·浔美场盐课司》《公署·文职公署·泉州府·晋江县·㳍洲场盐课司》《公署·文职公署·泉州府·惠安县·惠安场盐课司》《公署·文职公署·泉州府·同安县·浯洲场盐课司》，《四库全书存目丛书》史部第178册，齐鲁书社，1996，第135页下栏、135页下栏~136页上栏、138页上栏、137页上栏。按，"浯州"和"㳍州"，史料中常作"浯洲""㳍洲"。

方迁徙。盐场人群是本书关注的对象，故本书关注的研究区域以泉州盐场地区为主，但具体的区域也将随着盐场人群的范围扩大而有所扩大。

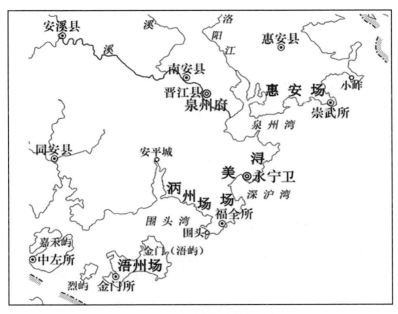

图 0-1 明代泉州府及盐场示意

资料来源：谭其骧主编《中国历史地图集》第 7 册《明朝·福建》，中国地图出版社，1982，第 70~71 页；江大鲲等修《福建运司志》卷 1《区域志·运盐水次·惠安场》《区域志·运盐水次·浔美场》《区域志·运盐水次·汕州场》《区域志·运盐水次·浯州场》，于浩辑《稀见明清经济史料丛刊》第 1 辑第 27 册，国家图书馆出版社，2008，第 657~664 页。

泉州盐场地区有以下几个不可忽视的特点。

其一，区域自然条件特点及其对生计的影响。

泉州滨海地区平原面积狭小，土壤贫瘠、咸卤，不适合水稻等农作物种植，不过滨海的自然条件孕育了制盐业。泉州沿海地区海盐生产历史悠久，且早在宋代就进入国家盐政管理体系。宋代在泉州沿海地区置盐亭，元朝开始设盐场，元末时泉州路共有惠安、浔美、洲州和浯州四场。[1] 明承之。

盐场与港湾、岛屿的地理空间关系，是考察滨海地区维生资源、分析盐场人群生计模式的不可忽视的自然因素。此空间因素决定制盐、下海都是盐场人群重要的生计构成。不仅如此，此空间关系也是影响国家对泉州盐场地区多轨管理，且盐、民、军各机构在空间上紧挨着的重要因素。

其二，在管理体制上，明代泉州盐场地区盐场、卫所与州县等多套管理机构并存。

该地产盐历史悠久，明王朝继承元末惠安、浔美、洲州和浯州四个盐场之设置。此外，明初国家为保障海疆安全，建立沿海卫所，因为各场位于泉州重要港湾边上或岛屿上，所以从空间上看，各场边上都设有卫所机构。惠安场与崇武所、浔美场与永宁卫、浯州场与金门守御千户所、洲州场与福全守御千户所毗邻。盐课司距离卫所城近，甚至就在卫所城内，如弘治年间浔美场盐课司就搬入永宁卫卫城内。各盐场及卫所都分布在具体的州县境内，惠安场、崇武所在惠安县境内，浔美场、洲州场、永宁卫、福全所在晋江县，浯州场、金门所则在同安县。

虽然从国家制度设计上看，盐场、卫所和州县在管理职责、财政资源征发任务、管辖对象等方面互相独立，但是在实际运作中因统治对象及赋役摊派对象交义，三套机构在地方管理、赋役征调等

1　根据弘治《八闽通志》卷41《公署》的记载，元至元十六年（1279）时泉州各场置管勾司，至大二年（1309）改管勾司为司令司。见弘治《八闽通志》卷41《公署·文职公署·泉州府·晋江县·浔美场盐课司》，《四库全书存目丛书》史部第178册，第135页下栏。

方面互相牵涉、互相影响。不仅如此，泉州盐场人群往往同时与盐场、卫所和州县三套系统互动，通过与三套机构博弈来实现自身目的。

其三，从户籍上看，明代泉州盐场地区不仅民、灶、军各色户籍人群杂居共处，而且出现同一个家族的人同时拥有民、灶、军等多种户籍身份的情况。

明初以降，泉州盐场地区州县、盐场和卫所并存，盐场人群被登记为民、灶、军等名色的户籍。不仅如此，洪武年间户籍、盐政及军政等制度在泉州盐场地区的叠加，导致当地出现一家人登记民和军、灶和军、军和军等双重户籍的现象。至明中后期，泉州盐场人群则纷纷宣称家族拥有民、灶、军等多个户籍身份。在明中期至清代编修的族谱中，福建滨海宗族普遍强调整个宗族或某个房派同时登记了民、灶、军等多种户籍，需承担各役。例如，嘉靖三十七年至四十四年（1558~1565），大仑蔡氏（该族聚居在晋江县十七八都大仑，今石狮市凤里街道大仑地方）十九世祖蔡一含（邑庠生）编修族谱，记载该族户籍为："吾族入明以来应当军、民、盐三户，军、民合而为一，盐则折〔析〕而为四，其当之之法祖传至今不废。"[1]民户为泉州府晋江县之民户；灶户是位于泉州府晋江县的浔美盐场灶户；军户祖名蔡景凤，洪武九年（1376）抽充南京留守中卫，洪武十九年调凤阳卫，宣德三年（1428）改名蔡习，寄操泉州卫。而据《岱阳吴氏宗谱》载，明代居住在晋江县十七八都岱阳（今晋江市龙湖镇埭头村）的吴氏也有灶、军、民三籍，"洪武三年，（始祖观志公——引者注）应诏充盐。九年，充留守南京右卫军。夫

————————

1　蔡一含：《晋江大仑蔡氏族谱附录卷全》，永和菌边修谱组编修《石狮大仑蔡氏族谱》，1997，福建石狮市博物馆藏。

以匹夫之身，而当三事之后，可谓烈丈夫矣"。[1]"当三事"即承担灶、军、民三种差役。类似的例子很多，本书下文将会有所呈现，此处不再列举。

需要指出的是，虽然此类族谱往往宣称本族对民、灶、军等户籍的占有始于明初，但是通过对族谱及其他文献综合考辨则可发现，这是他们在户籍系统内"用脚投票"的结果。实际上，地方人群对户籍的支配状况动态演化，而登记于黄册的户名虽世袭化，但其实际支配者与立户者不一定有血缘关系。族谱所呈现出来的血缘关系亦可能是建构的结果。

其四，泉州盐场地区拥有丰富的历史文献。

除《明史》等正史，《诸司职掌》《大明会典》等政书，《明实录》等编年体文献，省志、府志、县志等方志外，与泉州盐场地区相关的材料还有以下几种。（1）盐政志。明代福建多次编修盐政志，其中嘉靖《福建运司志》、隆庆《福建运司续志》、万历《福建运司志》、天启《福建盐政全书》等盐法志是目前仍能看到的史料。这些史料是我们了解明代福建盐政制度及其运作的极为关键的文献。（2）文集。明代福建滨海地区文风鼎盛，当地士绅留下大量的文集，部分福建官员也留下相关记载。例如，蔡献臣《清白堂稿》、林希元《林次崖先生文集》、洪受《沧海纪遗》、朱湘《天马山房遗稿》等文献或多或少记载了明代福建盐政、地方社会相关信息。（3）谱牒。宗族是明清时期福建地区最为重要的基层组织，嘉靖以降，盐场地区各姓氏逐渐编修族谱，大量的族谱保留至今。如施德馨纂辑、施世纶等补辑的《浔海施氏族谱》

---

[1]　黄允铭、庄征澈、吴起谤等修《岱阳吴氏宗谱》第 1 本《岱阳吴氏大宗谱·第一世·观志公》，1994 年重修本，晋江龙湖镇埭头村埭头吴氏大宗祠藏。

（康熙年间修），黄式度等修《铺锦黄氏族谱》（康熙二十六年修），张源仁等编修《张氏旧谱》（乾隆三十年重修），等等。部分族谱尽管纂修于清朝，却保留了明代的应役信息，为我们了解明初以降盐场地方人群如何实践户籍策略提供了信息。（4）碑刻。福建盐场地区留下大量的碑刻，部分收录于《晋江碑刻选》《福建宗教碑铭汇编（泉州府分册）》等。（5）口述史料。2007年以来，笔者多次走访明代福建盐场所在地区，与当地老人聊天，留下大量的口述史料。上述材料为我们了解盐场人群的生活空间、生计方式、组织结构及户籍策略等提供丰富的信息。这些文本不是从国家的角度，而是从民众的角度揭示了明代户籍制度的运作，包括民间如何应对户籍附带的权利与义务、在不均质的户籍空间中"用脚投票"的具体策略。

本书将立足泉州盐场地区，结合当地的自然地理特征、人群分布，以及明王朝在当地推行的户籍赋役、盐政、军政等各类制度，考察盐场人群选择户籍的具体策略、实现机制及其背后的逻辑，分析民间户籍策略对盐场地区社会变迁及国家治理盐场模式的影响。

赋役风险管控与"用脚投票"

为更好分析明代普通人的户籍策略，本书将借鉴"用脚投票"理论和风险管控理论。

明代普通民众在户籍系统内择利而从，摆脱不喜欢的户籍名色，获取喜欢的户籍名色，这种行为与蒂伯特和奥茨提出的居民"用脚投票"行为在本质上一致，当然，本书并没有忽略明代普通民众户籍策略与蒂伯特、奥茨"用脚投票"理论的不同，不同之处体现在以下几点。

首先，描述的对象不同。

蒂伯特、奥茨理论所涉及的居民"用脚投票"是在各行政区之间流动，而明代普通民众选择并更改户籍身份，并不是在实体空间中迁徙，而是在既定户籍框架下多个不同名色的户籍之间"迁出""迁入"。

其次，理论的前提假设不同。

蒂伯特、奥茨理论的成立有以下假设：消费者自由选择自己偏好的社区，消费者对社区的收入、支出拥有完整信息，社区数量足够多，没有就业限制，每个消费者均靠利息收入生活，社区之间没有外部性，每个社区在没有达到最优规模前，都在追求最优社区，等等。

明代普通民众所处环境与上述理论假设不符，具体体现在以下三点。其一，明代普通百姓没有在各色户籍之间流动的自由。明王朝明文禁止民众变更户籍，民众变更户籍行为的风险极大。其二，信息并不完全透明，但民众能够识别并了解各类户籍的特性。其三，明代各类地方政府治理地方的目的不是优化社区服务，而是完成国家指定的任务，特别是赋役征发任务，官员进而借此获取仕途上的高升。

在国家明文禁止的制度环境下，没有更改户籍种类自由的普通民众仍在户籍系统内实现"用脚投票"。正是因为无更改户籍的自由，所以在户籍系统内的"用脚投票"需要有策略地展开。

再次，影响偏好的因素不同。

在蒂伯特和奥茨的框架中，地方政府提供的公共产品和税收体制是影响居民对各政区产生偏好的因素，而影响明代普通民众户籍偏好的因素是"赋役风险"。

　　明代配户当差户籍制是一种以义务为本位的户籍制。人们只要登记了户籍，户下有人丁、土地，就需要承担国家的赋税和徭役，即编户需要为国家运作提供一定的人力、物力和财力。很多学者关注明代编户承担赋役的负担，以及应对赋役的办法，部分学者指出各色户籍人群赋役负担轻重不一，故而人们通过冒籍"避重就轻"。不过，学者们也注意到在明初亲身应役的体制下，负担无法预算。刘志伟就明确指出"在亲身应役的时候，实际负担的轻重是无法预算的"。[1]各类役户徭役负担之轻重亦难以预算和比较。既然如此，那么是什么因素影响民众对各类役户的偏好，进而促成"冒籍"之举的？

　　为更好分析民众的户籍偏好，本书引入"赋役风险"一词，并认为赋役风险是影响民众户籍偏好的关键因素。亲身应役制度下负担难以预算，实际上正是徭役风险大的体现之一。

　　"风险"一词有多种含义。本书"风险"一词指代损失的不确定性，包括损失发生与否的不确定性、发生时间的不确定性和导致结果的不确定性。赋役风险是指编户完成赋役任务伴随的损失的不确定性，根据明代赋役构成，可分为赋税风险和徭役风险。在明代，赋税风险即承担夏税秋粮的风险，徭役风险除各类编户承担州县指定的各类徭役的风险，还包括军户、灶户等特殊役户承担军役、灶役的风险。赋役风险伴随赋役任务而出现，只要民众登记户籍就有赋役任务，需要面对赋役风险，因此，赋役风险可以说是"良民风险"（在明代，有户籍者为国家之良民）。

　　赋役风险具体包括：（1）国家的赋税和徭役要求可能给编户带

1　刘志伟、孙歌：《在历史中寻找中国：关于区域史研究认识论的对话》，东方出版中心，2016，第61页。

来沉重的经济压力，甚至超出他们的承受能力；（2）国家赋税和徭役制度的设计和实施可能导致户籍登记者在完成徭役任务时面临资源投入的不确定性；（3）在赋役制度的实施中，负责征收赋税、征发徭役的官员、胥吏、职役等可能存在滥用权力、勒索等行为。此三点构成明代赋役风险的主要内容。明代赋役风险有以下两个特点。

其一，赋役风险因籍而异。虽然各役户承担赋役时都有上述风险，但具体表现不同。在配户当差、役因籍异的制度下，不同役户完成国家义务所需要从事的徭役种类不同，面对的赋役征发机构不同，故上述三方面的风险的具体表现和等级也不同。理性的人们不喜欢高风险，而喜欢低风险，故而偏好低赋役风险的户籍，而不喜欢高风险的户籍。

赋役风险不仅可能造成财富的损失，而且可能因无法预测，没有做好应对措施，应役家庭家破人亡。故相对理性的人需要对赋役风险加以管控。人们可逃离户籍系统，完全规避赋役风险，但脱离户籍系统意味着成为"无籍之徒"，无法参加科举，也不能获得官府的庇佑，甚至往往被统治者视为安全隐患而加以打压，故大部分明代平民仍留在户籍系统内，向国家承担赋役，同时设法管控赋役风险。由于只要拥有户籍，不管是民户，还是军户、灶户，都能成为国家之良民，因此避开高风险的户籍种类，占有低风险的户籍种类成为明代平民管控赋役风险的重要途径。

其二，赋役风险动态演化。明初以降，不管是州县征发的夏税秋粮、里甲正杂诸役，还是灶役、军役都逐渐改革，民户、灶户、军户等各类户籍人群完成赋役任务所需做的事情、面临的不确定性都发生变化，赋役风险也动态演化。不仅如此，民、灶、军各役演变的具体过程不同，对应的徭役风险变化也非同步。

随着赋役风险动态演化，人们的户籍偏好、管控赋役风险的办法，以及相关的户籍策略也随之变化。

综上，本书将在考察明代不同时期赋役风险的基础上，掌握普通民众的户籍偏好，进而考察其管控赋役风险的办法。

对明代普通民众管控赋役风险的分析，本书将借鉴风险管控理论。风险管控是指风险管理者采取各种措施和方法，减少风险事件发生的各种可能性，或者减少风险事件发生时造成的损失。书中涉及泉州盐场人群管控赋役风险的办法，主要包括风险规避、损失控制、风险转移三种。风险规避是行为主体有意识地放弃风险行为，完全避免特定的损失风险。损失控制不是放弃风险，而是制订计划和采取措施，以降低发生损失的可能性或者是减少实际损失。风险转移是指将风险转移给其他人承担。[1]明代普通民众管控赋役风险的策略很多，本书聚焦民众通过户籍策略对赋役风险进行管控的行为。

由于国家禁止民间更改户籍名色，因此民众在户籍系统内"用脚投票"需要策略。民众为实现户籍身份变更而采取的策略，本书称为"户籍策略"。户籍策略的实施存在成本和一定风险，即策略成本。策略成本是指民众在户籍系统内"用脚投票"时所产生的各种支出与所面临的风险。这些成本主要可分为三大类：应对制度的成本、应对官吏的成本，以及处理相互之间关系的成本。

其一，应对制度的成本。户籍制度被视为国家最基本的制度之一。国家对民众的户籍登记、编审和管理都有明确的规定，并且严格限制民众更改户籍种类。因此，民众变更户籍种类首先要应对制

1　王晓群主编《风险管理》，上海财经大学出版社，2003，第108~125页。

度的规定。若存在明显的违法行为，则面临被惩罚的风险。为避免高昂的违法成本，民众通常会寻找合法的方法来变更户籍，例如利用国家制度中的相关条款。为此，他们可能需要对家庭成员和财产进行安排，而这些都会带来额外的成本和风险。

其二，应对官吏的成本。在传统时期，户籍制度由国家制定，但由地方政府执行。州县官员负责户籍的登记与编审工作。当民众希望更改其户籍时，与州县官员沟通成了一种可行的手段。为使官方同意户籍更改，民众需要建立与官方的沟通渠道，并动用人脉资源。由于国家制度的限制，地方官员往往成为决定因素，他们可能会利用这一优势索取额外利益。因此，使用人脉、维护关系以及支付额外费用都成为应对官吏的必要成本。

其三，与其他民众博弈的成本。除了与官方互动，一些民众在更改户籍时还可能与其他民众发生互动。例如，一些人可能会将自己的户籍转移到他人名下，并得到官方的批准。在这一过程中，除了与官员博弈，还需与被转移的当事人进行协商。此外，还有一些民众可能通过民间交易来更改户籍。此种情况下的成本包括找到合适的户籍提供者、与其达成协议，以及就户籍相关的权利和义务进行谈判，最终达成一致并签订合同。

民众采取户籍策略时需要应对国家制度、官吏及其他民众，而具体的成本和风险，视策略而定。人们往往在具体的时空下，根据当时的制度、社会经济条件及个人资源等，选择适合自己的低成本、低风险策略。

除关注户籍策略本身，本书还将探讨户籍策略的影响。民众在户籍系统内"用脚投票"，对地方治理产生了显著影响。在蒂伯特的理论框架下，民众在不同社区间的迁移行为引发了社区间的竞争。此竞争模式与企业间的市场竞争相似，可促进资源的有效配置并可能实现帕累托优化。这一观点基于两大假设：其一是"在未达到最优规模前，各社区追求最优化"的理念；其二是财政分权假设，即各行政区域拥有相对独立的财政权力，并有权自主决策税务问题和公共资源的分配。

中国民众在户籍系统内的迁移行为，不仅是对户籍种类的选择，也是对州县、卫所、盐场等不同地方政府的评价。民众在户籍系统内"用脚投票"会影响各类官府的赋役征调。例如，当民众将户籍从民户变更为灶户，会导致灶户增加，而民户减少，从而影响税收和劳役的基数，这凸显了社会的不平等性，包括税务和福利分配的不均等。资源充裕的群体（如大户）可能通过"用脚投票"来避税或获得更多福利，而资源较少的群体（如小户）则无法这样操作。

然而，明代地方各类政府并不符合蒂伯特的理论假设。首先，明代各类地方政府治理地方或赋役征调的目的不是优化社区服务，而是完成国家制定的任务，相应官员进而获取仕途上的高升。因此，他们只有在民众行为影响到自己完成国家指定任务时才会想办法解决问题。其次，明代各地方机构各自为政，管理自己的税务和劳役问题，并单独向中央政府汇报，因此官员们往往会根据自身利益，而非地方利益，来考量民众的"用脚投票"行为，并采取应对策略。当各机构自身利益不同时，各机构官员立场就不一样，他们往往因为既得利益而不愿意改革，甚至阻碍改革。

本书篇章结构

本书将结合明代不同阶段户籍赋役、盐政和军政等制度在泉州盐场地区的推行，分析泉州盐场地区民户、灶户、军户等役户的赋役任务，考察泉州盐场地区各役户承应赋役的赋役风险的具体表现及其演变，探讨盐场人群管控赋役风险的办法，以及由此展开的户籍策略的方向选择、实践方式及其影响。

为更好地呈现主题，本书除绪论和结语外共分七章。绪论介绍本书基本问题、研究区域及分析框架。结语是对明代赋役风险、普通民众户籍策略及其影响的总结，同时对明代户籍相关知识提出新的思考。正文七章的内容按时间顺序和逻辑递进关系展开，分别探讨明初、明中后期等不同时段泉州盐场地区普通民众所处的制度环境和面临的赋役风险，以及实现户籍选择的具体策略、方式及其影响，具体安排如下。

第一章聚焦明初泉州盐场地区户籍登记的实际状况，结合明初泉州地理位置、滨海经济结构、既有社会组织等因素，以及洪武年间户籍、盐政、军政等多种制度在泉州盐场地区的落实，考察福建官府整顿户籍的态度和具体措施，以及在不同措施下滨海人群选择户籍的空间和具体选择，分析洪武年间垛集、抽籍、谪发等军政举措在泉州盐场地区的推行实况及其对当地户籍赋役的影响，从而揭露明初盐场地区民－军、灶－军、军－军等双重户籍产生的机制及明初民间户籍登记的主动性与被迫性。

第二章分析明初国家对盐场地区的管理，考察泉州盐场管理体制从属地管理到垂直管理的演变，探讨泉州盐场地区仓－埕－甲、里甲等多重赋役催征组织的形成，以及灶役、赋役的催征。在此基础上，分析明初泉州盐场地区灶户、民户、军户完成国家指定徭役任务所面临的徭役风险。

第三章探讨泉州盐场人群以规避高徭役风险为主的赋役风险管控策略，详细分析人们如何通过"捏作无籍"再入籍、顶户、析户等办法更改户籍名色，进而规避双重徭役风险、军役风险，为家族生存谋取更大的空间。

第四章探究福建官府如何应对民众户籍策略所引发的滨海人群难以掌控、应役客体无法掌握等问题，如何在赋役征发、盐政及军政上进行改革；探讨改革之后，在新的赋役、盐政、军政制度下，泉州盐场地区的民户、灶户及军户承役风险的具体表现和等级的降低。

第五章集中分析明中后期泉州盐场人群在新局势下如何管控赋役风险，考察盐场人群在接受赋役风险的同时控制损失（降低赋役支出）的赋役风险管控办法，探讨盐场人群如何通过跨籍、多籍来降低赋役支出。

第六章考察明中后期福建地方官府如何通过在配户当差户籍制下"拆东墙补西墙"，以应对泉州盐场人群的户籍策略，分析在倭乱、缺军饷的环境下，嘉靖、万历朝福建官府如何在既有赋役定额化、官府掌握丁米减少而财政所需增加的情况下绕开配户当差制，寻找新税源，进而揭示明朝征调赋役在"以籍定役"配户当差制之外出现"以田定税"的新赋役征调逻辑，以及在此过程中土地与户籍属性的脱离。

第七章探讨在州县、盐课司赋役职责简化，时人对民、灶管理及相应赋役征调观念转变的前提下，泉州盐场士绅如何为进一步管控灶役风险、降低灶户负担，而与官府进行多次博弈，最终促成泉州四场盐课司废除，盐场归县兼管。该章还指出在新的赋役征调逻辑、体制下，民间管控赋役风险的新趋势。

第一章　洪武年间的户籍整顿与双重户籍的形成

　　传统时期，控制人和土地，从中获取赋税和徭役是王朝国家财政体制最为基本的职能之一。明初，朝廷在继承元代"诸色户计"制的基础上，推行"配户当差"户役制，把能控制到的人口登记为民户、军户、匠户、灶户等诸色户籍，役因籍异。[1] 一般认为，明初户籍登记是将一个家庭登记为一个户，或民户，或军户，或灶户，或其他名色的户。不过，明初泉州盐场地区却出现以家庭或家族为单位同时登记了民－军、灶－军或军－军等双重户籍身份的现象。此现象的产生与户籍、盐政及军政等多种制度在泉州盐场地区的落实情况有关，也与配户当差制缺乏弹性，而国家及地方官府徭役需

1　参见《明朝的配户当差制》，《王毓铨史论集》下册，第816~817页。

求具有变动性、多重性密切相关，亦受民间户籍策略影响。本章试图考察明初泉州盐场地区户籍的登记过程，探讨双重户籍的形成机制，以期管窥明初中央王朝制度在滨海边远地区的推行实况及滨海人群的应对过程，进而提供一些拓展明代户籍制度研究和明初社会秩序建立研究的线索。

第一节　配户当差、盐场建设与民间抉择

明初户籍登记，不管是对国家还是对普通百姓，都极为重要，其重要性也引发明清史学者的重视，并在讨论明清财政、户籍赋役及地方治理时多有涉及。然而，由于文献阙如，此前的研究往往是利用《明实录》《大明会典》《明史》及地方志等官方文献，来推演明初户籍登记情况，形成洪武年间里甲户籍制度在各地区得到切实推行、洪武年间的人口调查与实际人口数较为相符的结论。[1] 实录等官方文献常是以统治者的视角，来描述明初户籍整顿，呈现给读者的是以国家为行为主体的户籍登记图景。受其影响，以往关于明初户籍登记的研究往往立足王朝国家，而非普通百姓，故而缺乏民间视角的考察。

随着区域社会史研究的深入，刘志伟、鲁西齐、徐斌等学者

---

[1]　参见梁方仲《明代的黄册》，《明代赋役制度》，第378~398页；唐文基《明代赋役制度史》，中国社会科学出版社，1991，第21~26页；何炳棣《明初以降人口及其相关问题（1368~1953）》，葛剑雄译，三联书店，2000，第12~15页；等等。

对广东、江汉平原明初户籍登记展开深入研究，[1] 显示了明初户籍制度在地方上推行时，与地方社会经济条件、基层组织等因素相结合而做出调整，各地区的户籍整顿、户籍登记状况及在此基础上形成的里甲组织，在基本原则大致相同的前提下，往往呈现出多种多样的形式。这些研究还指出部分人在洪武朝户籍整顿时进入户籍体系，但也有部分人仍在户籍体系之外。这种情况的出现，除与地方官推行户籍制度的策略、地方社会经济状况等有关，还与民间行为密切相关。科大卫就指出人们并不会因为中央的制度而主动登记户籍。[2] 换言之，民间在明初户籍整顿中具有一定的自主性。人们重视户籍登记，并设法在户籍登记时趋利避害。那么，在洪武年间地方官府整顿户籍的过程中，民间如何应对户籍制度，在逃亡之外怎样登记户籍名色、丁产数额？民间户籍策略不仅关系自身利益，而且左右国家户籍、赋役制度在当地的施行，这是深入掌握明初户籍制度运作及地方户籍形成机制不可忽视的一面。

有鉴于此，本节将结合官方文献和民间文书，详细考察洪武年间国家户籍制度在泉州盐场地区的落实，结合泉州盐场各县登记户籍的方式，分析盐场人群登记户籍的技巧。

一　配户当差制在盐场地区推行

福建泉州濒临东海，沿海有泉州湾、围头湾等港湾和蚶江港、

1　具体参见刘志伟《在国家与社会之间：明清广东地区里甲赋役制度与乡村社会》，第29~36页；鲁西奇、徐斌《明清时期江汉平原里甲制度的实行及其变革》，《"中央研究院"历史语言研究所集刊》第84本第1分，2013年3月。

2　科大卫：《皇帝和祖宗：华南的国家与宗族》，第85~86页。

石湖港、永宁港等众多优良港口。自古以来泉州人就懂得如何利用海洋资源谋生。至元代，泉州海上贸易繁荣，[1]居住在沿海地区的人们有很强的流动性。元明鼎革，包括泉州在内的福建地区于洪武元年（1368）正式纳入明王朝的统治版图。明王朝改泉州路为泉州府，隶福建行省，仍领晋江、惠安、同安、南安、安溪、永春、德化七县，洪武九年改福建行省为福建承宣布政使司。[2]

除设置布政司系统，根据泉州沿海地区产盐的经济现象，明廷还设盐场管理当地盐政。泉州滨海地区平原面积狭小，土壤贫瘠、咸卤，不适合水稻等农作物种植，不过滨海的自然条件孕育了制盐业。泉州沿海地区海盐生产历史悠久，且早在宋代就进入国家盐政管理体系。宋代在泉州沿海地区置盐亭，元朝开始设盐场，元末时泉州路共有惠安、浔美、汕州和浯州四场。明廷为了获得财政收入，满足军需，极为重视对滨海盐业资源的控制，史载"洪武初以边饷计，时议开中，尤注意盐利"，[3]并于洪武二年开始整顿福建盐政，设置福建都转运盐使司总管福建盐政事务，征收盐课，[4]下设运盐分司，分管下辖盐场。其中，泉州运盐分司管辖泉州府境内的惠安、浔美、汕州和浯州四场，各场无正式之场官。[5]洪武二十年泉州

1　朱维幹:《福建史稿》上册，福建教育出版社，2008，第385~395页。

2　周振鹤主编，郭红、靳润成著《中国行政区划通史·明代卷》，复旦大学出版社，2007，第159、163页。

3　吴九美等编修《洛溪吴氏宗谱·始祖考》，晋江市图书馆据雍正年间重修本影印，晋江市图书馆藏。

4　《沧浯琐录》，转引自光绪《金门志》卷3《赋税考·盐法》，周宪文、杨亮功等编《台湾文献史料丛刊》第2辑第38册，台湾大通书局，1984，第38页。

5　光绪《金门志》载："惟设盐司总场百夫长一名管办。（洪武——引者注）八年，停罢。嗣又重行开榷，不设司令、丞诸名目，乃除授副使、攒吏，每年编排总催二户、秤子一户、团长不等，十年一次轮流收支。"见《沧浯琐录》，转引自光绪《金门志》卷3《赋税考·盐法》，周宪文、杨亮功等编《台湾文献史料丛刊》第2辑第38册，第38页。

运盐分司被裁，洪武二十五年各场设盐课司，[1] 场大使驻扎其中，管理地方盐政事务。

除建立布政司、运司等管理机构，整顿户籍、控制编户齐民也是明初王朝巩固其统治、获取赋役的重要措施。洪武年间，国家大体继承了元代"诸色户计"制，要求地方官将百姓登记为军、民、匠、灶等多种役户，规定各役户承担本分户役，役皆永充。洪武《大明律》特地列出"人户以籍为定"的条款，载："凡军、民、驿、灶、医、卜、工、乐诸色人户，并以籍为定。若诈冒脱免、避重就轻者，杖八十；其官司妄准脱免，及变乱版籍者，罪同。若诈称各卫军人，不当军民差役者，杖一百，发边远充军。"[2]《明史》载："凡军、匠、灶户，役皆永充。"[3] 王毓铨称之为"配户当差"，并指出：民户应当民役，当正役和杂泛差役；军户应当军役，出军丁防御；匠户应当匠役，承办造作工艺；灶户应当灶役，办纳盐课；等等。据其统计，明代的役户有 80 多种，而各地役户种类不大一样。[4] 其中，灶户也称"盐户""畦户""亭户"，是制度规定的办纳盐课（也称"灶课""场课"）的差役户，是盐场最为重要的户籍人群之一。为了维持盐场的运作、保证盐课的征收，明初泉州盐场地区进行了以灶户为主的户籍编佥。

徐泓指出经历元末战乱，盐场灶户缺额，缺额的主要来源是民户，其中有的地方是佥充"盐场附近州县民户之丁产殷实者"，有的地方甚至"把盐场附近全部人丁拨充灶户"。明初以降，官府

1　弘治《八闽通志》卷 41《公署·文职公署·泉州府·晋江县·浔美场盐课司》，《四库全书存目丛书》史部第 178 册，第 135 页下栏。

2　《大明律》卷 4《户律一·户役·人户以籍为定》，第 18 页 a~b。

3　张廷玉等：《明史》卷 78《志第五十四·食货二·赋役》，中华书局 2011 年标点本，第 1906 页。

4　参见《明朝的配户当差制》，《王毓铨史论集》下册，第 808~813 页。

补充灶户缺额的办法包括"佥补民户为灶丁",将灶户余丁、幼丁添拨开煎新场,发遣罪犯煎盐,籍萱为灶,等等。[1] 刘淼则认为明代盐业劳动力可以分成旧有的灶户(即元代的灶户)、徒罪发配煎盐、编佥盐场附近丁田相应之民户入灶等三部分。[2] 两位学者的观点比较一致,且都认为佥民为灶是明初官府获取灶户的最为主要的办法,然而都没有深入探讨明初官府如何佥民为灶。而将"盐场附近州县民户之丁产殷实者"佥为灶、"编佥盐场附近丁田相应之民户入灶"等表述,容易给读者留下明初官府先将百姓登记为民户,再佥民户为灶户的印象。实际上,徐泓和刘淼相关观点和表述主要来自明中后期的文献。明中叶,福建地方亦有类似的记载,如嘉靖《福建运司志》就称福建"七场盐户原共一万三千九百一十户,即系民户,但着令受盐,名为灶籍,非盐自为户也"。[3] 来自明中叶的这些记载反映的是生活于当时的人对明初灶籍编佥的认识,不一定符合明初的状况。当我们从洪武朝国家整顿地方户籍的角度全盘考察盐场地方户籍登记时,就可发现福建灶户与民户的编佥,并不存在先后顺序,灶和民的编佥不仅同时进行,而且都由县官负责。质言之,洪武年间盐场所在州县(下文简称"盐场县")县官整顿地方户籍,同时编佥灶户、民户等各色户籍。此可从以下几点窥知。

首先,洪武年间国家整顿户籍的重要政令几乎都包括诸色户籍。洪武二年,朱元璋下令地方人户根据元代登记的户籍自实,"凡军、民、医、匠、阴阳诸色户,许各以原报抄籍为定,不许妄

1　徐泓:《明代前期的食盐生产组织》,《台大文史哲学报》第 24 期,1975 年 10 月。

2　刘淼:《明朝灶户的户役》,《盐业史研究》1992 年第 2 期。

3　童蒙正、林大有纂修《福建运司志》卷 2《都转运使何思赞呈造盐册事宜》,虞浩旭主编《天一阁藏明代政书珍本丛刊》第 10 册,线装书局,2010,第 321 页。

行变乱，违者治罪，仍从原籍”。[1]洪武三年（1370），明廷推行户帖制度，强化户籍登记与管理，朱元璋“令户部榜谕天下军、民，凡有未占籍而不应役者，许自首，军发卫所，民归有司，匠隶工部”。[2]洪武十四年，朝廷令地方编里甲，在该基础上攒造黄册，“命天下郡县编赋役黄册”，[3]郡县所编黄册包括管辖范围内的诸色户籍，“凡各处有司，十年一造黄册，分豁上、中、下三等人户，仍开军、民、灶、匠等籍”。[4]可见，洪武年间的户籍整顿乃针对地方上所有人，朝廷希望将地方上所有人都纳入版籍，且当时沿袭元代诸色户计制度，朝廷诏令地方有司同时登记、编定军、民、灶等各色户籍。

其次，洪武二十五年之前，泉州各盐场无正式场官，只有百夫长。百夫长不是朝廷铨选的官员，而是由各省布政使授权的负责盐场事务的具体管理人员，[5]无权整顿户籍。而驻扎在泉州府府城的盐运分司官员难以同时为分别位于惠安县、晋江县和同安县的四个盐场编佥灶户。

布政司府县系统是明王朝统治地方最为主要的机构，县官是整顿地方户籍的主要官员。此后，攒造黄册、编排里甲都是有司职责。《诸司职掌》载：“凡各处户口，每岁取勘明白，分豁旧管、新收、开除、实在总数，县报于州，州类总报之于府，府类总报之于

1　万历《大明会典》卷19《户部六·户口一》，《续修四库全书》第789册，上海古籍出版社，1996，第331页上栏。
2　万历《大明会典》卷19《户部六·户口一》，《续修四库全书》第789册，第331页上栏。
3　《明太祖实录》卷135，洪武十四年正月丙辰，“中研院”历史语言研究所校印，1962，第2143页。
4　《诸司职掌·户部·赋役》，《续修四库全书》第748册，第623页上栏。
5　关于百夫长的研究请参见李晓龙《承旧启新：洪武年间广东盐课提举司盐场制度的建立》，《中国经济史研究》2016年第3期。

布政司，布政司类总呈达本部，立案以凭稽考，仍每十年本部具奏行移各布政司府州县攒造黄册，编排里甲，分豁上、中、下三等人户，遇有差役，以凭点差。"[1]

各盐场灶户也由盐场县县官编佥，且与民户一样，主要通过洪武三年户帖制度和洪武十四年黄册制度的推行来实现。万历《泉州府志》载："初定闽中，即令民以户口自实。至洪武十四年，始颁黄册式于天下，户目凡七：曰民、曰军、曰盐、曰匠、曰弓兵、曰铺兵、曰医。"[2]"令民以户口自实"即是洪武三年户帖制度。盐场县县官在洪武三年、十四年编佥各色户籍人群，并在黄册编纂完成之后负责对各色户籍人群丁产状况进行编审，十年一次重新编纂黄册。这种操作一直延续到明末。即便明初以降运司系统编纂专门登记灶户丁产信息的盐册，也不编审灶户丁产，而只从黄册中将灶户相关信息抄出，编纂成册。嘉靖四十四年（1565）福建运盐使司运使何思赞就指出："本司历轮造册，俱听民户先造丁产开、收、实在数目完备，解送布政司收贮之后，本司具呈，着令书手揭查，将原系灶户册款抄出，备将各户丁产照例派盐，类造盐册。"[3]"民户先造"即州县先造。

除洪武三年、十四年两次户籍登记包括灶籍外，《明实录》《大明会典》、弘治《八闽通志》、万历《泉州府志》、嘉靖《福建运司志》等文献都没有其他关于洪武年间泉州灶籍编佥的记载。文献无载虽不能说明其他时间泉州无灶籍登记（实际上根据族谱的记载，

1　《诸司职掌·户部·户口·丁口》，《续修四库全书》第748册，第620页下栏。

2　万历《泉州府志》卷6《版籍志上·户口》，万历刻本，中国国家图书馆藏，第3页a。

3　童蒙正、林大有纂修《福建运司志》卷2《都转运使何思赞呈造盐册事宜》，虞浩旭主编《天一阁藏明代政书珍本丛刊》第10册，第324页。

其他年份亦有人登记为灶），[1]但可推定除洪武三年和十四年两次登记之外，泉州各场即便有灶籍登记，规模也较小，因而相关地方官府不需要上奏朝廷，官方史籍中也没有留下痕迹。

那么，洪武年间盐场县如何编佥灶户？在回答此问题前，需要指出洪武年间县官在整顿地方户籍时拥有较大的操控空间，这源于当时国家行政能力、监控地方能力的有限性。在具体操作上，陈支平指出明初福建官府采用沿袭宋元旧册、民间自报两种户籍申报方式来登记户籍。所谓的民间自报即"令民以户口自实"。[2]陈支平的研究以明初福建户籍登记的整体状况为研究对象，未具体分析灶籍编佥，不过洪武年间福建灶户与民户都由县官统一编佥，故这两种方式都适用于灶籍登记。

在灶籍登记中，确实有遵循宋元旧籍和民间自实户口两种方法。福建兴化府仙游县灶籍编佥体现了遵循宋元旧籍的做法。仙游县原有盐场，至"元大德间，僧祖和奏请盐埕为田"，明初未设盐场，然灶籍被延续下来，"洪武初，犹编亭户为柴薪夫，今仍为灶户，盐利虽不复有，而盐法之设尤在焉"。[3]明初该县已无盐场之设，不需要承办盐课，故亦不需要灶户，然而该县承袭元代灶籍之设登记灶籍。当然，该灶籍的登记可能是民间户口自实的结果。

遵循宋元旧籍和"令民以户口自实"是看似矛盾的两种户籍

1　如根据石狮市《沙堤龚氏族谱》的记载，龚坤（厚斋公，字用方）就于洪武七年登记了浔美场灶籍，"公念龚氏宗孙迷为蔡姓，洪武七年乃与弟告复本姓，议立蔡龚坤当差"。蔡龚坤户为浔美场灶户，隶属浔美场南埕。见陈碧、陈邦英编修《沙堤龚氏族谱·沙堤龚氏源流纪实·第六世·厚斋公》《沙堤龚氏族谱·沙堤龚氏源流纪实·第二世·治公》，1926年修，石狮市博物馆藏复印本。

2　陈支平：《民间文书与明清赋役史研究》，第23~24页。

3　嘉靖《仙游县志》卷2《官制类·盐法》，《日本藏中国罕见地方志丛刊》，书目文献出版社，1990，第65页下栏。

登记方式。前者的表述强调官方的强制性和户籍的延续性，后者的表述则强调民间的主动性。这两种看似矛盾的登记方式如何同时在福建地方开展？一方面，二者实际上是县官在整顿地方户籍时在两个层面上的考虑和操作。大体而言，县官整顿地方户籍时，在大的方向上，比如全县户口数额、丁产总额、户籍名色大致构成等，或遵循元代旧籍，或满足国家当下的徭役需求，特别是食盐等特殊资源的劳力需求；而在小的方向上，比如具体由哪些家庭承袭宋元旧籍（或国家所需役户）等信息登记上，或官府强制记录，或民间自己填报。另一方面，县官登记户口时，在县境内各个地方，有着不同的方法。一般而言，距离县衙近的地方，民间自实的可能性较大；距离县衙远的地方，官府强制登记的可能性较大。例如，同安县就将距离县衙远、孤立海外的浯州岛岛民强制登记为灶籍，然该岛三个都中，仅十七都部分地方产盐。史载"夫浯洲三都，其中为太武山，巉岩峻阻，不可以区划者也。十八都在太武之东，十九都在太武之南，滨海皆为溶沙，绝无生盐之地，自古以来，未有二都尽为盐壤者也。十七都在太武之西，其出盐之地，大率亦居其半；其半之近于山者，非惟其势不便于业盐，虽欲业之，亦无其地也。以其无盐地之丁，而责其岁输盐课之钱，情理允协乎耶？贫难下户，朝不谋夕，何以办此耶？盖立法之初，有司不亲到其地，而核实以闻，致病二都穷民，永年坐此困累，而莫从吁诉也"。[1] 在距离县衙较近的地方，官府往往"令民以户口自实"。上引自己登记灶籍的丁氏所在的陈埭，就距离晋江县县衙较近。

陈埭丁氏不制盐而登记灶籍及浯州岛多数岛民不制盐而被登记

1　洪受著，吴岛校释《沧海纪遗校释·本业之纪第六》，台湾古籍出版有限公司，2002，第118 页。

灶籍，都说明虽然《明史》载明代"以其（地方人户——引者注）业著籍"，[1]但是不管是哪种方式的户籍登记，民间职业在户籍种类划分上都没那么重要。不过，不管是民间自主申报，还是官府强制编佥，灶户登记集中在一定的空间范围内，而不是整个盐场县或者泉州非产盐县的百姓都可以或都可能被登记为灶户。因为灶户编佥遵循了一定的原则——佥盐场附近人户为灶。汪砢玉《古今鹾略》载："国初制，沿海灶丁俱以附近有丁产者充之。"[2]福建地区遵守了此原则，嘉靖《惠安县志》就称："编附近人丁，使专其晒曝之事。"[3]文献中"附近"指的是盐场的附近。之所以佥盐场附近人户为灶，即是因为很多制盐者本来就居住在盐场附近，且由盐场附近的人生产食盐较为便利。这是官府方便控制灶户的结果。编佥盐场附近居民为灶的原则也说明明初户籍编佥大体上与地方经济结构相关，受地方经济结构影响。

"附近"所指代的空间范围模糊。大体而言，泉州灶户佥自盐场县，且主要集中在制盐场地所在都图及其附近都图。例如，明初惠安场的灶户除居住在该场盐仓所在的二十二、二十五、二十六都，[4]还散布在邻近的十八、十九、二十、二十一、二十三、二十四、二十七、二十八、二十九等都。[5]浔美场的灶户则主要聚居在盐埕所在的晋江县十七八都、二十都，此外，二十四都、二十七都等也有灶户。登记为浔美场灶籍的施万安就定居在晋江

1　张廷玉等：《明史》卷77《志第五十三·食货一·户口》，第1878页。

2　汪砢玉：《古今鹾略》卷5《政令·赈济》，《北京图书馆古籍珍本丛刊》第58册，书目文献出版社，1998，第56页下栏。

3　嘉靖《惠安县志》卷7《课程》，《天一阁藏明代方志选刊》，上海古籍书店，1963，第2页a。

4　弘治《八闽通志》卷41《公署·文职公署·泉州府·惠安县·惠安场盐课司》，《四库全书存目丛书》史部第178册，第138页上栏。

5　叶春及：《惠安政书》卷6~7，福建人民出版社，1987，第190、199、207、224、232、241、249页。

县十七八都南浔，[1]而晋江十七八都岱阳（今晋江市龙湖镇埭头村）吴氏的始祖观志公（1346~1430）则在元末的动乱中迁徙不定，洪武三年报充浔美场灶户后定居岱阳。[2]沺州场灶户则主要来自晋江十一、十四两都，即今之晋江市金井镇、英林镇和东石镇等地方。浯州场的灶户主要釜自浯州和烈屿二岛，二岛九个图的编户齐民都被釜为灶户承担灶役。[3]

　　综合上述，洪武年间，泉州灶户由各盐场县负责编釜，盐场县编釜灶户数量依据元代旧籍，并通过强制性登记和"令民以户口自实"等策略实现。这些策略的推行说明灶户编釜并未遵循"以其业著籍"及编釜丁产相当者为灶等原则。[4]

二　盐场人群登记户籍的策略

　　因户籍登记与赋役直接相关，故明初的户籍整顿，除国家重视外，民间亦极为关心，并尽可能发挥能动性，趋利避害。陈支平指出"令民以户口自实"的户籍登记措施为民间隐瞒户口提供了方便。如明初福建的许多家族想方设法隐瞒户口，一个庞大的家族，往往仅以一户、两户上报，编入黄册，应役当差。[5]除民众自实户口

1　施克达：《六世祖万安公跋》，施德馨纂辑，施世纶等补辑《浔海施氏族谱》卷1，康熙年间刊刻，泉州市图书馆藏影印本，第9页a。

2　黄允铭、庄征澈、吴起谤等修《岱阳吴氏宗谱》第1本《岱阳吴氏大宗谱·第一世·观志公》。

3　光绪《金门志》卷3《赋税考·盐法》，周宪文、杨亮功等编《台湾文献史料丛刊》第2辑第38册，第41页。

4　详见梁方仲《明代一条鞭法年表（初稿）》，《明代赋役制度》，第253页。文中指出，明代户籍编制是以职业划分的，即"以其业著籍"，而藤井宏、徐泓和刘淼都提及明初灶户编釜有编盐场附近丁产相当者为灶的原则，详见藤井宏「明代塩場の研究」（上）『北海道大学文学部紀要』1号，1952年；徐泓《明代前期的食盐生产组织》，《台大文史哲学报》第24期，1975年10月；刘淼《明代盐业经济研究》，汕头大学出版社，1996，第113~114页。

5　陈支平：《民间文书与明清赋役史研究》，第24页。

外，官府强制登记户籍的地方，民众亦能隐瞒户口。隐瞒户口是户籍登记技巧的一部分，实际上洪武年间民间登记户籍技巧还包括减少事产、选择户籍名色等。

按照程序，民众自实户口，官府应加以核实。然而，洪武年间，朝廷仅派遣军队在江浙和南京地区进行土地测量，[1] 其他县县官没有也不可能对所有地方人户的丁口、事产及其在元代之户籍进行详细的核实。这主要是由于以下几点：一是元末兵燹之后，不少地方旧有的户籍册簿或被焚毁，或散逸，无以为凭；二是元代不可能把所有人都纳入户籍系统，且经历元末明初动乱，民间迁徙不定，即便在有旧册籍的地方，也有部分人在户籍体系之外，填报户籍时，无册可凭；三是技术、时间、人员都有限，且无经费。洪武年间，各地方官府行政技术极为有限，核对信息只能由相关人员持相关记录赴各家进行丁口及部分事产核对，并对田产进行勘测，如此逐一审核不仅要大量时间，而且需要经费支持，然而，明初各县既需要尽快完成户籍整顿的任务，又无相关运作经费。朱元璋坚持"以良民治良民"的理念，[2] 推行编户亲身应役的徭役制度，没有为州县行政运作提供经费支持，州县所需财力、物力和人力都由编户供应，[3] 在此条件下，各县县官执行包括整顿户籍的各项任务时，都依赖里长等地方大户。这些客观因素都使地方有司难以逐一核实民间户籍信息，而州县官、胥吏及地方大户寻租的主观要求，也激发他们选择与地方人群合作，在自己获得租金的同时，满足其户籍登记要求。

1　牟复礼、崔瑞德编《剑桥中国明代史（1368~1644年）》下卷，杨品泉等译，中国社会科学出版社，1992，第112页。

2　申斌：《明代地方官府赋役核算体系的早期发展》，《中国经济史研究》2020年第1期。

3　明代地方官府没有法定行政公费，行政运作的资源主要由里甲编户提供。见刘志伟《从"纳粮当差"到"完纳钱粮"——明清王朝国家转型之一大关键》，《史学月刊》2014年第7期。

　　因此，对于如何登记户籍，明代普通民众在遵循国家规定格式的基础上，还有一定的操作空间。明初国家制定并颁布了户籍登记的格式。洪武三年，户部颁布户帖式（见下引文），要求户主在户帖式上填写户名、都图、户籍属性、人口总数、男子口数（分成丁、未成丁、岁数）、妇女口数、事产（田地、房屋、车船、家畜）等信息。黄册在户帖的基础上形成，每户均分旧管、新收、开除、实在四大项，即用四柱式进行登载，每项之下登记人丁、事产内容，人丁、事产的记载大体与户帖一致，见下引文。[1]

　　现存之洪武初年户帖内容如下：

　　……　……

　　一户汪寄佛，徽州府祁门县十西都住民，应当民差，计家五口。

　　　男子三口。成丁二口：本身，年三十六岁；兄满，年四十岁。

　　　　　不成丁一口：男祖寿，年四岁。

　　　妇女二口。妻阿李，年三十三岁；嫂阿王，年三十三岁。

　　事产

　　　　　田地无。房屋瓦房三间。孳畜无。

　　　　　　右户帖付汪寄佛收执。准此。

　　……　……

　　一户江寿，系徽州府祁门县十西都七保住民，见当民差，

1　栾成显：《明代黄册人口登载事项考略》，《历史研究》1998 年第 2 期。

　　计家三口。

　　　　　男子二口。成丁一口：本身，年四十四岁。

　　　　　　　　不成丁一口：男再来，年五岁。

　　　　　妇女一口。妻阿潘，年四十四岁。

　　　　　事产

　　　　　　　　草屋一间。

　　　　　　　　　　　右户帖付江寿收执。准此。[1]

　　以《永乐元年、十年、二十年，宣德七年祁门李舒户黄册抄底及该户田土清单》中永乐十年李务本户为例，展示明初黄册所登载的人丁事产信息，将其所载部分文字抄录如下：

　　永乐十年

　　一户李景祥承故兄李务本户

　　新收

　　　　人口四口

　　　　　　正收妇女二口　　姐贞奴永乐四年生

　　　　　　　　　　　　　　姐贞常永乐六年生

　　　　　转收男子二口

　　　　　　　　成丁一口　　义父胡为善系招赘到十四都一

　　　　　　图胡宗生兄

　　　　　　　　不成丁一口　　本身景祥系摘到本图李胜舟男

　　开除

───────────

1　两个户帖转引自栾成显《明代黄册人口登载事项考略》，《历史研究》1998 年第 2 期。前帖来自历史研究所藏《洪武四年徽州府祁门县汪寄佛户帖》，后帖来自中国历史博物馆藏《洪武四年徽州府祁门县江寿户帖》。藏所均为当年藏所。

人口正除男子成丁二口

义父胡为善永乐九年病故

兄务本永乐十年病故

事产

转除民田三十七亩七分六厘九毫

……　……

实在

人口四口

男子不成丁一口　　本身年二岁

妇女三口

大一口　　　母谢氏年三十九岁

小二口　　　姐贞奴年七岁

贞常年五岁

事产无[1]

以上户帖和黄册显示出明初户籍登记需要填报户籍属性、田地等事产、人口信息。各项信息都极为重要，其中户籍属性决定了业户应役的种类，人口尤其是丁口信息是佥充徭役的依据，事产尤其是田产是承担赋税与徭役等则的依据。因而，民间往往在户籍登记时避开对自身不利的因素。比如，地方豪强设法减少田粮登记。此类行为甚为普遍，引起统治者重视，并对此加以惩罚。洪武十七年（1384）九月，"上谕户部臣，曰：民有田则有租，有身则有役，历代相承，皆循其旧。今民愚无知，乃诡名欺隐，以避差徭，互相仿

1　《永乐元年、十年、二十年，宣德七年祁门李舒户黄册抄底及该户田土清单》，中国社会科学院历史研究所收藏整理《徽州千年契约文书（宋·元·明编）》第 1 卷，花山文艺出版社，2015，第 54 页。

效，为弊益甚。自今有犯者，则入其田于官，能自实者免罪"。[1]此后，明廷根据民间欺隐田粮数额大小制定惩罚等级，《大明律》载："凡欺隐田粮脱漏版籍者，一亩至五亩笞四十，每五亩加一等，罪止杖一百，其田入官。"[2]不过，国家的禁令并不能完全禁止民间欺隐田粮，如广东韶州府"民欺隐田粮者不可胜计"。[3]

又比如，部分家庭先分家再登记户籍，将人丁事产散入多个户中，以降低各户户等。郑振满就指出在明初动乱不安的政治环境下，为保证军户、灶户足额，国家打击富民、实行里甲重役等政策，父子兄弟别籍异财的现象相当普遍，民间甚至提前分家析产。[4]部分人则迁徙他处，以降低在本地的徭役负担。生活在元末明初晋江十六都后山（现在的晋江市深沪镇后山社区）的陈氏二世祖们于明初迁徙各处，分别立籍，其中富纁公[5]被佥为浔美场总催。《温陵浔江后山陈氏五房族谱》载："公（富纁——引者注）与诸子保守在家，时国变，上下交征，盐课疲弊，兼饥馑荐臻，疫疠枕籍〔藉〕。浔美场中公私逋亡，乃以殷实之家佥报总催，办纳盐课。兄弟俱往别籍，而差役应官只以陈富一名在版图中，而郡城及永春、同安、

1　《明太祖实录》卷 165，洪武十七年九月己未，第 2545 页。

2　《大明律》卷 5《户律二·田宅·欺隐田粮》，第 1 页 a。

3　嘉靖《广东通志》卷 15《舆地志三·城池·韶州府》，广东省地方史志办公室，1997，第 362 页下栏。

4　郑振满：《明清福建家族组织与社会变迁》，第 20~22 页。

5　族谱中没有记载二世祖富纁公的生卒年。不过，根据族谱中其他信息可以推算出二世祖生活时代。据族谱记载后山始迁祖为陈应恺。陈应恺"端平元年补弟子员，嘉祐元年登乡荐，淳祐元年举进士"。该记载有误，"嘉祐元年"应为"嘉熙元年"。不过查《八闽通志》等福建地方志，有陈应恺淳祐元年（1241）中进士的记载。以淳祐元年推算，二世祖可能生活于宋元时期。然而根据陈氏族谱所载十一世赞礼公的生年（1552）推算，则二世祖生活于 1327 年前后，即元末明初。见陈昂等辑《温陵浔江后山陈氏五房族谱·肇基浔江后山陈氏五房世牒·一世·应恺公》《温陵浔江后山陈氏五房族谱·肇基浔江后山陈氏五房世牒·十一世·赞礼公》，1932 年修，晋江市图书馆藏。

福州等处居住者俱不与焉。"[1]

此外，地方豪强还在户籍名色上进行选择。元末明初，滨海人群对各色户籍有不同的偏好，青睐承役负担低、风险小的役籍，而不喜欢承役负担重、风险大的役籍。平民出身的朱元璋十分了解各役籍应承徭役轻重不同，以及百姓避重就轻的想法，故于洪武二年令人们根据其在元代的户籍名色填报，不得变乱户籍名色。然而，洪武年间的官民都没有认真对待此规定。即便是关系国家安全、由国家强制佥配的军户，在明初也有部分被官府放免为民。[2]

那么，明初泉州盐场人群怎么选择户籍种类呢？一般认为，明初军户、灶户役重，百姓不乐于充当军人、灶户。[3]实际上，明初盐场人群对军户、灶户的态度和选择有所不同。

元末明初，人们几乎都不愿意充当军户，很多被登记为军户的人选择逃亡。族谱有很多相关记录。如万历二十二年（1594）何浔九世孙何时庸撰《何浔何地何潭总记》就记载：

> 本宗始祖同在泉州清源洞居住。长添清，仕元，不能统摄
> 政上，疏乞骸就第，惧祸，率属装海船泊海碛，逸于同安顺济

1　陈昂等辑《温陵沪江后山陈氏五房族谱·肇基沪江后山陈氏五房世牒·二世·富缠公》。

2　张金奎：《明代军户地位低下论质疑》，《中国史研究》2005 年第 2 期。

3　王毓铨指出"军户、灶户、养马户都是重役户。他们的田地优免粮差的幅度都很大，养马户甚至连正粮也全不办纳。因此这三种役户的田地都是被富室官豪觊觎的田产。田产被人觊觎去，而田产上的差役却被人逃避着"。详见《户役田述略》，《王毓铨史论集》下册，第 848 页。徐泓指出，"煎盐之事甚苦，且佥补之时不免派扰民户……因此人们多视佥充灶户为畏途"，"制盐本是苦役，人多不愿就，政府只有以强制佥充的方式，把盐场上原有的灶户、州县拨来的民户与罚充劳役的罪犯，固定在盐场上"。详见徐泓《明代前期的食盐生产组织》，《台大文史哲学报》第 24 期，1975 年 10 月。薛宗正、赵毅等也指出，明初灶户社会地位低于民户，负担十分沉重。详见薛宗正《明代灶户在盐业生产中的地位》，中国历史博物馆馆刊编委会编《中国历史博物馆馆刊》总第 5 期，文物出版社，1983；赵毅《明代盐业生产关系的变革》，《东北师大学报》（哲学社会科学版）1986 年第 4 期。

宫即今之龙虎宫左而居之。后因李智仔逃军，勾清着役，清恃
位号，互相催迫，二三匿名逃回晋江，四添沮改讳信祖，五添
福改讳信福，六添河改讳信哥，七添游改讳信奇。时将分异，
祷于顺济灵慈宫，卜云"漳可免患"，遂同往漳之南溪，以本姓
名其地，曰何浔。元时用法轻，人逃外郡不究。至大明国朝龙
飞，始补民籍。讵洪武九年，边尘警急，顶报防倭，二抽一，三
抽二，全家抽充三名军役：一名何轻进，信祖公子，为湖广守
陵军；一名何祖治，信福公次子，子安顶之；一名何宗治，何
潭公祖怎顶之。因此，信哥遂与其子京保、彦保逃之云霄，又
徙何仓，后徙何地，今籍平和县，属民矣。宗治以怎当军在陆
鳌所。何潭世祖相与谋，曰：龙溪狗溪口沃土肥润，邻比东湖，
姊夫许孝修在，择而处之，名曰何潭。信祖、信福栖身何浔役
事，不免相推，遂分为一九之两甲，别为上下之二何。[1]

　　据载，何浔何氏祖先在元朝时因清勾而从同安县逃往泉州晋
江、漳州南溪等地，并登记了民籍。然至洪武九年在漳州南溪者又
被抽军，信哥遂与其子京保、彦保逃至云霄，后迁至平和县，立民
籍。与何浔何氏一样经历元明之交、对元代军籍有所了解的人们，
在明初不仅不会自主登记军籍，而且在垛集、抽籍过程中设法逃
离。洪武年间漳州长泰县就出现"时抽军丁，民多惧匿"的现象。[2]

　　人们正是因为不愿意承担军役，所以对帮助本家族避开军籍军
役的人持感恩态度。据晋江青阳《昔邑庄氏族谱》载，该族生活于

1　何时庸：《何浔何地何潭总记》，何连金等辑《浔美何氏族谱志》，清修，泉州市图书馆藏手
　　抄本之影印本。

2　崇祯《闽书》卷65《漳州府·长泰县·文莅志·陈炳》，《四库全书存目丛书》史部第205册，
　　第546页下栏。

元末明初的五世祖庄震福（1346~1375）原有三兄弟，洪武九年时面临被抽军的风险，恰巧庄震福去世，他们家因男丁不足三丁而避免了被抽军。族谱编纂者希望子孙后代记住庄震福的"功德"，在族谱中写道："而昆弟雍睦，同爨共居，赋役之事公（庄震福——引者注）维持之。大明洪武乙卯为解铁衣，回次杭州，病卒……公死之后，复遇朝廷抽三丁军，公有兄弟三人，使公若在，军所不免，为公子孙其识之哉。"[1] 该族五世祖庄震远则因于洪武二十年前后帮助乡人免于登记军籍，而被乡人歌颂，即"大明洪武四年，公当直年宰，朝廷为倭事，钦着江夏侯延海筑城，将民户三丁抽为一夫，后竟召为军，时着公开报，而公竟以隐讳，乡人至今德之"。[2]

与军役役重的说法类似，明代文献有诸多关于明代灶户役重的记载。如明中叶福建士绅康太和就指出"凡民间户役最重者，莫如盐、军、匠户。三籍之中，尤重且苦者，莫如盐户"。[3] 不过，需要注意的是，康太和是莆田县上里场灶户，此言目的为促进盐法改革，降低灶户户役负担，其大力渲染灶户"户役最重"可能言过其实，另外，生活于明中叶的他所言不一定与明初的情况符合。除了灶役役重的记载，明中叶亦存在明初人们不愿成为灶户的记录。万历年间灶户出身的陕西道监察御史刘廷元就指出明初的灶籍是在官府的强制下登记，其言："国初版籍有灶，非赤子之所乐从也，盖殴之使就者也。"[4] 就泉州盐场地区的文献而言，开始编撰于明中后期的

1　庄壬辙修《晋邑庄氏族谱·五世·震福》，成化丁未年（1487）修，泉州市图书馆藏影印本。

2　庄壬辙修《晋邑庄氏族谱·五世·震远》。江夏侯周德兴到福建建沿海卫所，在卫所附近抽籍的时间是洪武二十年前后，族谱所载"洪武四年"有误。

3　康太和：《兴化府盐课记》，江大鲲等修《福建运司志》卷15《文翰志·记叙》，于浩辑《稀见明清经济史料丛刊》第1辑第29册，第182页。

4　刘廷元：《议加税疏》，载王圻《重修两浙鹾志》卷21《奏议下》，《四库全书存目丛书》史部第274册，第786页上栏。

族谱，也有关于明初盐场人群害怕登记灶籍的记载。如嘉靖年间开始编撰，此后经历多次编撰的晋江《洛溪吴氏宗谱》载："洪武初以边饷计，时议开中，尤注意盐利，有诏遗民充盐，人多乐实为民，而惮实为盐者。"[1]

不过，与军籍早在元末就不被喜欢不同，福建灶籍不仅比军籍，甚至比民籍更具吸引力。元朝儒士郑介夫（号铁柯）指出：

> 运司立法，凡有私盐生发，罪及县州正官。盐出于仓场，而罪归于州县，似此无辜，何异池鱼之殃？兼盐户不属有司，无相统摄，致有一等惯卖私盐无赖之徒，结构盐司，上下容情，纵令不轨，无所畏惮。及与附场民户交参住坐，便作灶户、柴户等名色，衮同影占。又有民税诡寄，规避差役，凡遇有司进会词讼，庇称盐户，沮挠官府不得施行。有必合约问之事，即以办课推辞，动经岁月，不得杜绝。[2]

据此可知，元代盐场附近的民户利用灶户、柴户等户籍身份影占资源，将民田诡寄灶户以规避差役，在词讼中假冒盐户，阻挠官府办案。冒充灶户规避赋役的做法在元末福建地方较为普遍。泰定二年（1325），江西福建道宣抚使齐履谦就指出："福清富民千家妄称煮盐避役。"[3]"富民千家"虽为概数，但充分显示出民间混充灶户者之多、冒籍现象之普遍。元吴海《闻过斋集》亦载："役法久为民

1　吴九美等编修《洛溪吴氏宗谱·始祖考》。
2　郑介夫：《上奏一纲二十目·盐法》，邱树森、何兆吉辑点《元代奏议集录》（下），浙江古籍出版社，1998，第72页。
3　苏天爵：《滋溪文稿》卷9《碑志·元故太史院使赠翰林学士齐文懿公神道碑铭》，张钧衡编《适园丛书》第6集，旧抄本，清华大学图书馆藏，第5页b。

病，民多窜籍盐户，以冀免追。"[1]可见，元末福建灶籍获得民间青睐，民户等常冒充灶户。

实际上，元末明初包括泉州在内的东南沿海产盐区往往由地方豪强掌控。如元末江南的割据势力张士诚，原本是泰州白驹场灶户，与兄弟们一起从事私盐贸易。[2]而元末明初的广东亦是一个乡豪所支配的社会。东莞势力最强的乡豪们占据了境内四大盐场和盐栅，不仅控制食盐生产和运销，还管制这些地区的盐民。[3]元末泉州盐场势力亦不可忽视，他们甚至逼走了盐场场官，此可从龚名安的遭遇窥知。龚名安，元末明初晋江县二十都沙堤（今石狮市永宁镇沙堤村）人，在浔美场灶户蔡仲永户下承办灶役。据《沙堤龚氏族谱》记载，蔡仲永户是龚名安父亲之母舅所立。因龚名安的祖父母早亡，父亲均锡及叔叔济逊、忠逊、荣逊等由母舅蔡仲永抚养成人。蔡仲永登记了灶籍，元末"适港据场抽盐丁，不得已立蔡仲永户籍备数"。[4]不过，该户户役由龚名安的父亲月窗公等承应，谱载月窗公"应港据盐场役，为场官所敬重，凡案牍烦剧，悉以咨之，守拙氏亦骇其能。未几，港据革罢，概属浔美场，官推为场史"。[5]元末，泉州地方动乱，龚名安在动乱中获得威望和权力，他不仅平定了同村董二之乱，而且在元朝平定红巾军及西域那兀纳在泉州的叛乱时立有军功，[6]并因军功擢为浔美场管勾，之后授江西南安路上犹县县尉，但因兵乱而未上任。福建

1　吴海：《闻过斋集》卷5《墓志铭行状·故翰林直学士奉议大夫知制诰同修国史林公行状》，1918年南林刘氏嘉业堂刊本，清华大学图书馆藏，第6页b。

2　高岱：《鸿猷录》卷4《克张士诚》，《四库全书存目丛书》史部第19册，第38页上栏。

3　段雪玉：《乡豪、盐官与地方政治：〈庐江郡何氏家记〉所见元末明初的广东社会》，《盐业史研究》2010年第4期。

4　陈碧、陈邦英编修《沙堤龚氏族谱·沙堤龚氏源流纪实·第二世·治公》。

5　陈碧、陈邦英编修《沙堤龚氏族谱·沙堤龚氏源流纪实·第三世·月窗公》。

6　陈碧、陈邦英编修《沙堤龚氏族谱·沙堤龚氏源流纪实·第四世·西斋公》。

行省改令其担任汭州场司令，然而龚名安到汭州场上任不久就因"郡中里厮跋扈"而辞职。[1]跋扈的"郡中里厮"是与汭州场食盐生产、运销密切相关的势力。由平定过数次动乱的龚名安无法压制盐场地方势要，可知后者势力之大。

不少地方势要在元明鼎革之后仍活跃在盐场地区，并在洪武朝户籍整顿中登记了灶籍。明初，龚名安家族在泉州地方占有大量的资源，[2]其子孙除继承蔡仲永灶户，还另立一灶籍。谱载洪武七年（1374）龚名安的孙子龚坤（厚斋公，字用方）带着其弟弟们一起登记了一个户名为"蔡龚坤"的灶户，在浔美场南埕当差。[3]

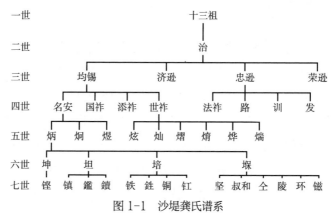

图 1-1　沙堤龚氏谱系

资料来源：陈碧、陈邦英编修《沙堤龚氏族谱》。

1　陈碧、陈邦英编修《沙堤龚氏族谱·沙堤龚氏源流纪实·第四世·西斋公》。

2　一善斋编修《西偏西房龚氏家乘·世系支图·第二世·治》，1936 年编修，福建石狮市博物馆藏影印本。

3　陈碧、陈邦英编修《沙堤龚氏族谱·沙堤龚氏源流纪实·第六世·厚斋公》《沙堤龚氏族谱·沙堤龚氏源流纪实·第二世·治公》。

　　而早在元代就定居晋江县十七八都南浔（今晋江市龙湖镇衙口、南浔村地方）的浔海施氏家族，至明初积累了一定的财富。据谱载，生活在元代的四世祖菊逸公由贫至富，是"吾族亢宗之祖"。[1] 族谱详细记载了菊逸公致富事迹，云：

> 　　我施自评事逯公四世一身，零丁孤苦，公黾勉清介，啸傲风尘，虽贫窘殊甚……公一日往视圃，见丈人甚伟，询公求寄行装，云"老夫将抵福全，越宿来取"。公欣然允寄。其半挑乃管弦乐器，尚半挑则裹密在囊。自后，丈人绝往来迹。公窃视囊中，乃白金也。时人谓之"青天赐葬钞，白日鬼输金"是也。继后甚裕，不别治生，但力善行，暇则欢娱歌管。又尝一日沙汀中遇商客装绵花数十余挑，谓将往福全，阻潮未汐，立谈之间，爱公意气，叩公主焉，付公以绵，刻期来索。后逾期数年，公以其资施盖定光庵。[2]

　　此故事极富传奇色彩，不过从故事中能推知菊逸公的致富途径。故事中，菊逸公财富的获取都与外来者（或丈人或客商）有关，且都涉及福全这个地方。福全是距离南浔不远的晋江县南部沿海（今晋江市金井镇滨海地区）的一个港口，也是明清时期重要的商贸港口。万历《泉州府志》记载晋江潮汐时指出"其余北自乌屿，南属之东石，中间若福全所、永宁卫、龟湖、浔美诸处，各有支海穿达，能荡涤氛瘴，通行舟楫，利运渔盐"。[3] 由此可推测，菊

1　施克达：《四世祖菊逸公传》，施德馨纂辑，施世纶等补辑《浔海施氏大宗族谱》卷1，高志彬主编《台湾关系族谱丛书》第1种第1册，龙文出版社股份有限公司，1993，第3页。

2　施克达：《四世祖菊逸公传》，施德馨纂辑，施世纶等补辑《浔海施氏大宗族谱》卷1，高志彬主编《台湾关系族谱丛书》第1种第1册，第3~5页。

3　万历《泉州府志》卷2《舆地志中·潮汐》，第41页a。

逸公从事与福全有关的商贸活动，棉花是其中的一种货物。菊逸公通过棉花等商品的买卖积累了大量白金（白银），并通过建定光庵提高自己在当地的威望。其孙施济民（号万安）于洪武年间登记了浔美场灶籍，充当该场百夫长，谱载："公于洪武初受朝廷冠带，为百夫长，隶盐民千余户，司浔美场国计，输课于京，卒于南直隶。"[1]

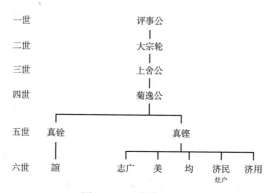

图1-2　浔海施氏谱系

資料来源：施德馨纂辑，施世纶等补辑《浔海施氏大宗族谱》卷1，高志彬主编《台湾关系族谱丛书》第1种第1册，第37~46页。

而据编修于清乾隆年间的晋江湖中《张氏旧谱》记载，聚居在今之晋江市陈埭镇湖中村及其周围地方，号称"鉴湖张氏"或"湖中张家"的张氏十三世贵公与弟弟永昌公生活于元末明初，洪武年间因与西林争夺水利，赴南京诉讼。[2]贵公和永昌公能够千里迢迢赴京师，说明有一定的财富和势力。在户籍登记上，贵公的孙子通乾在明初时立了盐籍，"（通乾）公受盐籍，今子孙皆输征盐折"。[3]

1　施克达：《六世祖万安公跋》，施德馨纂辑，施世纶等补辑《浔海施氏大宗族谱》卷1，高志彬主编《台湾关系族谱丛书》第1种第1册，第19页。

2　张源仁等修《张氏旧谱·长房支派·十三世·贵》，乾隆抄本，石狮市博物馆藏影印本。

3　张源仁等修《张氏旧谱·长房支派·十五世·通乾》。

此外，前文提及的晋江《洛溪吴氏宗谱》虽称"人多乐实为民，而惮实为盐者"，但他们始祖欣然为灶，"始祖独奋然，曰：'朝廷岂有轻重我民耶？民之徭，盐之催，厉害等也，宁可坐慢君之诏命，而不知所以趋之哉？'是遂入为浔美盐场催"。[1]"催"即盐场总催，"入为浔美盐场催"即充当浔美场总催。需要注意的是，族谱记载人们不乐意为灶，有凸显始祖听从诏令、为国承担盐役之伟大目的。

简言之，洪武初年国家整顿地方户籍时，泉州盐场人群不乐意为军，而青睐灶籍。盐场地方势要在官府整顿地方户籍时积极申报灶籍。

第二节　垛集、抽籍与双重户籍

洪武年间，泉州各盐场县整顿户籍，在盐场地区进行了以灶籍为主的登记。然而，对明初泉州盐场地区户籍赋役状况的认识不能局限于由州县主持的户籍整顿。实际上，洪武年间的军政举措对地方户籍户役状况的影响也不可忽视。洪武九年垛集、洪武二十年抽籍等军政举措，目的不在整顿户籍，而在满足国家新的差役需求——获取平定地方动乱、稳固统治的军伍。不过，这些举措在泉州盐场地区的推行，都使当地户籍复杂化。

1　吴九美等编修《洛溪吴氏宗谱·始祖考》。

一　以灶、军、民为对象的垛集、抽籍

1368 年朱元璋在南京建立明朝时，国内许多地方仍动荡不安。随着政治版图的扩张和地方社会秩序重建的展开，洪武年间朝廷在各地兴建卫所，扩充军伍规模。除重新调配既有军伍以充实新设卫所外，扩充军伍举措还有四种：一是收集各地方势力旧部（归附、职目、收集等名目），二是垛集、抽籍，三是谪充，四是在地方上重新编籍（水军、降民军、无籍军、逃民军等）。[1] 其中，在泉州盐场地区展开的收集军伍的活动主要有垛集、抽籍。

泉州盐场地区洪武九年推行垛集之法。是年，为满足南京、云南、四川、两广、福建、湖广等地区卫所军需，明廷令包括福建在内的许多地方垛集。《崇武所城志》载：

> 明洪武九年抽军，或全户或三户或二户共合充南京留守中卫，及云南、四川、两广、福建、湖广等卫所。年久不勾。[2]

洪武九年实施的征军法涉及一户或二户、三户共同推选一军到卫所当兵，属垛集法。引文用"抽军"一词，是《崇武所城志》编纂者混淆了明初垛集、抽籍二法。[3] 泉州盐场地区乃垛集的地域范围。

1　杨培娜：《生计与制度：明清闽粤滨海社会秩序》，第 34~35 页。

2　《崇武所城志·寄操军》，惠安县志办公室等整理《惠安政书（附崇武所城志）》，福建人民出版社，1987，第 23 页。

3　于志嘉、杨培娜等都认为洪武九年福建垛集，洪武二十年福建抽籍。参见于志嘉《再论垛集与抽籍》，郑钦仁教授七秩寿庆论文集编辑委员会编《郑钦仁教授七秩寿庆论文集》，稻香出版社，2006，第 200~203 页；杨培娜《生计与制度：明清闽粤滨海社会秩序》，第 43 页。福建地区洪武年间先后实行垛集与抽籍，后人不察，往往将垛集和抽籍混为一谈。参见于志嘉《再论垛集与抽籍》，郑钦仁教授七秩寿庆论文集编辑委员会编《郑钦仁教授七秩寿庆论文集》，第 200 页。

晋江二十四都铺锦的黄原一、黄原二、黄原三三兄弟就与三十三都二图吴寿奴、吴尾英二户"共垛充南京留守中卫军"。[1] 浯州十七都六图的汶水头黄氏家族明初时与十八都五图谢姓一同被垛集，谱载"本户六丁与本理〔里〕十八都五图谢来子孙户共凑九丁，垛南京留守左卫军"。[2]

洪武九年垛集目的在于满足全国各地的卫所军需，泉州盐场地区许多被垛集者前往南京、云南、湖广等地卫所当兵，而非在本地。洪武二十年在泉州沿海地区进行的抽籍则是为了建立泉州沿海卫所。

洪武二十年，朱元璋派江夏侯周德兴到福建设置沿海卫所，以防御倭寇。翌年，福建沿海五卫十二所建成，时文载："置福建沿海五卫指挥使司，曰福宁、镇东、平海、永宁、镇海，所属千户所十二，曰大金、定海、梅花、万安、莆禧、崇武、福全、金门、高浦、六鳌、铜山、玄钟，以防倭寇。"[3] 该五卫十二所中，永宁卫及崇武、福全、金门守御千户所都在泉州府境内，且坐落盐场附近。永宁卫与浔美场同在深沪湾沿岸，崇武守御千户所与惠安场都在惠安县东南沿海地方，福全守御千户所则与沥州场一样位于围头湾东岸，金门守御千户所城就在浯州岛上。至此，泉州盐场地区的管理机构，除了州县、盐场外，还有卫所。

除筑卫所城，新建沿海卫所还需大量的军伍驻扎。如何获取军伍呢？《明太祖实录》记载道：

1 黄式度等修《铺锦黄氏族谱·叙世录·第五世·原三》，康熙二十六年刊刻，2002年整理，石狮市博物馆藏影印本。

2 黄进财、江万哲主编《黄氏族谱·汶水黄氏族谱序》，新远东出版社，1961，第A15页。

3 《明太祖实录》卷188，洪武二十一年二月己酉，第2818页。

戊子，命江夏侯周德兴往福建，以福、兴、漳、泉四府民
户三丁取一，为缘〔沿〕海卫所戍兵，以防倭寇，其原置军卫
非要害之所，即移置之。德兴至福建，按籍抽兵，相视要害可
为城守之处，具图以进。凡选丁壮万五千余人，筑城一十六。[1]

洪武二十年，周德兴在泉州、福州、兴化、漳州等福建沿海府
州县“按籍抽兵”，获得“丁壮万五千余人”。此次抽籍遵循抽卫所
附近人户为军的原则。[2]既然泉州沿海卫所毗邻盐场，那么在沿海卫
所附近抽人户为军就意味着在各盐场附近抽籍军伍，换言之，抽籍
的主要范围正是各盐场地区，也是灶户主要分布区。那么盐场附近
的灶户是否被抽籍了呢？

上引文献都记载垛、抽民户为军户，许多学者也根据类似的记
载得出明初垛集、抽籍都以民户为对象的观点。不过，抽民为军当
为朝廷之政令，而非实际推行的情况。一般而言，中央王朝制定的
政令在地方落实时，往往与地方互动而偏离了原规定。明初“皇朝
天下初定，以地方镇守为重”，[3]不管对朝廷而言，还是对执行政令
的地方官员来讲，获得维持地方稳定所需的足额军伍最为重要，政
令如何推行则在其次。且明初各地户籍登记情况和户籍名色结构不
同，执行垛抽政令的官员也只能结合各地区的实际情形，制定确实
可行的措施以完成垛集、抽籍之任务。在实际操作上，民户并非唯
一的垛抽对象。在官府能够获得大量无籍之民的地方，尚未登记户
籍者可能被垛为军，例如，洪武十五年（1382）赵庸就“奏籍疍户

1　《明太祖实录》卷181，洪武二十年四月戊子，第2735页。

2　参见杨培娜《生计与制度：明清粤滨海社会秩序》，第39~53页。

3　崇祯《闽书》卷39《版籍志·屯田》，《四库全书存目丛书》史部第204册，第736页上栏。

万人为水军"。[1] 而在较早进入明王朝统治版图的地方，洪武二年以降就逐步整顿户籍，到洪武九年已初步形成户籍登记，洪武十四年黄册编纂之后，国家对地方户籍掌握更为完善。经过户籍整顿的地方，官府难以再次获取大量的无籍之民，故往往以已登记户籍者为对象选军。垛集和抽籍都是以已登记户籍的人为对象的选军活动，除了民户，灶户、军户等也可能被垛抽。泉州盐场地区就是这样的地方。

　　上引《崇武所城志》没有明确指出洪武九年被垛集者的户籍名色，似乎民、军、灶等诸色户籍都有可能。而《金门志》卷五《兵防志·明兵制》则确切记载了明初浯州如何垛抽灶户为军，其文曰：

> 洪武初立保障法：盐灶户丁率十丁为一户，九年抽军，全户抽一充留守卫军；军亡，勾取灶丁继补。二十年，置守御所。抽入户三丁取一。大约以千一百二十名为千户所，一百一十名为百户所。每一百户，设总旗二名、小旗十名，大小相维，编成队伍。[2]

　　虽然《金门志》成书于清代，但所载洪武九年、二十年之事都与上引《明太祖实录》《崇武所城志》等文献一致，对卫所编制的记载亦符合明制，因此笔者认为此段文字可以反映明初的情况。据载，洪武初，浯州地区制定了一个保障法，于洪武九年垛集时，将浯州场灶丁十丁登记为一"户"，作为一个垛集单位，垛一军丁。

1　张廷玉等：《明史》卷129《列传第十七·廖永忠（附赵庸）》，第3807页。

2　光绪《金门志》卷5《兵防志·明兵制》，周宪文、杨亮功等编《台湾文献史料丛刊》第2辑第38册，第78~79页。

根据于志嘉的研究，官府将垛军的结果造册，形成"花名贯址文册"，具体登记祖户姓名、原垛丁户、充军来历、卫所、乡贯等信息。文册由都司、布政司、按察司三司各收一本，以供对照查证，作为金丁补役的参考。[1] 浯州场地区被垛集之户称为"抽入户"，并登记于"花名贯址文册"中。若被抽军丁身亡，从"抽入户"勾取人丁顶补。洪武二十年，官府对抽入户抽籍，三丁抽一，充当金门卫军伍。

浯州场以盐灶户丁十丁为一单位垛抽军的做法，是官府为了获取军伍所制定的保障措施，因而被记载在《金门志·兵防志》中。此亦印证上文所讨论明初泉州盐场人群不愿意为军的观点，正因为当地百姓不愿意充当军户，所以官府才需要制定保障法以获取足额军队。

虽然目前学界关于明初垛集的研究已取得丰富成果，但由于材料阙如，我们对明初合数户垛集如何操作、官府如何决定将哪些户合并，或民间如何选择合户者等垛集指令的具体运作环节仍不太清楚。浯州的例子恰巧为我们回答此类问题提供一个具体个案。浯州以盐灶丁十丁为一户垛集的做法不是决策者凭空想象出来的，而是地方官府对浯州场固有灶户组织的利用。元代浯州场形成盐丁十丁组成一纲，共用一灶生产食盐，《沧浯琐录》载："编民丁充灶户，以十丁为纲，共一灶。岁给工钞（工本钞——引者注）煎盐，每丁日办盐三升。"[2] "纲"或"灶"既是制盐组织，又是盐场管理和控制灶户、向灶户征调灶役的组织。可见，在垛集中，地方官府可能对

1　参见于志嘉《明代军户世袭制度》，台湾学生书局，1987，第 18~19 页。

2　《沧浯琐录》，转引自光绪《金门志》卷 3《赋税考·盐法》，周宪文、杨亮功等编《台湾文献史料丛刊》第 2 辑第 38 册，第 38 页。

地方上既有的管理、征税组织加以利用。[1]

这里还需指出，上引文献中"盐灶户丁率十丁为一户"的"户"与户帖及黄册登记的"户"并非同一个概念。后者是赋役登记单位，一户即一个赋役登记单位。登记于黄册的"户"是官府赋役征调的依据，具有纳税主体和课税客体的二重性，支配户的人口是纳税主体，而户内登记的人丁和事产共同构成课税客体。[2]前者不是赋役登记单位，而是垛集单位，一户即一个垛集单位。由于在实际生活中一个灶户家庭刚好有十个盐丁的情况，或者一个灶户在黄册中登记十名盐丁的情况都不多，因此在大多数情况下，盐丁十丁是由已登记于黄册的数个灶户（本书将被垛集、抽籍者在垛、抽前已经登记于册籍的户籍称为"原籍"）拼凑而成的。"盐灶户丁率十丁为一户"垛集，实际上是拼凑数个原籍垛集一个军役，此亦符合数户垛集一军的垛集法则，可以说是垛集法在金门推行时，面对当地以灶户为主的户籍状况，根据当地固有的组织而进行的调适。由数个原籍构成的垛集单位被垛集后有供应同一个军役的责任，形成军役共同体，但从制度上看，原籍各户仍是互相独立的赋役承担单位，具体体现在在册籍登记上，有些原籍之户登记为正军户，而有些则被登记为贴军户，正军户和贴军户的具体军役任务不同。此外，垛集之后，一同被垛集的各原籍之户仍分别承担原役，军役共

1　洪武九年垛集法涉及数个已经登记了户籍的户头合户之事，除上述浯州场利用元代灶户组织进行垛集外，在和谁合户的问题上，不乏官吏强制性指定，但也有部分百姓能够自由选择合户对象。如晋江《洛溪吴氏宗谱》记载了明初该族始祖廻龙公与东吴另外两家吴姓人家讨论垛集事宜，称："国初编户定户籍，以军、盐灶、匠率，而军、盐之赋独繁。是时（旧吴）二族谋于始祖，欲共户合成。始祖不可，曰：'成役，义也。吾生三子，幸俱有孙，虽戍燕北，亦何所辞，岂可欺君而殖己乎？'二吴卒报，竟各自为成焉。今之吴乌奴、吴佛应是也。"参见吴九美等编修《洛溪吴氏宗谱·始祖考》。

2　参见刘志伟《在国家与社会之间：明清广东地区里甲赋役制度与乡村社会》，第71~72页。

同体下有数个赋役团体。关于因垛集而成的军户的户籍登记，以及垛集军户与原籍之间的关系下文将详细探讨，此处仅想说明"盐灶户丁率十丁为一户"的"户"不同于户帖及登记于黄册的"户"，它是由数个户帖及登记于黄册的"户"构成，是为满足官府获取军伍而出现的垛集单位，在垛集之后仅作为佥补军役之用。

保障法似乎仅推行于浯州场地区，笔者未见到该法推行于泉州其他盐场的记载，不过，其他盐场的灶户被垛、抽为军是可以肯定的。上文提及的明初浔海施万安登记了浔美场盐籍，此外，他还与其亲兄弟施美（字彦仁）、施均（字守忠）（都是评事公后裔，浔海施氏六世祖，见图1–2）以及评事公的从弟施一哥、"自我四世祖已来归祖"的施四郎的后裔，于洪武九年共同被合户垛集，服云南屯军军役。[1] 据《石狮塘园黄氏宗祠》转载《桃源家谱》称，明初居住在晋江县塘园（今石狮市灵秀镇塘园）的黄兴源登记了浔美场灶户，"兴源公生于元朝末年，至明洪武九年，元晋邑籍里长、浔美场总催，卜居桃源，故号之曰兴源公"。黄兴源的次子宜中则被垛抽为军，往充南京留守卫军，遂籍南京。[2]

军户也被垛集、抽籍，其中，洪武二十年以洪武九年的垛集军户为对象进行抽籍的做法在福建颇为普遍。永乐三年（1405）二月，巡按福建监察御史洪堪就指出：

　　（福建）洪武中先以三户垛集，正、贴轮当，后贴户多抽入伍防倭，而又令轮当垛集之军，是充两役。乞敕兵部，今后充

1　施克达：《重修一哥四郎二派实录》，施德馨纂辑，施世纶等补辑《浔海施氏族谱》卷1，第1页b。

2　福建石狮紫云塘园黄氏长房策卿派家谱编委会编印《福建石狮紫云塘园黄氏长房策卿派家谱·石狮塘园黄氏宗祠》，2009，第78页。

防倭者户丁听继本役，其垛军仍于正户及不曾补役贴户内取充。[1]

据洪氏言，在福建，洪武九年被垛集的人户分别登记为正军户和贴军户，二者需共同承担军役。"抽入伍防倭"，即指洪武二十年抽籍，多以贴军户为对象。光绪《金门志》所载金门保障法中洪武二十年以洪武九年垛集之户"抽入户"为对象进行抽籍，正是当时福建抽籍政策与金门的具体情况相调适的结果，以"抽入户"抽籍，即抽军为军。

被垛集的数户可能是数个民户、数个灶户或数个军户，也可能是由民、军、盐等不同名色的户籍人群共同组成的户。洪武九年，晋江十七八都大仑的一个蔡姓灶户和一个蔡姓民户就被合户垛集。据大仑蔡氏族谱的记载，始祖厚翁公宋朝时已定居大仑，子孙后代在明初登记户籍。嘉靖三十七年至四十四年，十九世祖蔡一含编修族谱，称："吾族入明以来应当军、民、盐三户，军、民合而为一，盐则折〔析〕而为四。"[2]生活于嘉靖年间的蔡一含以明中期宗族的眼光追溯祖先故事，号称"吾族"，实际上明初时大仑地区居住着数个蔡姓家庭，尚未形成宗族。其中，蔡服礼登记为灶户，也有一些家庭登记了民户。洪武九年，蔡服礼户与一个蔡姓民户合户垛集，充当南京留守中卫军，谱载："其军户祖名蔡景凤，洪武九年户抽充南京留守中卫，洪武十九年调凤阳卫，宣德三年军名蔡习，照奉勘合将蔡习发泉州卫寄操，系中所第八百户李某下。"[3]蔡服礼户与共同

1　《明太宗实录》卷39，永乐三年二月丁丑，第653~654页。

2　蔡一含：《晋江大仑蔡氏族谱附录卷全》，永和菌边修谱组编修《石狮大仑蔡氏族谱》。

3　蔡一含：《晋江大仑蔡氏族谱附录卷全》，永和菌边修谱组编修《石狮大仑蔡氏族谱》。蔡一含称"洪武九年户抽充南京留守中卫"，看似抽籍，实为垛集。因为明初福建抽籍时间是洪武二十年，抽充福建沿海卫所，而蔡姓充当军户于洪武九年，且到南京当卫军，这是洪武九年垛集的结果。

被垛集的民户形成军役共同体，至迟在宣德三年时以宗族形式供应军役。是年，大仓蔡姓军役共同体进行协商，确定了长、次二房轮流应役的办法：二房轮流派遣军丁到泉州卫寄操，十年一轮，军贴则是长、次二房一同随丁科派。[1] 长、次二房是以十世复璋、充耘为分房祖的二房（见图1-3）。

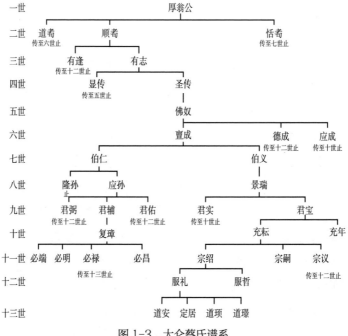

图1-3　大仓蔡氏谱系

资料来源：永和菌边修谱组编修《石狮大仓蔡氏族谱·大仓蔡氏厚翁公派下族谱宗支图》。

简言之，洪武年间，朝廷垛集、抽籍民户为军的政令在泉州盐场地区推行时，与当地以灶户为主的户籍登记及地方百姓不愿充

1　蔡一含：《晋江大仓蔡氏族谱附录卷全》，永和菌边修谱组编修《石狮大仓蔡氏族谱》。

当军户的实况相适应，除民户外，灶户、军户也成为垛集、抽籍的对象。而将数户合并垛集的政策在浯州场推行时，与该场固有的盐灶丁十丁组成的食盐生产组织相结合，以盐灶丁十丁为一单位进行垛集。

二　官府变动的差役需求与民间双重的户籍身份

对于朝廷和地方官府而言，不管是垛集还是抽籍，目的都是获取军伍、重建地方秩序，而非整顿地方户籍，但二法都在客观上改变了泉州盐场地区的户籍登记状况，不仅增加了军户数量，而且导致地方人户户籍身份的重叠。关于垛集、抽籍与户籍的关系需要具体回答两个问题，一是被垛集、抽籍者是否登记军籍，二是被垛集、抽籍者原本的户籍（原籍）如何处理。

关于第一个问题，于志嘉指出，虽然明政府曾将因战争伤亡的垛集军放还耕种，甚至改军为民，但抽籍军、垛集军与一般军户无异，都被划归军籍，分配到卫所服役。[1] 包括泉州盐场地区在内的福建地区垛集、抽军的人户也登记了军籍。上文引用的永乐三年洪堪之言指出了福建地区洪武九年被垛集的人户分别登记为正军户和贴军户，二者都属军籍。晋江二十四都铺锦村的黄原一兄弟与三十三都二图吴寿奴、吴尾英二户共垛充南京留守中卫军后，立下军籍，供军役于南京留守中卫，永乐五年（1407）调至云南景东卫，直到嘉靖年间他们仍在充当卫所军，子孙仍被称为"黄原军"。[2] 此种登记在其他地方亦同。如嘉靖《广东通志初稿》载："民户三丁者垛集

1　参见于志嘉《再论垛集与抽籍》，郑钦仁教授七秩寿庆论文集编辑委员会编《郑钦仁教授七秩寿庆论文集》，第 227 页。

2　黄式度等修《铺锦黄氏族谱·叙世录·第五世·原三》。

一兵，其二丁、一丁者辖为正、贴二户，共垛一兵。"[1] 毋庸置疑，明初被垛集、抽籍者登记了军籍。

经过垛集、抽籍，泉州盐场县军户户数在全县总户额中所占比例颇高。嘉靖《惠安县志》云："吾观版籍军、民户额，军户几三之一，其丁口几半于民籍，噫！何其多也！国初患尺籍不足，三丁一抽，有犯者辄编入戎伍，至父子兄弟不能相免也。"[2] 可见，惠安县军户户数差不多是该县民户户数的二分之一，这在嘉靖《惠安县志》的编纂者看来，军户所占比例已非常高。而同安县诸色户籍中，军户所占比例比惠安县的更高。据康熙《同安县志》的记载，万历三十年（1602）同安县人户共 7565 户，其中，民户 3413 户，军户 3211 户，[3] 军户户数约占全县总户额的 42.4%，与民户户数基本持平。同安县军户比例如此之高，可能与洪武年间所立保障法有关。

此外，仍需考虑的问题是官府如何处理被垛集、抽籍者的原籍，是废除还是保留？是否放弃原籍不仅涉及相关人户的赋役承担能力及赋役负担是否"均平"，而且关系到朝廷、各行政机构的赋役需求能否同时得到满足。出于前者考虑，官府不应当对同一群人派遣对应于不同户籍的多种差役，实际上，明初推行配户当差制的一个目的就是防止重复派役，以确保差役的相对均平。但是，从差役需求的角度看，在能够控制到的地方人户有限的情况下，朝廷不可能为了赋役均平而完全免除被垛集、抽籍者的原役。明初，朝廷及布政司系统各衙门都无财政预算，所需人力、物力、财力等资源都由相关户籍人群亲身供应。洪武三年、十四年的广籍整顿部分满

1　嘉靖《广东通志初稿》卷 32《军制》，《北京图书馆古籍珍本丛刊》第 38 册，第 536 页。

2　嘉靖《惠安县志》卷 6《户口》，第 3 页 a~b。

3　康熙《同安县志》卷 3《赋役志·户口》，方宝川、陈旭东主编《福建师范大学图书馆藏稀见方志丛刊》第 10 册，北京图书馆出版社，2008，第 266 页。

足了各机构的赋役需求，[1] 若被垛抽的人户都放弃原本的差役，将作为赋役征调客体的人丁、事产转移到军户下，将导致相应衙门因派差对象减少、课税客体不足而难以正常运作。当然，官府或可将减少的差役强加于现存差役户身上，实际上有明一朝许多地方都利用此法解决由于里甲户逃亡而引起的赋役摊派客体不足的问题，但这必然导致现存差役户的负担过重，或破产或逃亡，甚至引发地方动乱等社会问题，因此，此非长久之计。

　　朝廷在全盘考虑上述因素的基础上，一方面减轻被垛抽人户的原有徭役，以保证他们有能力供应军役，另一方面设法在一定程度上确保其他机构原有的差役来源。王毓铨认为"垛集原为籍民户补充军伍而设，在立法初意上，补充只有在不大影响民户的封建义务——纳粮当差——时方可。这个原则在垛集之时一定要考虑到的"。[2] 于志嘉在赞同王氏结论的基础上，进一步指出"垛集军垛自民户，垛军之后原有的赋役负担不能偏废，至少需留一丁承担"。[3] 王毓铨和于志嘉都认为垛集、抽籍以民户为对象，因而所论只局限于民差不受影响。实际上，被垛抽的灶户的灶役及被抽籍的军户原来的军役都不能全免。

　　明初，灶户直接关系盐政运作，而后者则与朝廷的财政收入以及开中法的运行、九边军需粮饷的供应，乃至国家政权的稳固密切相关，因此明王朝极为重视盐课征收。明初，泉州各场盐课由灶户丁产多寡决定。官府向各灶户征调的食盐额则取决于各灶户的丁、

1　正因为洪武十四年的户籍登记满足了各级官府的需求，所以此后的户籍编审目的在于维持原额。

2　参见《明代的军户——明代配户当差之一例》，《王毓铨史论集》上册，第 656 页。

3　参见于志嘉《再论垛集与抽籍》，郑钦仁教授七秩寿庆论文集编辑委员会编《郑钦仁教授七秩寿庆论文集》，第 203 页。

产额，"以各户之丁办盐，复计其户之产受盐"。[1] 在此灶户制度下，福建盐运司不愿意看到已经登记为灶籍的丁、产改成军籍的局面。最终，被垛抽的灶户与民户一样，户下需保留一定数量的灶丁、事产承担灶役。

军户被抽籍，原军役亦不可免。泉州盐场地区洪武九年被垛集者多在洪武二十年被抽籍，前者多服军役于云南、湖广、南京等地的卫所，而后者在泉州沿海卫所服役，并于洪武二十七年（1394）调到泉州以外的福建沿海卫所承役。[2] 若因抽籍之军役而免垛集之役，云南、湖广、南京等地的卫所军役必将大量减少，此亦为各都司卫所所不许。因此，既被垛集又被抽籍者需同时在不同的卫所服军役，由此构成军役重役问题。[3] 军役原本较民差为重，重役则负担更为沉重，因此，朝廷多次下令处理军役重役问题。洪武二十三年"令天下卫所有一户充军二名者，免一名为民"。[4] 在福建地区，永乐三年巡按福建监察御史洪堪奏请对于贴军户被抽籍者，以抽籍之役为本役，免贴户之役，"乞敕兵部，今后充防倭者户丁听继本役，其垛军仍于正户及不曾补役贴户内取充"。[5]

明初役因籍异，且登记于黄册的户籍是官府征调差役的依据，

1　童蒙正、林大有等纂修《福建运司志》卷 2《都转运使何思赞呈造盐册事宜》，虞浩旭主编《天一阁藏明代政书珍本丛刊》第 10 册，第 321 页。

2　据《明太祖实录》载，洪武二十七年六月甲午"诏互徙浙江、福建沿海土军"（卷 233，第 3404 页）。杨培娜指出朝廷本意是将闽浙两省军士对调，后来也不敢让这些军士离故土太远，以免"道远劳苦"，引起不满，只能以"相近者""互居"之。详见杨培娜《生计与制度：明清闽粤滨海社会秩序》，第 50 页。宋怡明认为泉州地区的士兵被调往福建北部（如福州地区）。见宋怡明《被统治的艺术：中华帝国晚期的日常政治》，第 51 页。

3　原则上，明代一个军户派遣一丁到卫所承差，超出一丁则被视为重役。

4　万历《大明会典》卷 137《兵部二十·军役·重役》，《续修四库全书》第 791 册，第 399 页上栏。

5　《明太宗实录》卷 39，永乐三年二月丁丑，第 653~654 页。

户是丁、产的结合体，丁是课税客体，也是纳税主体，因此既然被垛抽的人户原役不能全免，那么原籍也不可全废。这就使部分百姓拥有双重户籍身份，即同时登记了军民、军灶、军军等两种户籍身份。梧州十七都六图的汶水头黄氏家族明初时登记了灶籍，之后与十八都五图谢姓一同被垛集登记军籍，同时拥有灶、军二籍，户籍逐渐发展为"本户里长黄相军盐籍"。[1] 晋江浔海施氏的施万安一派登记浔美场灶户的同时，与其亲兄弟施彦仁、施守忠以及施一哥派和施四郎派共享军户。

　　已有户籍的人们在垛集、抽籍后登记军籍，又不能放弃原籍，这是地方官府遵循"配户当差"制的结果，也是洪武年间户籍制度的设计与变动而又多重的户役需求之间存在矛盾并互相调适的结果。具体而言，在明初诸色户计制下，合理的户籍登记建立在王朝国家及地方各种管理机构对所需徭役的种类、数额有明确预算，且徭役额固定的基础上，因为只有对所需各类徭役有明确的预算，官府才可能对所掌握的地方人户进行统筹安排，合理地分配民、军、灶等各色户籍的丁、产数额，同时满足各机构的差役需求；而只有徭役需求固定了，才能确保登记在册丁产及其种类能满足官府所需。不过，这样的要求在明初无法实现，因为当时实行实物财政和劳役制，财政资源的收、支都无法预算，官府所需财力、物力及人力资源随时让编户齐民供应。因此，户籍编金仅能满足国家一时的徭役需求，而难以长时间满足需求。

　　按洪武年间国家获取财政资源的逻辑，国家徭役需求若有改变，可通过更改户籍及其种类登记加以满足。若国家对某种徭役的需求增加，则增加对应役户的登记；若国家减少对某种徭役的

1　黄进财、江万哲主编《黄氏族谱·文水黄氏族谱序》，第 A14 页。

需求，则减少对应役户的登记。这在逻辑上可行，然而实际操作困难重重，行政成本亦大大提高。就前一种情况而言，若地方上正好有无籍者，地方官府直接将其登记为所需役户则可。然各地方官府都难以保证地方上有无籍者，[1]亦难以对其加以管制并纳入户籍体系。就后一种情况而言，减少部分役户登记后，还需将他们纳入新役籍，否则将出现部分人不在户籍体系内的现象，此与国家要求将所有人纳入户籍体系不符。当然，增加某种役户户数，将提高该役户相关丁产，增加相应徭役的征调客体，此受官府欢迎而容易实现。如果第一、第二种情况同时出现，且所需增减量相差不大，相关官府协商，将多出之役户改为所缺之役户则可。然而，此亦逻辑可通，操作则难，究其原因有三：一是相关机构一般不会认为所掌控役户多，不愿将纳入自身赋役系统的丁产移出；二是将人改户的决定可能引发民间的不满，甚至社会动乱；三是不管是新增还是减少，都要修改黄册，行政成本都高。事实证明，明王朝并没有为此重新编审户籍。随着黄册编纂完成，国家对户籍的编审倾向于维持既有户籍登记，而不是丁产的真实信息登记。

因而在国家或地方官府的差役需求发生变化的情况下，地方官府常令已登记户籍者供应原本不属于他们承担的差役，这是明初以降编户齐民差役负担不断加重的一个重要原因。这种做法无须改变编户齐民的户籍登记。不过，垛集、抽籍除外，因为这两次征军运动是为了满足卫所军伍的需求，而卫所军伍需要专门人户供应，具有长期性而非临时性的特点，所以被垛集、抽籍者被迫登记了军

1　刘志伟对广东地区的考察就指出明初广东地区进行户籍登记以后，"还有相当一部分人口没有编入里甲户籍"。见刘志伟《在国家与社会之间：明清广东地区里甲赋役制度与乡村社会》，第 28 页。

籍。而同样由于配户当差制，已经拥有应役主体的机构不允许被垛集、抽籍者放弃原籍，这就造成了户籍叠加。这是配户当差制下户籍编佥与国家徭役需求变化及其互相调适的结果，故元代诸色户计下也出现类似的现象。在元代，出现一家服二军、三军现象，也出现民户佥军，民籍不得废除现象，还出现军户改民户、当民差，而军差不免等现象。曾任户部员外郎的胡祗遹（1227~1295）就指出："一家之内并起二军三军，实可哀怜。又有军已为民，已当丝银差，发军身不得放罢。又有民签为军，已当军役，民籍不得除差。又有元系正军，后为消乏贫难，各并于他人户下，已为贴户，犹当正军身役。以此极多。申院申部十余年，不得结绝。"[1]

综合本节的讨论可知，明初的垛集、抽籍虽然不以整顿户籍为目的，却在实际上影响着民间的户籍登记，对已经登记了户籍的人们进行垛集、抽籍，都造成户籍叠加。洪武九年的垛集是为满足南京、云南、四川、两广、福建、湖广等地区卫所军需，在全国许多地方推行，而洪武二十年前后国家在东南沿海地区普遍建立卫所，在卫所附近获取军伍，且所建卫所往往与盐场交错。[2]上述政令叠加，致使明初许多地方特别是东南沿海盐场地区，民、灶等户籍与军户叠加，双重户籍现象普遍。

1　胡祗遹：《紫山大全集》卷 22《杂著·又一重役一重差之苦状》，《景印文渊阁四库全书》总第 1196 册，集部第 135 册，台湾商务印书馆，1986，第 404 页下栏。

2　如明初以降，国家在杭州湾南岸地区设有西兴、钱清、三江、曹娥、石堰、鸣鹤、龙头、清泉等盐场，洪武十七年至二十年，信国公汤和在盐场附近创建临山卫、观海卫、定海卫、沥海所、三山所和龙山所等卫所，并在卫所附近实施抽军政策。参见蒋宏达《明代军灶籍新证》，《中国经济史研究》2019 年第 6 期。洪武二十七年，广东潮州、惠州、广州、高州、廉州、雷州等滨海地区也新建卫所，并采取垛集法获取军伍。参见杨培娜《生计与制度：明清闽粤滨海社会秩序》，第 54~56 页。

小　结

本章在明初中央王朝试图建立地方管理体制和滨海边远地区社会秩序重建的大脉络中考察了泉州盐场地区户籍整顿与登记的过程，探讨了双重户籍现象产生的机制，分析了明初中央王朝制定的制度在滨海边远地区的推行实况与地方社会应对策略。

随着泉州进入明王朝版图，恢复和建立新的社会秩序和统治体制是新政权的首要任务。不过，元明鼎革之际新政权对滨海边远地方的统治并非建立在一个完整规划的基础上，而是很多方面在继承宋元旧制的同时根据现实情况进行调整。洪武朝花了二十多年的时间逐渐在泉州盐场地区建立起较为完备的统治体制。在这个过程中，不管是州县、盐场、卫所等管理体系的建立，还是盐场地方社会秩序的建构，抑或国家与地方关联的建立，户籍都是其中最为关键的一个因素。而泉州户籍登记情况，除与国家户籍制度有关，还受盐政、军政等其他国家典章制度在地方推行的影响，是多种制度在当地叠加及泉州地方相关官府与民间互动的结果。

洪武年间，国家整顿户籍的制度在地方推行，泉州盐场地区地方官府采取继承宋元旧籍、强制登记、民间自报等多种途径获取户口，不管是哪种办法，都依赖地方势要执行，亦无经费、时间详加核查，由此给予了地方大户自主登记户籍的空间。他们除隐瞒丁产外，还谨慎选择户籍名色，特别是避开军籍。

泉州盐场地区户籍登记除因户籍制度在当地推行时与地方经济、固有组织互动而进行调整，还受明初户籍制度设计的理想化、条文化和朝廷、地方官府差役需求的动态性、多重性及调适方式的影响。明初"以其业著籍"，役因籍异，民户与民差、军户与军役、灶户与灶役一一对应。这种配户当差的制度设计在一定程度上适应了朝廷、官府所需人力、物力、财力都由编户齐民亲身供应的财政体制，但由于财政无预算，且各级官府的差役需求具有变动性和多样性，容易产生编户齐民无法满足新差役需求等方面的问题。泉州沿海地区进入明王朝统治版图后，朝廷通过户帖制度、黄册制度整顿户籍，鉴于当地拥有盐业资源，官府将能控制到的人主要登记为灶户，以维持盐场的运作。可是，在面临来自各地方的威胁时，朝廷对军役的需求增加，而此时包括泉州盐场地区在内许多地方的人已经登记了户籍，承应着差役。国家以最低成本的方式解决问题——令已有户籍者承担军役，垛集、抽籍二法正是在此矛盾下采取的变通性措施。但为了维持各官僚机构正常运作，朝廷及地方官府不允许被垛抽者完全放弃原役。根据役因籍异的制度，需要被垛集、抽籍者登记军籍的同时，保留原籍，由此造成了盐场地区的人拥有双重户籍身份的现象。看似不合理的、与一户一籍的户籍登记原则相悖的双重户籍身份现象，却是在遵守配户当差的户籍制的基础上，为满足国家与地方变动、多重的赋役需求而产生的（或是民间利用谪发等国家充军政策产生的）。双重户籍现象也说明，早在明初配户当差制下，地方户籍登记实态已十分复杂，甚至出现民、军、灶等多色户籍重叠登记的现象。

　　不完善的、缺乏弹性的户籍制度与官方变动的、多重的赋役需求之间的矛盾，是明初中央王朝制定的户籍赋役制度在各地推行时很快就变形、变样，甚至败坏，各地因此不断调整相关制度的不可忽视的重要原因之一，而各地为解决制度与现实之间的矛盾所采取的具体措施，及各种制度、措施在地方上推行时与地方社会的互动过程，在很大程度上决定着地方户籍赋役的具体形态。

另外，盐场人群在户籍登记过程中拥有较大的户籍选择空间，在洪武三年、十四年的户籍整顿过程中不仅尽量少登记丁产，而且选灶避军。然而，我们也不能夸大这种自主性，一是明初的户籍整顿伴随着大规模的强制性，有些人自主选择，有些人就被强制登记户籍；二是即便是地方大户，在洪武九年的垛集、洪武二十年的抽籍中，仍有不少被垛抽为军籍的。

第二章　明初的盐场管理、赋役征发
与高徭役风险

　　明代，东南沿海地区的盐场不仅不具有独立于州县的空间，而且常与卫所毗邻，形成盐场、州县、卫所等多套管理机构并存一地的局面。各管理机构的地位和职责不同。在明王朝的制度设计中，州县是管理户籍、征发赋役的最为基本的行政机构，而盐场和卫所则分别管理承担专门差役的人户，征调特殊种类的徭役。盐场专管食盐生产及其生产者（灶户），卫所负责军政和军户事宜。简言之，从国家制度设计上看，盐场、卫所与州县各有职责，分别管理人户、征发徭役。然而，现有研究显示卫所与州县在地方事务中表现出紧密的合作，东南沿海地区的卫所与地方乡村关系密切，成为小范围内地区社会发展脉络不可或缺的重要因素。[1] 盐场与州县之间的关系又是怎样的呢？盐政事务并非完全由盐课司负责，灶户亦非仅由盐课司管辖。盐课司与州县在盐场事权、财权和人事权上既有分工又有协作。各管理机构之间的分工与合作，不仅影响国家各类典章制度在地方的运行，而且左右地方秩序，影响民间赋役负担、风险。为了更好地了解民间户籍策略，本章将考察明代州县、盐场在管理泉州盐政上的分工与合作，探讨盐场、州县在盐场地区形成的管理秩序，在此基础上考察明初泉州盐场人群的赋役风险。

1　卫所和州县之间的关系备受关注。邓庆平的研究指出，明代北方卫所拥有独立的地理空间，与州县在基层组织、户籍管理、田赋征收等方面有制度和运作上的明确区分。即便如此，卫所与州县在地方事务中也表现出紧密的合作。参见邓庆平《卫所制度变迁与基层社会的资源配置——以明清蔚州为中心的考察》，《求是学刊》2007 年第 6 期；邓庆平《卫所与州县——明清时期蔚州基层行政体系的变迁》，《"中央研究院"历史语言研究所集刊》第 80 本第 2 分，2009 年 6 月；邓庆平《华北乡村的堡寨与明代边镇的社会变迁——以河北蔚县为中心的考察》，《清史研究》2009 年第 3 期；邓庆平《州人、卫人与县人——明清蔚州卫的兴废与当地人的身份区隔》，连晓鸣、庞学铨主编《汉学研究与中国社会科学的推进——国际学术研讨会论文集》上卷，中国社会科学出版社，2012，第 484~510 页。陈春声则指出东南沿海地区的卫所与州县之间的关系与北方不同，就户籍和田土管理制度而言，明初潮州地区确实存在行政和军事两大互相独立的系统，但与北方和西南边疆地区不同的是，东南沿海的"沿海卫所"和"内地卫所"可能并未因为这种管理体制的差别，成为独立于府县的"地理单位"。潮州沿海的各个守御千户所都与周围的乡村有密切的联系，成为小范围内地区社会发展脉络中不可缺少的重要因素。参见陈春声《明代前期潮州海防及其历史影响》（上、下），《中山大学学报》（社会科学版）2007 年第 2、3 期。正是因为卫所与州县之间的关系各地不同，且都与州县有着复杂的关系，所以从地方实践角度出发，探讨二者之间的关系是我们了解地方社会变迁的重要方面。谢湜考察了明代太仓军政、行政管理系统的设置过程，探讨了明中期州县、卫所在当地并存所产生的问题，州县、卫所博弈及其对国家对当地管理的影响，见谢湜《明代太仓州的设置》，《历史研究》2012 年第 3 期。欧阳琳浩、谢湜、梁育填等以南岭地区蓝山县南部 400 多个村落为研究对象，分析明清时期军屯卫所对南岭山地乡村聚落变迁的影响，并指出明清卫所军屯的转型及其带来的土地拓展趋势，既造成社会组织的重组，又改变了人群和聚落关系，导致瑶人、瑶地向更高海拔的山地集中，造成部分村落间的依附格局。参见欧阳琳浩、谢湜、梁育填《明清时期军屯制度对南岭山地乡村聚落变迁的影响——以蓝山县南部村落为例》，《中国历史地理论丛》2020 年第 3 期。

第一节　明初福建盐场管理与灶役征调

　　目前，明清史学界不管是在州县系统的地方治理、赋役征调方面，还是在盐政系统对灶户及食盐生产的管理、灶役的征发方面，都已经取得丰富而深入的研究成果。部分学者考察盐场时，注意到州县也有统治灶户、向灶户征调赋役的职责。[1] 近年来，在区域史研究视野下，一些学者深入考察盐场地区的赋役及其社会变迁，揭示了盐场和州县在盐场赋役征调上的复杂关系。[2] 那么，明代盐政和州县两套系统分别在盐场管理中发挥着怎样的作用？换言之，国家与地方在管理盐场方面的权力是如何分配的？

　　为分析此问题，本书引入"垂直管理""属地管理"两个概念。属地管理体制是中国大部分政府职能部门长期推行的"条块结合，以块为主，分级管理"的行政体制。所谓"条"，指中央部委以及中央部委领导的垂直管理系统，而"块"则指各级地方政府以及地方政府领导下的职能部门。在属地管理体制下，地方职能部门受地方政府和上级部门"双重领导"，其中主管部门负责工作业务的

1　藤井宏「明代塩場の研究」（下）『北海道大学文学部紀要』3 号、1954 年；徐泓：《清代两淮盐场的研究》，嘉新水泥公司文化基金会，1972，第 14 页；徐泓：《明代后期盐业生产组织与生产形态的变迁》，沈刚伯先生八秩荣庆论文集编辑委员会主编《沈刚伯先生八秩荣庆论文集》，联经出版事业公司，1976，第 389~432 页。

2　吴滔：《海外之变体：明清时期崇明盐场兴废与区域发展》，《学术研究》2012 年第 5 期；徐靖捷：《盐场与州县——明代中后期泰州灶户的赋役管理》，《历史人类学刊》（香港）第 10 卷第 2 期，2012 年 10 月；杨锐彬、谢湜：《明代浙江永嘉盐场的赋役改革与地方变迁》，《安徽史学》2015 年第 2 期；叶锦花：《明代盐场制度变革与州县赋役调整——以福建同安县为中心》，《社会科学辑刊》2015 年第 5 期；李晓龙：《明代中后期广东盐场的地方治理与赋役制度变迁》，《史学月刊》2018 年第 2 期。

"事权"，而地方政府管"人、财、物"。垂直管理体制是指中央部委或省直接管理地方职能部门，既管"事"，又管"人、财、物"，地方政府不再管理地方职能部门。[1]

明清时期州县属地方政府，盐课司等盐政机构则是在地职能部门。明清时期国家中央集权，官员的任命、一些重要场务的处理最终往往需要经过皇帝同意。不过，不管是盐场管理者的初步遴选及考满（考成）上报，还是盐课征收及其分配、其他场务的处理等具体操作，都是在地机构具体负责。这些机构可能是盐课司，也可能是盐场县，还有可能是海防厅等，因时而异。因此，本章将从地方层面考察福建盐场管理者、盐课征收、场务等方面的安排、处理，论述明代盐场管理体制的演变。

一　洪武二年至二十四年州县兼管盐场的属地管理制

洪武元年，朱元璋在南京建立政权，逐渐开展地方统治秩序建设，同时加强盐政整顿，在福建设运司、分司等盐政机构催征盐课，但洪武二十五年之前福建盐场形成无场官设置[2]、盐场由州县兼管的属地管理制。

运司主要负责催征盐课，并按规定每年向户部奏报各盐场盐课征收情况。洪武二年，明廷下令福建运司照元朝之额征收盐课，福建七个盐场共征盐 104572 引 300 斤零。[3] 当时推行本色盐课制度，征课即收盐。盐每 1 引重 400 斤，故福建运司每年应征盐 41829100 斤零，每场应征之课有定额。与明初配户当差制相配合，各场盐课

1　尹振东：《垂直管理与属地管理：行政管理体制的选择》，《经济研究》2011 年第 4 期。

2　洪武二十五年各盐场设盐课司。

3　《诸司职掌·户部·盐法·福建盐运司》，《续修四库全书》第 748 册，第 633 页下栏。

由灶户生产、缴纳，由盐场具体负责催征。运司每年都向户部汇报本司各场盐课催征情况，户部加以核对，并追责征收不足额者。《诸司职掌》载："凡天下办盐去处，每岁盐课各有定额，年终各该运司并盐课提举司将周岁办过盐课出给印信通关，具本入递奏缴，本部委官于内府户科领出立案附卷作数及查照缴到通关内该办盐课，比对原额，有亏照数追理。"[1]

　　虽然早在洪武二年福建就设运司、分司等机构管理盐政，但是洪武二十五年之前福建盐场并非由国家、运司系统垂直管理，而是属地管理，具体则是由州县兼管。该盐场管理体制的形成与朱元璋治国理念及当时国家重建地方统治秩序的政治环境直接相关。朱元璋持有"以良民治良民"的治国理念，并将之付诸实践。洪武年间，国家通过在地方上推行里甲黄册制度，试图建立一个"画地为牢"的社会，同时以地方大户充当里长、粮长，在赋役征发上形成将主要管理责任委于粮长、里长的"钦定承包体制"。[2]虽然盐场涉及食盐生产、征收、管理等特殊事务，但其管理体制仍在朱元璋"以良民治良民"的治国理念下设计。洪武初年明廷虽继承元末盐政制度及管理框架，但废除了元朝各场管勾司（或司令司）及由管勾（或司令）等正官掌管场务的体制。盐场不设场官，而由州县安排盐场大户管理。

　　光绪《金门志》收录的《沧浯琐录》就载浯州场"洪武二年，盐课照元征催，惟设盐司总场百夫长一名管办。八年，停罢。嗣又重行开榷，不设司令、丞诸名目，乃除授副使、攒吏"。[3]浯州场由百夫长"管办"，具体责任是"照元征催"盐课。

1　《诸司职掌·户部·盐法》，《续修四库全书》第 748 册，第 633 页上栏。

2　申斌：《明代地方官府赋役核算体系的早期发展》，《中国经济史研究》2020 年第 1 期。

3　《沧浯琐录》，转引自光绪《金门志》卷 3《赋税考·盐法》，周宪文、杨亮功等编《台湾文献史料丛刊》第 2 辑第 38 册，第 38 页。

　　百夫长是盐政官员吗？否。百夫长不仅不是官员，不由朝廷任命，而且不是由都转运盐使司指定，而是由盐场所在布政司授权。早在吴元年（1367），朱元璋规定盐场"百夫长省注"，[1]即盐场百夫长由各行省长官记录，换言之，百夫长由各行省长官安排。统一全国后，朱元璋将该制度推行于各地，于洪武十年（1377）六月规定"各盐场百夫长听布政司注授"。[2]虽然制度上百夫长由布政司"注授"，但是布政司境内盐场散布各县，福建七场就分别位于三府六县，布政使不可能亲自掌握各场灶户情况。因此，百夫长应是由盐场县选择并上报给布政司，最终由布政司正式任命。换言之，盐场由布政司系统安排、任命实际管理者。

　　与州县由地方大户充当里长、粮长一样，[3]百夫长亦往往由盐场地方大户充当。明初，晋江浔海施氏六世祖济民就被编佥为该场百夫长，谱载其"隶盐民千余户"。[4]济民之所以能充当百夫长，与其祖父菊逸公经商积累大量财富有关。

　　朱元璋利用盐场地方大户充当盐场实际管理者，除与其治国理念有关，还有利于国家在元末明初地方豪强占据盐场地方的情况下管理盐场。

　　洪武二年至二十四年，州县不仅有权安排盐场管理者，而且在实际上负责了盐场事务。比如，灶户就由盐场县编佥。灶户编佥是直接关系盐课客源供应、盐场运作的极为重要的事情，同时是新政权稳固地方统治、整顿地方户籍的一个部分。因此，灶户与民户等其他户籍人群一样，都由州县统一编佥。与之相关的，灶户人丁、

1　《明太祖实录》卷27，吴元年十一月乙酉，第412页。

2　《明太祖实录》卷113，洪武十年六月乙卯，第1863页。

3　鹤见尚弘：《中国明清社会经济研究》，姜镇庆等译，学苑出版社，1989，第42~44页。

4　施克达：《六世祖万安公跋》，施德馨纂辑，施世纶等补辑《浔海施氏大宗族谱》卷1，高志彬主编《台湾关系族谱丛书》第1种第1册，第19页。

事产信息都由盐场县登记。其他盐场事务，如灶户之间的矛盾、有关的司法案件由谁负责处理呢？因盐场无场官，故由盐场县兼管。州县还可通过对百夫长的选择来影响盐场盐课催征及其他事务的处理。

此外，洪武年间州县还负责盐课分配。由百夫长负责催征的盐课贮存在盐仓，国家利用户口食盐法和开中法让盐课发挥财政作用。户口食盐法即官府根据编户人口数抑配食盐，让编户缴纳盐粮（钞）。开中法则是让商人将户部规定的粮草运送到边方粮仓以换取食盐运销资格，以此满足边方军饷需求。[1] 洪武二十五年之前，福建仅有计口给盐法，而无开中法。计口给盐法的推行，不管是食盐抑配，还是盐粮（钞）征收，都由州县负责。李龙潜指出，户口食盐法由各州县里长负责关支给散食盐，里长自具牛车，将食盐运到里中，计口给散食盐，收取盐粮或盐仓，缴纳上司。[2] 里甲散给食盐的同时，向编户征收盐粮（钞）。所征盐粮（钞）留一部分在府县库，一部分运送南京户部。[3]

综上，洪武二十五年之前，虽然国家在产盐区设置运司、分司等机构专门管理盐政，但是盐场管理者的人事任命权由布政司掌握，灶户编佥及盐课分配实际负责人都是州县官员。因此，可以说这一段时间国家对福建盐场的管理采用由州县兼管的属地管理模式。此盐场管理体制是朱元璋"以良民治良民"理念的体现，同时是当时国家重建地方统治秩序的需求，故国家属地管理盐场的模式并非福建之特例，而是全国之惯例。

1　黄国信：《万历年间的盐法改革与明代财政体系演变》，"全球化下明史研究之新视野学术研讨会"会议论文，台北，2007 年 10 月，第 290 页。

2　李龙潜：《明代户口食盐钞制度》，《中学历史教学》1981 年第 5 期。

3　《明宣宗实录》卷 68，宣德五年七月甲子，第 1607 页。

二　洪武二十五年盐场垂直管理的确立

随着明王朝大体完成地方统治秩序建设及推行开中法，国家加强管理盐场，洪武二十五年各场设司派官，隶运司或提举司，形成户部通过运司系统垂直管理盐场的模式。

在明初实物财政体制下，不管是计口给盐还是开中法的顺利运行，都建立在国家掌握食盐生产、占有食盐资源的基础上。开中法开始于洪武三年，起初仅是根据边方奏请而推行，次数少，涉及盐区亦少，且无定例，随着时间推移，开中次数逐渐增多，涉及的盐区也在增加。为更好开中，户部不仅试图直接掌握各盐场食盐生产及盐课缴纳情况，以便制定有效、可行的开中则例，而且需要各场配合其为报中盐商提供食盐。而不管是监督、督促食盐生产，催征盐课（食盐），还是根据规定将食盐分配给盐商，都费时费力，需专人负责，而这也是元朝各盐区设运司、各场设盐官的原因。元人郑介夫就指出："今随处立运司，各场置令丞，实以课程浩大，必须另设衙门，以专管领。"[1]因此，洪武二十五年国家取消百夫长，令各场置盐课司，设场官——场大使。[2]当时福建虽无开中，但各场也在此契机下设了盐课司及场大使，同时废除管辖盐场的四个分司。[3]场大使不再由布政司"注授"，而由朝廷任免，[4]考满（考成）由运司官员负责向中央汇报。

1　郑介夫：《上奏一纲二十目·盐法》，邱树森、何兆吉辑点《元代奏议集录》（下），第70页。

2　张廷玉等：《明史》卷75《志第五十一·职官四·都转运盐使司》，第1847页；弘治《八闽通志》卷27《封爵·秩官·职员方面·国朝·属司·福建都转运盐使司》，《四库全书存目丛书》史部第177册，第723页下栏。

3　参见弘治《八闽通志》卷40《公署·文职公署·福州府·福清县·牛田场盐课司》，《四库全书存目丛书》史部第178册，第123页下栏。

4　黄仁宇：《十六世纪明代中国之财政与税收》，第253页。

随着盐课司的设置，明王朝逐渐形成由户部通过运司系统垂直管理盐场的管理体制。

盐课司属于运司系统的管理机构，其上或为盐运分司，分司之上为运司，或直接为运司（盐课提举司）。福建七场盐课司就直接隶属运司。运司系统拥有独立于布政司系统的处理本盐区盐政事务的权力，且直接向户部负责，"都转运使掌矓事，以听于户部"，[1]"国朝盐法专属转运，凡有兴革，径上之台使者"。[2]盐课司是独立于州县之外的盐场管理机构，场大使与州县官员分属两个系统，在制度上互不干涉。

明初以降，盐政系统的职责逐渐增多。前文已指出洪武年间国家要求运司系统催征盐课，随着时间推移，涉及盐课征收，食盐产、运、销及灶户管理等诸多方面的事务都明确规定由运司负责。嘉靖《两淮盐法志》详细记载运使职责：

> 摄两淮盐筴之政令，率其僚属八十有一人，以办其职务，给引符，俵商盐，督课程，杜私贩，听讼狱，会计盈缩，平准贸易，明其出入，以修其储贡。亭民阽于水旱流亡则赈恤之，俾无失业。凡兴革之事，由于所属者咸质正于运使，运使乃议于同知，参于副使，白于御史，而后宣布于治境焉。[3]

可见，运使统摄盐区境内盐政所有事务，除率领僚属督征盐课、分配食盐、预防和缉捕私盐，还有"听讼狱"及赈恤亭民（即灶户）

1　郑晓:《吾学编》卷 66《皇明百官述下卷》，美国哈佛燕京图书馆藏明崇祯刊本，第 18 页 b。

2　江大鲲等修《福建运司志》卷 5《宪令志·臬宪》，于浩辑《稀见明清经济史料丛刊》第 1 辑第 28 册，第 65 页。

3　史起蛰、张榘:《两淮盐法志》卷 2《秩官志第二》，《四库全书存目丛书》史部第 274 册，第 165 页下栏~166 页上栏。

的职责。"听讼狱"即处理灶户司法案件。为保证灶户完纳盐课，明王朝将灶户的大部分司法权交给转运使，而限制州县系统的司法权。景泰二年（1451），国家规定若灶丁逃亡，运司官公同有司佥补，灶丁拖欠盐课并盐价者，运司并分司官催征，拖欠税粮者府县官催征。[1] 弘治十六年（1503），国家规定"淮扬二府各场灶丁有欠税粮者，止许催促，不许拘拿监追，犯罪者行运司提问，亦不许径自拘扰"。[2] 福建转运使的职责大体与两淮一致，不同的是，两淮设有巡盐御史，转运使须奉巡盐御史之政令，福建无巡盐御史，转运使受巡按福建监察御史监督。

场大使执行朝廷、运司有关政令，负责盐场事务，包括催征盐课、督促和监督灶户制盐、砌筑及维修盐场相关设施、分配食盐、禁止走私等，史载："大使、副使之职，掌催办盐课之政令，日督总灶巡视各团铛户，浚卤池，修灶舍，筑亭场，稽盘铁，旺煎月雨阳时若（煮法以春夏为旺月，恒雨则客水浸溢，恒阳则土气燥烈，盐俱不能生花）则促令伏火广积，以待商旅之支给。凡包纳、折锱、和土、卖筹、虚出通关者，闻于判官，禁治之。"[3]

州县不仅随着盐课司设置退出盐场场务管理，而且随着食盐运销制度变化——计口给盐法败坏而开中法推行——不再在盐课分配执行中发挥作用。洪武朝以降，福建计口给盐法逐渐演变为州县官不给编户散发食盐而征收盐粮（钞）如故的局面。盐粮（钞）成为与盐及盐课完全脱离关系的固定税目，故州县虽仍负责征收盐粮

1　万历《大明会典》卷 34《户部二十一·课程三·盐法三》，《续修四库全书》第 789 册，第 604 页上栏。

2　万历《大明会典》卷 34《户部二十一·课程三·盐法三》，《续修四库全书》第 789 册，第 604 页下栏。

3　史起蛰、张榘：《两淮盐法志》卷 2《秩官志第二》，《四库全书存目丛书》史部第 274 册，第 166 页下栏。

（钞），但已与盐政无关。而随着永乐朝以降福建开中法的推行，场大使除征收盐课，也成为配合户部开中、将盐课支配给报中盐商的具体操作人。

综上，通过运司、盐课司等地方盐政机构的设置，以及盐政制度的推行，明王朝建立了由户部通过运司（提举司）系统垂直管理盐场的体制。盐法政令由户部传达给运司，由运司传达给盐课司，由盐课司传达给灶户。明代的统治者强调盐政事务应该由运司系统处理，而不能由别的系统负责。万历四十一年（1613），巡按福建监察御史徐鉴就要求禁止"非盐官而代庖盐事"的现象，强调"非盐官不许预盐事"，"运司所专责者饬政也。盐课之盈缩、引目之挂销，该司得而主之；盐徒之纵横、水客之迟赴，该司得而问之。衙门各有统制，事权岂容旁落？盐官不理盐事是谓溺职，他官钻刺管理是谓越职"。[1]

盐课司是国家垂直管理盐场的机构，州县则是管理地方的机构。盐场县的职能与普通县一样，都是负责管理编户齐民，维持地方稳定，征调夏税秋粮、里甲正杂诸役，等等。盐场县对本县灶户及盐场地方亦拥有统治权，主要包括向灶户征调赋役——夏税秋粮、里甲正役，处理与灶户相关的部分司法案件。州县有稽查私盐的责任，处理包括灶户走私在内的各类私盐案件。《大明会典》载："凡守御官吏、巡检司巡获私盐，俱发有司归问……仍须追究是何场分灶户所卖盐货，依律处断。盐运司拿获私盐，随发有司追断，不许擅问。有司通同作弊脱放，与犯人同罪。"[2]

综上所述，洪武二年至二十四年是盐政系统整顿的重要时期，

1　江大鲲等修《福建运司志》卷 5《宪令志·案验·万历四十一年十月巡按福建监察御史徐案验发仰各属遵守》，于浩辑《稀见明清经济史料丛刊》第 1 辑第 28 册，第 88~90 页。

2　万历《大明会典》卷 34《户部二十一·课程三·盐法三》，《续修四库全书》第 789 册，第 593 页下栏 ~594 页上栏。

也是国家巩固政权、重建地方统治秩序的关键时段。这时期国家在产盐地设置运司、分司等盐政机构，但在朱元璋"以良民治良民"的治国理念下，盐场不设专管机构，而由州县系统安排盐场地方大户负责催征盐课。又因这一时期的许多盐场事务既是盐政事务，又是国家稳固其在地方的统治、建立地方统治秩序的一部分内容，故由州县统一负责处理。而随着国家政权稳固、地方统治秩序的建立以及推广开中法，户部为更好控制食盐而在盐场设司置官，形成由户部、运司系统垂直管理盐场的体制。盐场垂直管理与配户当差制结合，形成盐民二分管理、盐民二役分征的管理体制和观念。在此框架和观念下，盐课司负责涉及灶籍、制盐、赋役的多种问题，成本高，故统治者往往在二分的框架下处理盐、民问题。

三　垂直管理下的盐场组织与灶役征调

洪武二十五年，盐场垂直管理体制形成之后，泉州各场逐渐形成仓－埕－甲组织，以便管理生产，征收食盐形式的盐课。

明王朝在地方上设置盐场的目的是管理地方食盐生产、征收盐课，以配合计口给盐法、开中法等盐法的运作。明初，国家推行本色盐课制度，盐课是实物形态的食盐，朝廷每年大约可收到本色盐课（食盐）4 亿多斤。[1] 各盐区及盐场应征盐课额早在洪武初年就确定，至洪武二十六年就固定了。盐课额不是依据各盐区食盐生产力或食盐消费能力规定，而是继承元末之额。[2] 就福建而言，洪武二年明廷下令福建盐课照元朝征榷，七个盐场共办盐 104572 引 300 斤零。

1　黄国信：《万历年间的盐法改革与明代财政体系演变》，"全球化下明史研究之新视野学术研讨会"会议论文，第 290 页。

2　徐泓：《明代前期的食盐生产组织》，《台大文史哲学报》第 24 期，1975 年 10 月。

　　盐课如何征收？洪武初年，国家没有统一的盐课摊派办法，各盐区或按田派盐，或在田之外，车、牛驴等事产也派盐。与户籍整顿进程相结合，洪武十三年各运司开始以户为单位，按灶户丁产多寡分配盐额，至洪武二十三年（1390）改为"计丁办盐"。[1]不过，福建似乎一直按户下丁粮征课，《福建运司志》载福建七场"自国初以各户之丁办盐，复计其户之产受盐，除里甲正役并纳粮外，准免民差杂役"。[2]梧州场"每盐丁一丁岁办盐一千四百三十八斤一十四两，每田粮一石岁办一千斤"，[3]以400斤一引算，盐丁一丁每年纳盐约3.6引，田粮一石每年纳盐2.5引。

表 2-1　泉州四场盐课摊派科则

盐场	田一亩纳课额	盐丁一丁纳课额
惠安场	27斤7两（0.07引）	2引285斤（2.71引）
浔美场	102斤8两（0.26引）	7引300斤（7.75引）
㘵州场	102斤8两（0.26引）	4引250斤（4.63引）
梧州场	51斤4两（0.13引）	3引283斤2两（3.71引）

　　资料来源：江大鲲等修《福建运司志》卷8《课程志・额派》，于浩辑《稀见明清经济史料丛刊》第1辑第28册，第262~265页。

　　各盐课司为更好实现管理，结合了各场的制盐技术、食盐贮存及州县里甲体制，形成了独立于州县的盐场组织。

　　传统时期，海盐生产方法有煎、晒两种。泉州四场早在元末就完全采用晒法，至明代晒盐技术不变。所采取的晒法为"漏晒法"（按："漏"又作"塲"），人们在海水能够到达的滨海滩涂挖漏池，

1　刘淼：《明朝灶户的户役》，《盐业史研究》1992年第2期。
2　童蒙正、林大有纂修《福建运司志》卷2《都转运使何思赞呈造盐册事宜》，虞浩旭主编《天一阁藏明代政书珍本丛刊》第10册，第321~322页。
3　洪受著，吴岛校释《沧海纪遗校释・本业之纪第六》，第117页。

以海水浸泡过的、附着盐花的卤壤填充漏池，再用海水反复淋之，以此得到含盐度较高的卤水，将准备好的卤水注入盐埕（也称"丘盘"，在海边平坦之地四面坎围之，中可蓄水晒盐），利用阳光、风力促进水分蒸发，卤水结晶成盐。[1]

福建"漏""埕"剖面示意

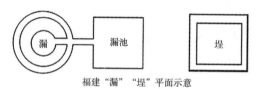

福建"漏""埕"平面示意

图 2-1　明清时期福建埕漏晒盐法示意

资料来源：据刘淼《明代海盐制法考》（《盐业史研究》1988 年第 4 期）改绘。

上述晒盐法中，最主要的生产资料是卤地，让海水结晶成盐的"埕"是必不可少的生产工具，故"埕"成为盐课司监督灶户生产食盐的最为关键的单位。

除了晒盐的埕，贮存食盐的盐仓也是盐课司管理的重要对象。盐仓是贮存食盐的仓库。张国旺指出福建盐仓始建于元代。至元时，福建路总管赵执中在漳、泉、兴化等盐场地"列仓贮盐，以便出纳"。[2] 明初，各盐课司管理盐仓，将所征收盐课贮存盐仓。万历

1　叶锦花：《福建晋江浔美盐场场制盐技术考》，《四川理工学院学报》（社会科学版）2013 年第 5 期。

2　张国旺：《元代榷盐与社会》，天津古籍出版社，2009，第 280 页。

《福建运司志》载："各场盐丁犹各县之有里甲，盐丁之办纳盐斤犹里甲之供纳赋税。盐归于仓，犹赋纳于官也。"[1]

　　浔美等场结合晒盐的埕、贮存盐课的仓，形成仓–埕组织。其中，浔美场有仓埕 20 所，沴州和浯州二场各 14 所（按表 2-2 所列，沴州若"东埕二仓""西新埕二仓"各为 2 个仓，则共有 14 所，否则为 12 所；浯州"南北二仓"若为 2 所，则共 15 所），惠安场 8 所。据弘治《八闽通志》所载可知，仓埕相结合，以仓为重，如沴州场 14 所仓埕具体为："东埕二仓、西旧埕仓、西新上埕仓、西新下埕仓、西新埕二仓（上七仓俱在府东南十二都）、新市上埕仓、新市下埕仓、蔡埭北仓、围头后埭仓、蔡埭南仓、围头北仓、围头南仓（上七仓俱在府东南十四都）。"

表 2-2　明中期福建泉州四场仓埕及晒盐滩团设置情况

盐场	弘治《八闽通志》载各场仓埕	万历《福建运司志》载各场晒盐滩团
浔美场	南崇仓、前索东仓、安下仓、前索西仓、埕前仓、青石仓、径山下满仓、壁兜仓、溪浦仓、釜头仓、大南仓、大北仓、西釜仓、西銮沙美仓、沙美仓、阜通仓、阜通东仓、东埕仓、南埕仓、北埕仓	浔美埕、安下埕、前索东埕、前索西埕、呈前埕、青石埕、径山下浦埕、壁兜埕、溪浦埕、岑头埕、大南埕、大杞埕、西岑埕、沙美埕、阜通埕、阜通东埕、西埕、南埕、北埕
沴州场	东埕二仓、西旧埕仓、西新上埕仓、西新下埕仓、西新埕二仓、新市上埕仓、新市下埕仓、蔡埭北仓、蔡埭南仓、围头后埭仓、围头北仓、围头南仓	东埕、西旧埕、西新埕、新市埕、蔡埭埕、围头埕

1　江大鲲等修《福建运司志》卷 6《经制志·修立盐仓》，于浩辑《稀见明清经济史料丛刊》第 1 辑第 28 册，第 120 页。

续表

盐场	弘治《八闽通志》载各场仓埕	万历《福建运司志》载各场晒盐滩团
浯州场	永安仓、官湾仓、田墩仓、沙美仓、浦头仓、李保仓、南埕仓、古宁仓、宝林仓、东沙仓、方山仓、斗门仓、烈屿仓、南北二仓	永安埕、官镇埕、田墩埕、沙美埕、浦头埕、斗门埕、南<垵>埕、保林埕、东沙埕、烈屿埕
惠安场	广运仓、西湖仓、林内仓、前坂仓、坂西仓、上仓、下仓、下坂仓	西湖前坂团、庭边乔浦下洋东团、下洋西柯桃林内团、上仓坂西团、下仓下坂团

　　资料来源：弘治《八闽通志》卷41《公署·文职公署·泉州府》，《四库全书存目丛书》史部第178册，第135页下栏~136页上栏、137页上栏、138页上栏；江大鲲等修《福建运司志》卷1《区域志·产盐场滩》，于浩辑《稀见明清经济史料丛刊》第1辑第27册，第605~607页。

　　仓－埕之下则仿州县里甲组织的设计，设灶甲，如浯州场设十埕，"埕又编为十甲"。[1] 仓－埕－甲组织设总催、秤子等职役。明初盐场职役十年一轮，浔美场灶户士绅粘灿就指出："盐户十年一次总催、秤子。"[2] 盐场职役的职责类似里长、甲首，执行盐官督促灶户制盐、催征盐课、看守食盐、摊派盐政机构差役等方面的指令。万历《福建运司志》载：

　　　　附海盐系谱办户附居海滨，晒办盐斤输纳，每年二月以后开晒。总催催取甲下团首，连赴本场，各团立廒，秤子收入廒，看守。[3]

1　光绪《金门志》卷3《赋税考·盐法》，周宪文、杨亮功等编《台湾文献史料丛刊》第2辑第38册，第41页。

2　万历《泉州府志》卷7《版籍志下·盐课》，第12页b。

3　江大鲲等修《福建运司志》卷7《课程志·上三场附海依山盐赋支纳专输则例》，于浩辑《稀见明清经济史料丛刊》第1辑第28册，第266页。

总催和甲下团首一同到盐场监督，而秤子负责将灶户运来缴纳盐课的食盐秤掣，收入各团的仓廒（廒是规模较小的盐仓），且对本团仓廒进行看守，以防盐课被盗。泉州四场无团首设置，收盐、秤盐都由总催、秤子负责，秤子亦是负责秤盐，将灶户上纳之食盐贮存盐仓并看守之。在朱元璋坚持"以良民治良民"的治理理念下，与明初州县编里甲时承认地方固有势力、令地方大户充当里长一样，[1] 盐场的总催、秤子等职役亦以地方大户担任。[2]

第二节　盐场地区的里甲与州县徭役征发

州县是明王朝管理地方、向编户征发徭役的最为主要的机构。盐场县职能与普通县一样，都负责管辖境内所有编户齐民，维持地方稳定，征调赋役，等等。洪武二十五年之前，盐场县还负责管理盐场、征收盐课。洪武二十五年之后，盐场事务及盐课征收由盐课司负责，不过灶户及盐场地方仍在其管理职责之内。藤井宏指出盐场是州县行政权所不及之地，笔者则认为对盐场地区及灶户进行管理，包括行政、财政和司法方面的管理，是盐场县的职责。如景泰二年（1451）朝廷规定，若灶丁逃亡，运司官须与地方有司共同金

1　鹤见尚弘：《中国明清社会经济研究》，第42~44页。

2　薛宗正指出总催是由较为殷富的灶户组成。参见薛宗正《明代灶户在盐业生产中的地位》，中国历史博物馆刊编委会编《中国历史博物馆馆刊》总第5期。

补；[1] 又如包括灶户走私在内的食盐走私案件由地方有司负责。另外，州县有向包括灶户在内的编户齐民征收赋役的责任。福建盐场县将灶户、民户与军户等各色户籍人群编入同一套里甲，利用里甲征调夏税秋粮、正杂诸役。

一　灶、军、民共编里甲

泉州各盐场既没有独立于州县的地理空间，也不在州县管辖系统之外。不管是盐课司所在地、制盐场地，还是灶户居住地，都在州县辖境内。四个盐课司分别在惠安、晋江和同安三县境内，而各场制盐场地也坐落在该三县，惠安场晒盐地在惠安县二十二都，浔美场晒盐地分布在晋江十七八都、二十都，㳍州场晒盐地在晋江县十一都、十四都，浯州场晒盐地在同安县十七、十八、十九、二十都地方。在盐场地方，用于晒盐的盐埕、盐丘，贮存食盐的盐仓，以及村落、巡检司、卫所交叉分布，具体如下列图 2-2 至图 2-5 所示。灶户与其他户籍人群不是划界而居，而是杂居共处。从户籍上看，盐场附近村落居民有灶户，亦有民户、军户等其他户籍人群。与此同时，盐场地方除盐政以外的事务（如维持地方稳定）由盐场县负责，而灶户亦受盐场县统治，向盐场县承办赋役。

一般而言，州县负责征调田赋、上供物料和徭役等资源，盐场县亦如此。与其他地方一样，盐场县在盐场地区征发赋役也是通过里甲组织。盐场地区里甲组织的编造原则与其他地方无异，以编户的居住地为原则，而不以户籍名色区分，即将邻近的 110 户编为

1　万历《大明会典》卷 34《户部二十一·课程三·盐法三》,《续修四库全书》第 789 册，第 604 页上栏。

图 2-2　明万历年间惠安场

　　资料来源：江大鲲等修《福建运司志》卷 1《区域志·运盐水次·惠安场》，于浩辑《稀见明清经济史料丛刊》第 1 辑第 27 册，第 657~658 页。

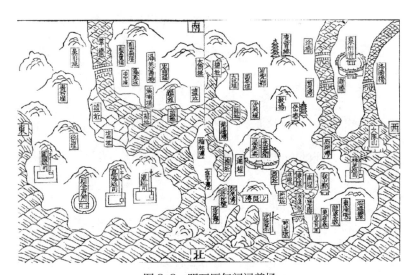

图 2-3　明万历年间浔美场

　　资料来源：江大鲲等修《福建运司志》卷 1《区域志·运盐水次·浔美场》，于浩辑《稀见明清经济史料丛刊》第 1 辑第 27 册，第 659~660 页。

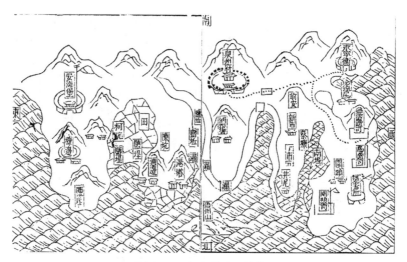

图 2-4　明万历年间沤州场

资料来源：江大鲲等修《福建运司志》卷 1《区域志·运盐水次·沤州场》，于浩辑《稀见明清经济史料丛刊》第 1 辑第 27 册，第 661~662 页。

图 2-5　明万历年间浯州场

资料来源：江大鲲等修《福建运司志》卷 1《区域志·运盐水次·浯州场》，于浩辑《稀见明清经济史料丛刊》第 1 辑第 27 册，第 663~664 页。

一里，这 110 户可能包括民、灶、军等不同名色的户籍。嘉靖《海宁县志》明确记载了以里甲为基础形成的黄册，所登记之户籍不分军、民、灶、匠等，只要是 110 户就定为一里。[1] 正是因为民、军、灶等所有编户都被编入同一套里甲组织，所以明代福建盐场所在的福清、莆田、晋江、惠安、同安等县都只有一套里甲组织，[2] 各盐场县利用该里甲组织统一征发赋役。在泉州盐场地区，明初不仅民、军、灶各色户籍人群杂居共处，而且出现父子、兄弟分属不同户籍名色，甚至一个家庭同时拥有双重户籍身份的现象，故当地一里或一甲都可能有民、灶、军等诸色户籍。

　　福清县著名士绅叶向高（1559~1627）家乡宗邻的里甲户籍登记情况为我们了解明代福建盐场地区的户籍及里甲提供了很好的个案。福州府福清县牛田、海口两大盐场所在地方与泉州盐场地区一样民、灶、军杂居共处，各色户籍人群被编入同一套里甲系统。叶向高撰写《家谱宗邻传》一文，详细记录了宗邻居住聚落、分支及相关户籍信息。据其载，住在叶向高家田垾地方的墙里、师厝、前宅等聚落的人们有灶户、军户、民户等不同户籍，同一支派的人登记为军、民、灶等不同的户籍名色，且被编入不同都图中（详见表 2-3）；而民、军、灶被编入同一个图中（详见表 2-4）。如孝义乡化南里（共六图）二图有利厅盐户、叶仕美盐户、叶邦佐盐户等三个盐户，以及叶思谦民户这一个民户；三图有叶仕清盐户、叶仕梆盐户、叶德立盐户、叶洪江盐户等四个盐户，以及叶保渴民户这一个民户；五图有北头盐户、叶世敬盐户等两个盐户，以及上厝民户、北头民户等两个民户；六图有后厝盐户、叶伯琳盐户、叶琼瑶

1　参见栾成显《明代黄册研究》，第 37 页。
2　万历《泉州府志》卷 1《舆地志上·都里》载："晋江县宋分五乡统二十三里，元分在城为隅，改乡及里为都。国朝因之，凡为隅三，都四十有三，统图一百三十有五，图各十甲。"（第 9 页 b）

盐户、叶魁荣盐户等四个盐户，以及南厝民户、新厝民户、叶公俊民户、叶榕郎民户等四个民户。

表2-3　万历年间福清田墘叶氏户籍登记（一）

地点	都图	户头名（户籍名色）
墙里	未知	南京武德卫军（后改福州卫军）
	二图	利厅（盐）
	五图	上厝（民）、北头（民）、北头（盐）
	六图	南厝（民）、新厝（民）、后厝（盐）
师厝	二图	叶仕美（盐）、叶思谦（民）
	三图	叶仕清（盐）、叶仕梱（盐）、叶保渴（民）
	六图	叶公俊（民）、叶榕郎（民）、叶伯琳（盐）
前宅	二图	叶邦佐（盐）
	三图	叶德立（盐）
	五图	叶世敬（盐）
山西	三图	叶洪江（盐）
	六图	叶琼瑶（盐）、叶魁荣（盐）

资料来源：叶向高《苍霞草》卷15《家谱宗邻传》，《四库禁毁书丛刊》集部第124册，北京出版社，1997，第403页上栏～下栏。

表2-4　万历年间福清田墘叶氏户籍登记（二）

都图	户头名（户籍名色）
二图	三个盐户一个民户：利厅（盐）、叶仕美（盐）、叶邦佐（盐）、叶思谦（民）
三图	四个盐户一个民户：叶仕清（盐）、叶仕梱（盐）、叶德立（盐）、叶洪江（盐）、叶保渴（民）
五图	两个盐户两个民户：北头（盐）、叶世敬（盐）、上厝（民）、北头（民）
六图	四个盐户四个民户：后厝（盐）、叶伯琳（盐）、叶琼瑶（盐）、叶魁荣（盐）、南厝（民）、新厝（民）、叶公俊（民）、叶榕郎（民）

资料来源：叶向高《苍霞草》卷15《家谱宗邻传》，《四库禁毁书丛刊》集部第124册，第403页上栏～下栏。

　　简言之，盐场地区诸色户籍人群被编入同一套里甲系统中。结合本章第一节的讨论可知，盐场地区有两套赋役催征组织，即仓－埕－甲组织和里甲组织，前者由灶户组成，盐课司利用其催征盐课，后者由县境内诸色户籍人群构成，是州县催征赋役的组织。虽然构成人群、功能不同，但在明初国家"以良民治良民"管理理念下组建的仓－埕－甲和里甲组织有诸多相似的地方，其运作模式一致。此外，因灶户的同时加入——灶户既是构成仓－埕－甲组织的唯一户籍人群，又是构成盐场县里甲组织的重要户籍人群，两套组织有着内在的互嵌性。

二　里甲正杂诸役与灶军优免

　　灶户与民户等其他户籍人群虽一同被编入里甲组织，但在承役上有所区别。

　　从制度上看，灶户、民户、军户等在向州县承办夏税秋粮、里甲正役上无异。民、灶、军等所有编户只要在黄册上登记了土地，都需要缴纳夏税秋粮。夏税秋粮征收科则与土地自然分类（田地山塘等）、面积、肥瘠（等级）、官民属性有关，[1] 而与户籍名色无关。除田赋外，里甲正役亦与户籍种类无关。不管是民户还是军户、灶户，都需要服里甲正役。里甲正役十年一轮，应承内容在洪武初年较为简单，即"掌催钱粮，勾摄公事"，后内容逐渐增多，上供物料及地方官府办公费用都由值年里甲出办。崇祯《闽书》载里甲之役"见役专掌催钱粮、勾摄公事及出办上供物料"。[2] 上供物料随着时间推移而逐渐复杂。泉州府"国朝洪武间有杂色皮、翎毛、角、

1　参见梁方仲《一条鞭法》，《明代赋役制度》，第12~13页。
2　崇祯《闽书》卷39《版籍志·赋役》，《四库全书存目丛书》史部第204册，第732页下栏。

弓、弦、箭之贡。永乐间，有白糖、霜糖、沙哩别之贡。后以经费
所需，始派各色物料：额办药材、牲口、历日、纸张、段匹、弓
弦、箭、军器、杂皮、翎毛等物；岁办蜡、茶、水牛、底皮、石
太、青黑铅银、朱铜铁、金箔、牛斤、绵羊皮、楠木、柂木、杉木
等物；杂办生漆、棕毛、杂皮、黄蜡、水胶、白麻布"。[1] 官府办公
费用起初并非里甲正役内容，后来由值年里甲承办：

> 里甲之役，其始催征钱粮、勾摄公事而已，后乃以支应官
> 府诸费。若祭祀、乡饮、迎春等事，皆其措办。浸淫至于杂供
> 私馈，无名百出，一纸下征，刻不容缓。加以里皂抑索其间，
> 里甲动至破产。[2]

"支应官府诸费"即支出官府办公费用。公费由官府根据需要
征收，具体所需因时因事因地而异，故在不同时间值年的里甲需要
为官府提供的办公费用不一致，编户难以预知其值年时应办项目及
其具体负担、风险，遑论提前做好准备。

这种无计划的、按需编金的徭役征发模式，既不利于编户提前
做好应役准备，又方便了官吏巧立名目、借机勒索。上述引文就指
出办公费"浸淫至于杂供私馈，无名百出，一纸下征，刻不容缓"。
万历《福州府志》亦载："杂物私馈，多为糜费。吏皂如虎，抑索沓
至。故有米石丁一而费至数金者。"[3]

不管是里甲正役内容增加，还是官吏剥削勒索，都加重了值年
里甲的负担，甚至导致其破产。不堪重负的里长被迫逃亡，叶春及

1　万历《泉州府志》卷7《版籍志下·上供三办》，第1页b。

2　崇祯《闽书》卷39《版籍志·赋役》，《四库全书存目丛书》史部第204册，第733页下栏。

3　万历《福州府志》卷7《食货》，《日本藏中国罕见地方志丛刊》，第56页上栏。

言："国初，因都分里，徙不出乡。厥后民无恒宇，不特甲首分裂四溃，里长亦徙他都。"[1]

除里甲正役，州县还通过里甲组织佥派杂役。杂役不是十年一轮，而是因事佥发。为了使编户负担均平，国家规定杂役按照户等高低编派。户等由丁产多寡决定，丁产多者户等高，户等高的派重役。实际上，杂役佥派往往由胥吏操作，地方大户与胥吏勾结，差贫放富，导致贫弱小户承担重役的可能性很大。《明太宗实录》载永乐年间，漳州府龙溪县知县刘孟雍发现"先是为邑者多贪暗不职，吏贪缘为奸，徭役不均，民富者幸免，民贫者不胜其困，多窜徙"，故"核其户之虚实，而等差其役，流民闻者相率来归，劝农务耕"。[2]

需要指出的是，州县佥派杂役与户籍名色有关，部分役户可免杂役，优免政策则因时而异。[3]

就灶户而言，洪武十七年之前与民户一样需要承担杂役。洪武十七年，两淮都运盐使司上言："灶户既已验丁煎盐，复应有司徭役，恐妨岁课。如蠲其他役，增其盐额，实为民便。"明太祖认为"既免他役，而增盐额，与不免同，岂诚心爱民哉？"遂令"蠲其杂役，盐额如故"。[4]此后，优免灶户杂役成为重要制度。不过，在实际生活中，灶户仍常被地方有司编佥杂役。如《金门志》载浯州场灶户"永乐后，盐籍里甲悉赴有司听勾摄，疲于奔命"。[5]正因为如此，朝廷需要多次强调灶丁之优免，洪武二十七年、宣德

1　叶春及：《惠安政书》卷 12《保甲篇》，第 363 页。

2　《明太宗实录》卷 220，永乐十八年正月甲子，第 2187~2188 页。

3　明代优免制度的研究，可参见姜瑞雯《明代优免制度研究》，博士学位论文，北京大学，2024。

4　《明太祖实录》卷 169，洪武十七年十二月己酉，第 2577 页。

5　《沧浯琐录》，转引自光绪《金门志》卷 3《赋税考·盐法》，周宪文、杨亮功等编《台湾文献史料丛刊》第 2 辑第 38 册，第 38 页。

二年（1427）、正统八年（1443）、景泰五年（1454）、正德十六年（1521）等年份都有优免盐丁杂泛差役的政令。[1]

灶户优免杂泛差役的规定传达到福建。万历《福建运司志》除记载洪武二十七年的政策，还记录景泰五年的规定。是年，兵科给事中奉行天下，"灶户之家除正役纳粮外，其余长解、隶兵、禁仓、库役一应杂泛差役并科派等项尽行优免"。[2]崇祯《闽书》也明确记载灶户免均徭之役，[3]称驿传只摊派给"民米"，"驿传之役，诸县通纽其县之民米，编充各驿马驴夫防，廪给之数各以粮米多寡，截排日子，依次应当，岁周复始，至十岁则再编"。[4]

除灶户有优免，为了保障军户为卫所供应军伍，国家对军户在州县方面的徭役也有所优免，具体政策在明初几经调整。大体趋势是：洪武初年因依赖军伍镇压地方动乱、维持地方统治，王朝国家重视军伍，对军户的优免力度大；而随着明王朝在地方统治秩序逐渐建立，国家对军伍的依赖程度下降，对军户的优免力度亦有所降低。具体而言，洪武四年（1371），"令各府县军户，以田三顷为率，税粮之外，悉免杂役，余田与民同役"，[5]然而，此规定实行不过三年就因为影响州县杂役佥派，而改为贴户田免百亩之内，正军全免差役。洪武十八年州县徭役佥派以户等为标准，军田免役法随之

1　万历《大明会典》卷34《课程三·盐法三·盐法通例·凡优处盐丁》，《续修四库全书》第789册，第603页下栏；《明宣宗实录》卷33，宣德二年十一月丙申，第843~844页；《明英宗实录》卷102，正统八年三月乙丑，第2059~2060页；《明英宗实录》卷106，正统八年七月乙亥，第2157~2158页；《明英宗实录》卷244，景泰五年八月丙子，第5314~5315页。

2　江大鲲等修《福建运司志》卷6《经制志·优免差役》，于浩辑《稀见明清经济史料丛刊》第1辑第28册，第133~134页。

3　崇祯《闽书》卷39《版籍志·赋役》，《四库全书存目丛书》史部第204册，第732页下栏~733页上栏。

4　崇祯《闽书》卷39《版籍志·赋役》，《四库全书存目丛书》史部第204册，第733页上栏。

5　万历《大明会典》卷20《户部七·户口·赋役·凡优免差役》，《续修四库全书》第789册，第344页上栏。

废除。洪武三十一年国家令各都司卫所在营军士，除正军并当房家小，其余尽数当差。至永乐八年（1410）令各处军卫有司军匠在京充役者，免家下杂泛差役。宣德四年，朝廷下令各军免户下一丁差役，若在营有余丁，亦免一丁差使。[1] 此后，军户优免政策大体遵循宣德四年的规定。

　　总之，洪武至宣德年间，由州县征发的徭役内容经过多次调整，最终确立了民户承担里甲正杂诸役，而灶户服里甲正役免杂役，留在原籍的军户除供应军役外与民户一体当差（除免一二丁杂役）等制度。换言之，灶户、军户因为需要承办灶役、军役等特殊之役，而在杂役上有所优免。相应的，民户不需要服灶役、军役，故在承办杂役上无优免。由此可知，朱元璋将灶役、军役、杂役都视为一种役，服此役则免彼役。此规定是出于保证各役都有专人承担，也可以说是徭役负担均平的一种体现。不过，不管是灶役、军役还是杂役，都有无法预算的成分，故各役并非均质，亦非均量，民间承应各役的负担、风险不一，服此免彼的规定难以真正实现均平。明代民间跨籍、多籍等赋役策略与此密切相关。

第三节　灶、军、民徭役风险及其比较

　　在明初实物财政和编户亲身应役的制度下，编户完成国家赋

---

[1] 于志嘉：《试论族谱中所见的明代军户》，《"中央研究院"历史语言研究所集刊》第 57 本第 4 分，1986 年 12 月。

役任务将面临极高的风险。王毓铨指出："朝廷赋役重，其重者如明之军户、灶户、民户中之库子、斗级、解户、驿夫户，一役即破人之家，荡人之产，当役的人户常是被迫逃亡。"[1] 军户、灶户及民户等役户都可能因为承担赋役任务而家破人亡，可见总体赋役风险之高。

在各类赋役风险中，赋税风险较高，但与户籍名色无关。明初，编户的赋税任务是缴纳夏税秋粮（米粮等各种各样的实物），不仅要按规定准备实物，还需要运到指定仓库，接受相关胥吏的秤掣。此过程中，存在无法按需准备实物，相关实物在运输过程中损耗、被抢劫等情况及超负荷的劳力、时间损耗，还有来自官员胥吏的剥削勒索等方面的风险。因夏税秋粮的征收客体是土地，且依据土地种类、肥瘠、面积定税率，与户籍名色无关，且都由州县征发，故民户、灶户和军户在缴纳夏税秋粮方面面临的风险一致。

与此不同的是，民户、灶户和军户需要承担的徭役种类不同，征发徭役的官吏也不同，故各役户徭役风险的具体表现不同。故明初影响民众户籍偏好的因素主要是赋役风险中的徭役风险，有鉴于此，本节仅分析明初民、灶、军各役户的徭役风险。

一　有"破家"风险的民户

在泉州盐场地区，民户的徭役任务是承担州县系统征发的里甲正杂诸役。明初编户亲身应役的徭役制度，与当时无预算、无计划的国家财政体制相结合，编户在州县承担徭役的风险极高。

关于州县征发各类徭役的制度、征发各类徭役可能的操作，以

1　《研究历史必须实事求是》，《王毓铨史论集》下册，第 697 页。

及编户承应各类徭役时出现的问题，梁方仲、刘志伟等学者已有详细的论述，本书不再赘述。总体而言，明初里甲正杂诸役有内容、征发期限不固定的特点，户等高低、徭役轻重都没有统一的标准，这给了官员、胥吏极大的操作空间。这些因素及官员和地方大户的共同操作，都导致明初编户承担州县里甲正杂诸役风险高。

其一，不管是里甲正役还是杂泛差役，内容都不固定，官吏按需增加内容。不仅如此，承应者被迫多承差、多支付财富的风险都极高。

明初，里甲正杂诸役包括里甲正役和杂役两种。制度规定里甲正役的内容是"催征钱粮，勾摄公事"，里甲正役之外的州县衙门运作所需的差役为杂泛差役。

即便是制度规定"催征钱粮，勾摄公事"的里甲正役，在实际运作上具体内容没有固定，这方便了官吏向其索取各种所需。又由于明初国家没有为地方政府的运作提供经费及人力、物力的支持，地方政府维持正常运作及完成国家指定统治地方任务所需的资源都向地方摊派。向当值时到官府"应卯听差"[1]的里长和甲首摊派最为容易，由此当值里长和甲首需要为官府、胥吏提供的人力、物力越来越多，里甲正役的内容逐渐增多。[2]

具体而言，除"催征钱粮，勾摄公事"外，里甲正役还需要为地方性的行政或公共事务提供人力和经费开支，包括"州县官员的办公以至生活用品，从纸札笔墨到油烛柴炭米蔬；由官员主持的各种仪式，从桃符门神到各类祭祀以至举办乡饮酒礼；科举的开销；招待上司和过往官员，请客送礼的费用；社会救济事业的费用；等

1　刘志伟：《在国家与社会之间：明清广东地区里甲赋役制度与乡村社会》，第67页。

2　刘志伟：《在国家与社会之间：明清广东地区里甲赋役制度与乡村社会》，第66页。

等。此外还有因时因人而异的种种名目的费用，甚至官员私人事务的开销，不可尽数"。[1]

除了州县，地方其他衙门的需求也常摊给里甲，"自明代开国后不久，各处大小各衙门及其附属单位如仓、库等等，都纷纷伸出手来向里甲方面索取人财物力的支应。里甲的负担早已超出于催征钱粮和勾摄公事的力役范围以外了"。[2]

地方政府在收支上无预算、无计划，遇事按需要求里甲正役承担，因此，当值里长和甲首需要做什么事、支付多少的财富，难以预计，前一轮的经验也难以为后一轮所借鉴。因为即便都当值一年，遇到的事情不一样，里长和甲首需要做的事情就不同。如当值期间遇到地方水灾、火灾、饥荒等事，里长和甲首需要为维持地方秩序支付许多；若当值期间地方官员出差，地方一切正常，则需要支付的东西就少。[3]这种不确定性导致人们难以为完成任务而做好充分的准备。

杂泛差役内容亦不固定。据嘉靖《惠安县志》载，"泛役"包括应差镇守府长夫、市舶府殷实、布政司直堂隶兵、兵备道隶兵、泉州府隶兵、福州府皂隶、司狱司狱卒、税课司巡拦、广平仓斗级、泉州府儒学斋夫、泉州府儒学膳夫、惠安县祗候、惠安县马夫、惠安县隶兵、惠安县架阁库子、惠安县禁子、惠安县直堂门子、惠安县预备仓斗级、惠安县儒学斋夫、惠安县儒学膳夫、福宁道门子、崇武仓斗级、锦田驿馆夫、山川社稷邑厉坛夫、铺司、铺兵。[4]其中福州府皂隶为"借拨"。可见，普通编户不仅要负责供应本地及邻

1　刘志伟：《在国家与社会之间：明清广东地区里甲赋役制度与乡村社会》，第 99~100 页。

2　梁方仲：《论明代里甲法和均徭法的关系》，《明代赋役制度》，第 470 页。

3　刘志伟、孙歌：《在历史中寻找中国：关于区域史研究认识论的对话》，第 58~59 页。

4　嘉靖《惠安县志》卷 7《职役》，第 13 页 b~15 页 a。

近的其他衙门（如市舶司）的差役需求，还要承应他地的借调差役需求。

民户各类差役中，部分差役的风险极高。时人言当粮长有"破家"风险，"家有千金之产，当粮长一年，有即为乞丐者矣；家有壮丁十余，当粮长一年，有即为绝户者矣。以致民避粮长之役，过于谪戍，官府无如之何！或有每岁一换之例，或为数十家朋当之条。但破一家，数岁则沿乡无不破家矣"。[1] 万历《新修南昌府志》亦载"收解之役，名为粮长……一充此役，鲜不破家，此皆民间至苦极累事也"。[2] 驿传风险亦极高，"旧驿递设夫头若干人，凡夫头一人，编米七十石或八十石，视驿繁简计粮朋编，十年而更。及廪给库子，皆身执役事，供亿繁浩。无论符验有无，诛索无艺，倾荡生产，十人八九"。[3]

其二，被摊派超负荷徭役的风险极高。

杂泛差役不仅内容不固定，而且佥派并无一定的规制（均徭法推行之前）。不但佥派差役的名目数额没有一定的标准，而且没有轮役的规则，只由官吏、里书随时佥派。正如当时广东的著名学者邱濬在《大学衍义补》中所说："其大小杂泛差役，各照所分之等，不拘一定之制，遇事而用，事已即休。"杂泛差役采用的这种"临期量力差遣"的办法，虽然原则上是按照里甲人户的丁粮多寡佥派，但佥役的权力在胥吏里长之手，并没有有效的制度作为保障，按照户等佥派的原则当然只能是一纸空文。[4]

虽然制度上规定徭役的编佥以户等高低为据，户等高的人承担重役，户等低的人承担轻役，但是在徭役摊派过程中，地方大户常与官员勾结，"差贫放富"，让穷人承担原本应该由富人承担的重役，

---

[1]　张萱：《西园闻见录》卷 32《赋役前》，哈佛燕京学社，1940，第 7 页 a。

[2]　刘光济：《差役疏》，万历《新修南昌府志》卷 25《艺文》，第 23 页 b。

[3]　万历《顺德县志》卷 3《赋役志》，第 31 页 b~32 页 a。

[4]　刘志伟：《在国家与社会之间：明清广东地区里甲赋役制度与乡村社会》，第 68~69 页。

这些重役可能超过穷人的承担能力。梁方仲指出"至役之轻重，则纯视户则的高下而定，户则的高下虽说以财产为根据，但编派某户为某则之权，则完全操之于官吏里胥辈手中。各人户间的负担公平与否，彼此谁都不甚相知。故自易于作弊"。[1] 在徭役摊派过程中，地方大户常与官员勾结，"差贫放富"，让贫民下户承担原本应该由上户承担的重役，此外，"加上将田地飞洒诡寄，户则移动上下，其结果重粮重差，尽归下户；富户反出轻赋轻差，甚至逍遥赋役之外"。[2]

其三，赋役制度模糊不清，官员、胥吏和职役人员随意摊派，甚至为满足个人私欲而进行剥削勒索的空间极大，承役者承担满足官吏私人欲望的徭役的风险极高。

由于各役没有固定的内容，征发无固定期限，因此官员、胥吏、职役等差役派差人员很容易寻找各种合理的理由，如地方政府运作所需增加、既有收入"不敷应用"等，来增加赋役征发，而实际上则是为了满足各级官吏的挥霍和无止境的贪欲。[3]

总之，制度的不明晰导致民众承应里甲正杂诸役需要做的事情不固定，官府胥吏将各种事情都交由里甲完成，里甲需要做的事情越来越多，需要支付的财富也越来越多。而不管是需要完成的事情的不确定性，还是官吏的各种需求，压力都下压到里甲身上，导致里甲正杂诸役风险高。

二　有"疲于奔命"风险的灶户

明初，灶户既服灶役，又在州县承担里甲正役。徭役风险包括

1　梁方仲：《一条鞭法》，《明代赋役制度》，第 20 页。

2　梁方仲：《明代一条鞭法的争论》，《明代赋役制度》，第 69~70 页。

3　刘志伟：《在国家与社会之间：明清广东地区里甲赋役制度与乡村社会》，第 130 页。

承担灶役的风险，也包括承担州县差役的风险。总体徭役风险并不低
于民户，有"盐籍里甲悉赴有司听勾摄，疲于奔命"的记载。[1]

其一，灶户与民户一样在州县承担里甲徭役，其徭役风险与民
户同。

洪武十七年之前，灶户和民户一样承担州县里甲正杂诸役，其
承应州县方面赋役的负担和风险与民户一致。

洪武十七年，因灶户赋役风险太高，国家为保证灶户制盐纳
课，而推行灶户优免州县里甲杂役，而不免里甲正役的制度。换言
之，洪武十七年之后，从制度上看，灶户仅在州县承担里甲正役，
而不承担杂役。

从灶户承担灶役故免杂役、民户不承担灶役故杂役不可免的逻
辑看，洪武年间的统治者将灶役视为与杂役等同负担的一种役。本
书将民户需要承应而灶户优免的州县杂役称为"民差"。国家规定
灶户优免的目的是确保其有足够的能力和时间制盐纳课，也是均平
民灶赋役负担思想的一种体现。然而，灶役和民差内容不同，应役
方式不一，难以等同，在实际运作中无法真正实现均平。

另外，从制度上看，洪武十七年之后灶户免杂役，因而无承
担杂役风险，而实际上由于灶户和民户等一同被编入里甲，向州县
承担里甲正役，因此州县官吏常常无视制度规定，向灶户摊派各种
杂役。据载，永乐年间同安县"盐籍里甲悉赴有司听勾摄，疲于奔
命"。此后，浯州场灶户还被编入均徭，"景泰以后，一例盐课折纳
本色，有司又编入均徭"。[2]

---

1 《沧浯琐录》，转引自光绪《金门志》卷3《赋税考·盐法》，周宪文、杨亮功等编《台湾文
  献史料丛刊》第2辑第38册，第38页。
2 《沧浯琐录》，转引自光绪《金门志》卷3《赋税考·盐法》，周宪文、杨亮功等编《台湾文
  献史料丛刊》第2辑第38册，第38页。

其二，承担灶役的风险。

灶户承担灶役亦有风险，不管是办纳盐课还是充当盐场职役都有风险。

灶户的首要任务是办纳盐课，其风险相对小。与州县征发徭役无计划、不可预测不同，明代国家向各盐区及各盐场征调盐课是有计划、可做预算的。泉州各盐场应征盐课额早在洪武初年就已确定，且盐课额的确定以元末为依据，而低于泉州食盐生产水平，亦即盐课任务没有超出地方生产能力，泉州地方不需要为完纳盐课而增加盐业资源投入。不仅各场盐课额固定，灶户各户应纳盐课额确定，应纳盐课额按丁粮摊派，而且有明确的摊派科则，各灶户可根据本户丁粮情况提前计算出应纳盐课额，为完纳盐课做好准备。在相对宽松的盐场管理环境及以市场为导向的食盐产销秩序下，泉州灶户完纳盐课的方法灵活多样。他们或自己生产食盐，将部分劳动产品作为盐课缴纳官府，或不制盐而通过交易等方式获得食盐以纳课。

获取食盐的途径越多，灶户在生计和完纳盐课方式上的选择空间就越大。灶户可以选择更符合自身条件或自己更青睐的生计方式，而不一定投身制盐业。而且灶户可以选择更为优惠的方式获得食盐，进而减少完纳盐课的人力、物力、财力和时间支出，降低完纳盐课过程中可能遇到无盐、盐额不足乃至食盐消融等不确定性的概率。

与编户完纳夏税秋粮时需要将所规定的米粮等赋税物品运送到指定官仓一样，灶户也需要将作为盐课的食盐输纳盐场官仓。早在元代，福建各场就建有官仓，至明初，泉州各场官仓往往设在盐埕边上，一个盐埕配有一个至三个盐仓，因此，制盐灶户在盐埕上晒盐，将成品盐堆积在盐埕附近，在官府指定的时间将应纳食盐运到位于盐埕边上的盐仓上缴，则可完成办纳盐课的任务。不产盐灶户可在应纳盐仓周边的盐埕购盐，并将所购食盐运到盐仓缴纳。简言之，灶户完纳盐课有运输之役，不过将食盐从盐埕运到盐仓距离近，成本低，运输途中遇到雨水销蚀、盗匪抢劫等天灾人祸的风险低。

　　充当总催等盐场职役与充当里长、甲首等职役的风险主要有两种。

　　一是催征盐课的风险。当灶户没有按时缴纳足额盐课时，总催等有设法催征以补足盐课之风险；当灶户所纳食盐成色不好、掺和泥沙明显而被上级抓获时，总催等有被责罚之风险；当贮存在官仓的盐课遇水消融时，总催等有赔偿之累；等等。明初，部分灶户就因为充当总催而损失资产。属浔美场灶户蔡龚坤户的龚用植在永乐十三年（1415）时就因"总催事资产稍倾"。[1] 不过，由大户充当的总催往往设法规避风险，或设法将风险转移给普通灶户。

　　二是被场大使等盐政官员抓差，并承担其行政、接待等费用的风险。徐泓指出"凡盐司官吏或过往公差牌票下场，或场官相识的其他官员经过时，一切迎送之费，及该场官吏、在官人役等费，也由总催、头目轮月接替支应"。[2] 不过，盐政官员专管盐政事务，所涉及的项目较民户少，剥削勒索灶户的由头也相对少。

　　还应指出，明初灶户缴纳盐课是有偿的。国家征收盐课的同时，向灶户发放工本钞作为补偿。洪武初年，福建工本钞"每引上色者七百文，下色者六百文"。洪武十七年，户部尚书栗恕奏准福建工本钞每引钞二贯。[3] 灶户可以利用工本钞换取生活必需品。然而，

1　一善斋编修《西偏西房龚氏家乘·世系支图·第六世·用植》。

2　徐泓：《明代前期的食盐生产组织》，《台大文史哲学报》第 24 期，1975 年 10 月。

3　《明太祖实录》卷 159，洪武十七年正月辛亥，第 2458 页。

洪武中后期明廷临时性支钞大幅度增加，市场上物重钞轻，尤以两浙、福建、广东、江西等地为重。[1] 而工本钞发放则例没有相应提高，灶户所得补偿迅速贬值。

总之，明初灶户完成徭役任务，存在与民户在州县承差一样的风险，此外，还有承担灶役所带来的独特风险，如无法获取足额盐课，难以完成任务的风险；以食盐形式存在的盐课在贮存、运输过程中遇水消蚀的风险；盐课在缴纳过程中被总催、秤子等职役克扣的风险；充当盐场职役有因催征不力、普通灶户无法完纳盐课带来连带责任的风险；等等。因此，明初灶户总体徭役风险不比民户低，甚至高于民户。

三　有"充一军，祸三族"风险的军户

军户的徭役任务包括向州县提供里甲正杂诸役和承担军役两部分。向州县提供里甲正杂诸役的风险与民户同，而服军役的风险是各种风险中最高的。

一般认为，明初军户完成国家徭役任务面临极大的风险，不过，军户也分近戍军户和远戍军户，其承役风险高低不同。泉州盐场地区洪武九年被垛籍的军户往往需要到云南、湖广等距离远的卫所充当营军，这些军户又多在洪武二十年时被抽籍为沿海卫所军户，面临双重军役风险，故而地方上流传着"勾一军，害百口；充一军，祸三族"的谚语。[2]

国家编佥军户的目的是提供军士。军役包括派成丁到指定的卫

1　参见邱永志《"白银时代"的落地：明代货币白银化与银钱并行格局的形成》，社会科学文献出版社，2018，第115页。

2　叶春及：《惠安政书》卷1《图籍问》，第14页。

所当兵和留在原籍者为到卫所当兵者提供补丁、帮贴等内容。一般认为，明代军役重，人们不乐意为军。实际上，明代军役负担、风险不可一概而论。影响军役负担和风险的因素很多，包括卫所军官的素质、原籍家乡与服役卫所的距离及从原籍家乡到服役卫所沿途之地形地势、气候等。其中，原籍家乡与服役卫所的距离是影响军役负担、风险的最为主要的因素。距离远近不同，负担和风险高低有别。

军户须派遣成丁到指定的卫所当兵。服役卫所由王朝国家根据军役需求指定，其与原乡之间的距离有远有近。原籍在泉州盐场地区的军户就分散在多个卫所服役，有距离泉州数千里远者，亦有在泉州本地者。其中，洪武九年垛集为军者主要前往南京、湖广、云南等地的卫所充当营军，而洪武二十年被抽籍者在福建沿海卫所承担军役。为了方便分析，本书以服役卫所与原籍家乡之间的距离为标准，将军户分为远戍军户和近戍军户。[1]远、近本是一对相对的概念，划分标准因人而异，难以统一。出于分析的需要，也鉴于明代普通百姓的活动范围小，本书的“近”指本省范围内的，超出本省范围的属于“远”。就泉州而言，洪武九年垛集的为远戍军户，洪武二十年抽籍的为近戍军户。当然，远戍军户中原籍与卫所之间的距离也有非常大的区别，而且随着卫所“互徙”、寄操等政策推行，远戍和近戍可能转换。本书远戍军户与近戍军户的划分没有掩盖这些事实。服役卫所与原籍家乡距离远近是影响军役负担、风险及人们对军役态度的重要因素。

1　南京兵部侍郎王世贞（1526~1590）就使用“远戍”一词，他指出“天下之卫所卒不充，而民日以朘者”，“大抵所甚困而无益者莫过于远戍，远戍之困十四在军，而十六在民”。见王世贞《议处清军事宜以实营伍以苏民困疏》，陈子龙等选辑《明经世文编》卷332《王弇州文集·疏》，中华书局，1962，第3543页上栏。

首先，普通百姓从心理上就比较难以接受远戍。

远戍者需要面对脱离自己熟悉的家乡、亲友的现实，而置身于完全陌生的环境中。相反的，近戍或不需要脱离原乡社会而容易被接受，或虽脱离原乡社会却因距离近、社会习俗相近而容易被接受。洪武年间，在本地卫所服役的军士经常跑回家，横行于地方，出现"土人为军，反为乡里之害"的现象。为解决此问题，洪武二十七年皇帝"诏互徙之"。朱元璋的本意是闽浙互调，但在实际操作中只在本省内部就近互调。如漳州府镇海卫及其下属铜山所与兴化府之平海卫和莆禧所对调，[1]福州地区的驻军调往金门所。[2]泉州盐场地区的卫所军户与漳州、兴化等府卫所互调，如永宁卫驻军调往兴化卫，[3]惠安崇武千户所与漳州府镇海卫下属之玄钟千户所对调。[4]互调后军户服役卫所与原籍家乡距离仍相对较近，所需预备军装盘缠仍较少。且因为是整体性的大规模迁徙，所以基本上保持了原先的军卫系统，而卫所中军士的原籍观念、语言风尚也得以保持。[5]

其次，从客观上看，远戍不管是对到卫所去服役的成丁，还是对留在原籍的军户成员来说，都存在负担重、风险大等问题。

对远戍者而言，距离远则佥解路途远，在佥解路上遇到天灾人祸的风险就大。距离远，服役卫所与原乡的水土、气候往往差别较大，士兵到卫所以后遇到水土不服的问题时，难以得到亲人的支持；被官军剥削勒索、被其他士兵欺负的风险也较大。兵部尚书杨士奇

1　杨培娜：《生计与制度：明清闽粤滨海社会秩序》，第 49 页。

2　宋怡明：《被统治的艺术：中华帝国晚期的日常政治》，第 51 页。

3　《洪步林氏世系参考》谱系记载"安公洪武二十年充永宁卫，二十七（年）调兴化卫"，转引自宋怡明《被统治的艺术：中华帝国晚期的日常政治》，第 239 页。

4　杨培娜：《生计与制度：明清闽粤滨海社会秩序》，第 49 页。

5　杨培娜：《生计与制度：明清闽粤滨海社会秩序》，第 52 页。

（1366~1444）曾指出让陕西、山西、山东、河南、北直隶等北方人到"南方极边"服军役，让两广、四川、贵州、云南、江西、福建、湖广、浙江、南直隶等南方人到"北方极边"服军役，"彼此不服水土，南方之人死于寒冻，北方之人死于瘴疠，且其卫所去本乡或万里或七八千里，路远艰难，盘缠不得接济，在途逃死者多，到卫者少"。[1]南京兵部侍郎王世贞亦云："孱弱之人往往不达戍所就毙道路，即幸而达戍所，而衣食鲜继，水土未服，不窘而鳏，则老而独。"[2]故人们不愿意远戍，"臣（王世贞——引者注）每见清军之牒一下，其在穷边远裔户弱丁单者，一遇勾摄，即就拘拿沿门乞哀，搏颡求助，若族丁稍众者，即不以正户应役，或胁委孱弱，或购推黠壮"。[3]

对留在原籍的军户成员而言，他们承应军役的负担、风险亦受距离影响。原籍军户的军役责任是为前往卫所当兵者提供补丁和相关费用。提供补丁是指该军户在卫所承役的成丁逃亡、老疾时，留在原籍的军户成员须派遣成丁前往卫所替补。与提供补丁制相配合的是清勾制度（即勾军制度）。当某军户无成丁在卫所承役时，相关官吏被派遣前往军户原籍，从原籍军户中勾取继丁补役。如为远戍，前往卫所服役的成丁在金解路上及到卫所后逃亡、生病而无法服役的概率都比较大，留在原籍的军户成员需要继续提供补丁的概率也随之提高。而近戍则此类风险出现的可能性较低。勾军制度使

1　杨士奇：《论勾补南北边军疏》，陈子龙等选辑《明经世文编》卷15《杨文贞公文集·疏》，第109页上栏。

2　王世贞：《议处清军事宜以实营伍以苏民困疏》，陈子龙等选辑《明经世文编》卷332《王弇州文集·疏》，第3543页上栏。

3　王世贞：《议处清军事宜以实营伍以苏民困疏》，陈子龙等选辑《明经世文编》卷332《王弇州文集·疏》，第3543页上栏。

军户成丁都有可能被迫充军，人们惧之，甚至因此逃亡，与军户划清界限。

除提供补丁，留在原籍的军户成员还需要为到卫所服役的军士提供相关经费。这些经费在军政条例中称"军装盘缠"，包括户丁往返卫所与原籍之间所需的费用，以及到卫所承役者的成家费（若其尚未成家）、到卫所后的安家费和生活费，等等。军装盘缠没有定额，所需款项及具体数额由军户内部协商，其中原籍家乡与服役卫所距离远近是重要影响因素。由原籍佥解户丁，赴卫所补伍沿途所需路费，以军户自备为原则，官府有时会对超过相当距离者提供若干补助。起解军丁时所预备的军装数额，视卫所与原籍家乡之间的距离远近而有相当差异。[1]一般而言，承役卫所与原籍家乡距离远，则军装盘缠多；原籍家乡与卫所距离近，所需军装盘缠少，故远戍影响着家庭或家族的发展，时人有"一军出则一家敝，一伍出则一里敝"的记载。[2]从上文中可以看出明初灶、军、民各役负担、风险的大体差别。明初，民户承应州县正杂诸役，负担因各役内容增加及官吏勒索而加重，风险则因州县财政无计划、无预算而极高。

就泉州而言，上文已经指出洪武九年在泉州盐场地区垛集的军户服军役的卫所往往在云南、湖广等距福建较远的地方，属于远戍。而洪武二十年抽籍的军户服役地点往往在盐场附近卫所，属于近戍。不过，洪武二十七年，国家要求沿海卫所互调，但往往也在福建省境内，距离相对较近。除了单军户者，洪武九年被垛集的军

---

1 于志嘉：《试论族谱中所见的明代军户》，《"中央研究院" 历史语言研究所集刊》第 57 本第 4 分，1986 年 12 月。

2 汪道昆：《辽东善后事宜疏》，陈子龙等选辑《明经世文编》卷 337《汪司马太函集·疏》，第 3616 页下栏。

户很多在洪武二十年被抽籍，出现军户的重籍现象，既要远戍又要近戍，其徭役风险之高可想而知。

四　不可承受之重的双重徭役风险

考察明初泉州盐场人群的实际徭役风险还不能仅看单籍情况，因为明初泉州盐场地区除部分人登记一种户籍，还有许多人被迫登记军－民、军－军、军－灶等双重户籍，徭役风险需要同时考虑双重户籍。亲身应役及各役形式的不同，使明初各役户承役负担和风险难以精准衡量，也使双重户籍者的承役负担、风险较单籍者大大提高。

虽然官府重复登记户籍时，对双籍相关徭役进行了安排，但是双重户籍者完成徭役任务之风险远较单一户籍者高。垛集、抽籍已登记户籍者为军时，官府可能优免原籍一丁，但被垛抽者仍属二籍。其中，同时拥有民－军二籍者，须服民户、军户对应的户役，既要作为民户承担州县里甲正杂诸役，又要作为军户服军役。灶－军二籍者既承担灶户之灶役、里甲正役，又服军役。军－军二籍者则需要同时派遣两个成丁到不同的卫所充军，在原籍者与民一体当差。其他双籍者亦如此，不仅应承徭役项目多，而且需要亲身到各衙门应卯听差，容易受到各衙门的剥削勒索。故双重户籍者的徭役风险非单一户籍者的两倍所能衡量，承役者家破人亡的可能性很大。

被谪发为"永远"充军者，若原属匠籍、灶籍、军籍，虽然被谪发时官府在黄册内开注被谪发的本房人丁承担军役，但是原籍不变且不分户。此后遇到清勾时，原则上是先在本房人丁勾取，但是如果本房无成丁，虽由其他房承担，也会被清勾。另外，既然没有分户，那么原籍匠、灶、军都有承担军需盘缠的义务。若被谪发者原属民籍，虽规定等造黄册时，将充军人犯本房丁从原籍中独立出来，另立军户，但是如果该房无人丁，原籍其他房仍有被勾军的风险。谪发"永远"充军者亦大体与垛抽为军者一样，需要承担两种徭役，风险极大，家破人亡的可能性大。因此，人们不愿意拥有双重户籍身份，或设法摆脱两个户籍，或千方百计脱离承役风险大的军籍。

军役风险大，双重户籍者往往在军籍之外还有另一个户籍，徭役风险更大。

在明初亲身应役的制度下，不管是州县各种徭役佥点，还是盐课司征收本色盐课，或是卫所勾军，都直接指向人，只要有人来承担就好，只要能抓到人承担就好，当人们到衙门应卯听差，就容易被摊派各种额外的差役，需要额外做很多事、支付很多财富。单一户籍者中，民户只要向州县系统负责，只到州县衙门听差，只受到一个衙门的剥削勒索，军户和灶户都要向两个衙门承担差役，受到卫所和州县或盐课司和州县等两套衙门的剥削勒索，需要承担来自两个衙门的额外负担。双重户籍者都要受到两个甚至三个衙门的剥削勒索。

明初泉州盐场地区还在多轨管理之下，不管是州县获取徭役，还是盐课司征收本色盐课，或是卫所勾军，都是由编户亲身应役。这些徭役的获取建立在官府对相应编户的人身控制基础上。当控制的编户减少，所需徭役的承应主体减少，强制其他编户承担相关徭役往往是各机构采取的解决措施之一。州县除强迫民户当差，也可能强迫灶户、军户当差。盐课司除让灶户制盐，也可能让民户、军户制盐。军户勾军则可能勾取民户、灶户充军。因此在多轨管理地区，民间承担其他徭役的可能性也大。

多轨管理地区双重户籍者承役风险的增加是无法衡量的，不是单籍的两倍，很多时候可能就是"压死骆驼的最后一根稻草"。所以，明初泉州盐场人群设法避开高徭役风险的户籍，选择低徭役风险的户籍，摆脱多重的徭役风险。

小　结

综上所述，明初州县、盐政、军政、户籍赋役等各种制度在盐场地区的落实和调整，共同建构了泉州盐场地区复杂的管理秩序。作为明王朝统治地方的最为基本的管理机构，州县一直在泉州盐场地区发挥管理作用，承担财政征发责任。盐课司则随着国家盐政管理体制调整而建设，并成为户部垂直管理食盐生产、盐课征收的重要单位。而不管是盐场地方卫所的建立，还是盐场人群被抽垛谪发为军，军政都影响着盐场人群的生活。州县、盐政、军政及户籍赋役制度这种内在互嵌性，以及这些制度共同在盐场地区推行，管理对象和赋役征发客体互相交叉叠加，都使盐场地区的管理秩序虽自上而下看有三条互相独立的轨道，但自下而上看则往往是民间同时应对两条、三条轨道，各轨道关系错综复杂。大体而言，明王朝在泉州盐场地区建构的统治秩序有以下两个特点。

其一，盐场地区在管理体制上多轨并行，财政征发方面则具有分散性。泉州盐场地区同时在盐课司和州县的管辖下，盐课司和州县就管理盐场职责上的分工因时而异。不过即便是洪武二十五年之后户部垂直管理盐场，盐民两套管理机构分别征发徭役资源，虽然各自形成互相独立的赋役征发组织，盐课司通过仓－埕－甲组织催征盐课，而州县则利用里甲组织征调赋役，但是州县仍有向灶户征发赋役、统治灶户及管理盐场地方的责任。简言之，州县和盐课司都有管理盐场地方、灶户的权力，也都向灶户征收赋税。从财政角度看，国家向盐场地区征发的财政资源分别由州县、盐课司两套机构负责，而非由其中一个机构完全负责。

其二，州县与盐课司在灶户管理、赋役征发上互嵌。盐课司、州县管辖对象及赋役征调客体的重叠性，使二者对盐场的管理具有互嵌性，不管哪个机构的赋役制度改变，都可能影响灶户的赋役负担、风险及生计，进而影响另一机构的赋役获取。

在盐场垂直管理体制下，盐场和州县在实际运作中互相牵扯，这与明代的赋役制度规定有关，由盐场地方户籍登记实况决定。

在明王朝的制度设计中，作为国家统治地方最为主要一环的县官，掌握一县范围内的所有编户齐民及其相关丁产信息，向所有编户齐民征发徭役，负责地方安全。因此，黄册登记了州县境内所有编户相关信息。州县除统辖民户，还管理灶户、军户等其他本县户籍人群，除向民户征发赋役，还向民户、军户等其他户籍人群征发徭役，只是有所优免。这就使州县管理的人群和征发赋役客体或与盐场的重叠，或与卫所的重叠。换言之，州县、盐场两机构管辖对象、赋役征发客体在灶户丁产上叠加。而明初泉州盐场地区户籍登记状况使这种重叠性加剧。军－灶等双重户籍的普遍出现使盐场、卫所和州县管辖对象、财政资源征发主客体更为普遍地互相叠加。

州县、盐场征发徭役资源来自丁产，然而，丁产是稀缺资源，在特定时段内官府能掌握到的有效丁产更有限。换言之，盐课司、州县都需要面临从有限丁产资源中获取财政资源的问题。当所需徭役发生变化，或官府掌握的丁产信息变化，相关官府就不得不改变徭役征发规则或具体操作。而这些改变可能因为涉及另一机构的徭役征发对象，而影响另一机构的赋役征发及治理。不管是盐课司还是州县，向灶户征收赋役都直接影响到灶户的负担，进而左右他们承担另一机构赋役的能力。州县与盐场制度改革都可能改变灶户生计、生存状况，乃至认知结构，进而左右另一机构的治理。[1]明初，为了获取更多军役，国家让已经承担灶、军、民各役的丁产服军役，导致盐场地方出现双重户籍，双重户籍者因役重而逃亡、转嫁户役等，进而影响各机构的徭役征发。

在多轨管理架构下，盐场人群自明初以降就往往需要同时应对来自州县、盐课司甚至是卫所的管控，在赋役、盐政、军政等多重制度规范下，向各机构承办相应徭役，又都同时向州县负责。因而，明初以降他们就需要与各管理体系，与户籍赋役、盐政、军政等制度接触。刘志伟指出，在明代，代表民间基层社会与官府打交道的人，一般是以"排年""里老"的名义出面。[2]换言之，一般是基础赋税组织的职役。在泉州盐场地区，除里甲组织有职役，盐场灶户组织也有职役，这些职役也方便与运司系统打交道。

盐场人群在多套机构的共同管辖下，受到多重的管制，但也拥有更多的与国家互动的途径，日常生活与制度的关系也更为复杂和灵活。虽然配户当差制在一定程度上考虑了赋役的均衡性，但明初财政无预算，且是劳役制，各色户役的轻重还与军政、民政、盐政制度有关，各种制度的变革都会影响各色户役的轻重。泉州盐场人群同时接触到各种制度，很容易了解各种名色户籍赋役的轻重，并

1　徐靖捷：《盐场与州县——明代中后期泰州灶户的赋役管理》，《历史人类学学刊》（香港）第10卷第2期，2012年10月；叶锦花：《明代盐场制度变革与州县赋役调整——以福建同安县为中心》，《社会科学辑刊》2015年第5期。

2　刘志伟：《在国家与社会之间：明清广东地区里甲赋役制度与乡村社会》，第44页。

在不同的规章制度之间套利，分别利用或同时利用各机构实现自身目的。比如，改民户为灶户，或改灶户为民户，将民户户下土地诡寄于灶户，或将灶户户下田地卖给民户等行为都将同时影响盐场和州县。也正因为如此，明代制度禁止民间随便变更户籍，差役户具有世袭性。虽然制度禁止，但民间变更户籍的做法从来没有停止过，这就使盐场和州县的赋役存在相互关系。

盐场地区多轨管理体制不仅给予民间更灵活的规避赋役的途径，而且也是明初以降朝廷难以整体改革地方财政的原因所在。州县和盐场分别向朝廷负责，朝廷亦分别考核之，这就使不管是州县还是盐场，在考虑一些与地方户籍赋役相关的问题时，只考虑自身的赋役责任，从自身利益出发提出以及支持或反对对方提出的策略。这点在明中期州县和盐场双方关于福建地方灶户能否购买民田、购买民田后能否更改该民田所负赋役项目上，体现得非常明显，下文将详细分析。

第三章　明初民众规避徭役风险的策略

　　洪武二十五年（1392）之前，新的统治秩序尚在确立中，政令频繁变更，不管是盐场地方的管理体制、户籍登记，还是灶、军等役户优免政策，都几经调整。普通民众需要不断地自行调整，以适应新的政治格局、频繁变更的政令及变动的社会身份，双重户籍者需要同时应付州县、卫所与盐场等多个机构的随时派差。而地方各官府，不管是布政司系统还是盐运司系统，为满足朝廷及自身需要，都可能采取不顾及均平乃至社会稳定的临时措施，强制百姓提供人力、物力和财力。上述因素容易让人们失去信心，不知自己能在国家赋役体制下生存多久。疲于应付或无法适应者被迫逃离户籍体系，致使官府能够掌握到的户数、丁产数迅速减少。

大概用了二十年，明王朝终于完成了在泉州盐场地区的管理体制建设、户籍登记，也出台了灶户、军户赋役优免政策。然而，不管是民户还是灶户、军户，总体徭役风险都很高。故即便在洪武二十五年以后，各色役户仍有逃亡，洪武、永乐、宣德年间国家多次专门下达政令处理逃户问题。[1] 拥有户籍身份虽然有赋役责任，有家破人亡的赋役风险，但也有好处，如能合法占有土地、参加科举等。[2] 因此，在部分编户逃离户籍体系的同时，还有部分人选择留在户籍体系内。就泉州盐场地区而言，州县、盐场和卫所等机构并存，各机构都需要相应编户承担赋役任务，且州县和盐场都依赖地方大户催征徭役，不管是官府还是地方大户，都难以容忍无籍者的存在，脱离户籍者难以在本地生存，需逃往深山老林等其他地方谋生。故留在泉州盐场地区的绝大多数人登记了户籍，留在户籍系统内。

留在户籍系统内的人不乏完全遵守制度规定、根据官吏要求纳粮当差的，但更多的是设法管控赋役风险，为家族谋求更大的生存空间。鉴于成为国之良民具有可替代性——只要登记了户籍且承应规定的赋役任务，不管是民户、军户还是灶户，都是国家之良民——而各役户面临的徭役风险高低不同，故规避高徭役风险，接受低徭役风险，或用低徭役风险替代高徭役风险，成为明初泉州盐场人群管控徭役风险的主要办法。规避高徭役风险的办法包括重新登记户籍、顶户及析户等。

1　正德《大明会典》卷21《户部六·户口二·逃户并附籍》，日本公文书馆内阁文库藏，第1页 a~5 页 b。

2　刘志伟：《在国家与社会之间：明清广东地区里甲赋役制度与乡村社会》，第7页。

第一节　重新登记户籍:"捏作无籍" 再入籍

想换户籍,想摆脱军籍,能否直接到官府更改黄册登记? 除非位高权重,且有合理的理由。如原浯州场灶户、青屿人、司礼监太监张敏在成化二年(1466)至十五年削去家族在南京的五个军籍——其兄张太常在南京横海卫的军役、兄张太翊在南京武德卫的军役、叔张益昭在南京横海卫的军役、叔张益弘在南京和阳卫的军役、叔张益赞在南京应天卫的军役。张敏声称这些军役都因诬陷而起,如张太常"正统间,与民陈宣告争田土,一概枉问,发南京横海卫充军"。[1] 嘉靖十一年(1532)礼部尚书夏言"疏乞除其家府军左卫军籍",获批允,"以见应役丁笃疾,京卫及江西俱无次丁故也"。[2]

普通民众则难以通过官府削去军籍,更难以通过官府改军为民,因为摆脱军籍、改军为民等行为属"诈冒脱免、避重就轻"之举,不仅自身受罚,官府若批准也要受罚。

那么,已经登记了户籍的人怎样可以重新登记户籍呢? 明初民众常用的办法是"捏作无籍" 再入籍,即设法摆脱原籍,再以无籍身份登记户籍。从程序上看,该法包括"捏作无籍" 和入籍两道程序。"捏作无籍" 即为逃避赋役而摆脱户籍。这类人在明代文献中被称为"逃户",《明史》载:"其人户逃避徭役者,曰逃户。"[3]

1　张敏:《御马监太监臣张敏谨题为乞恩事(一)》,张荣强等修《金门青屿社张氏重恩堂集及族系谱图等专辑·重恩堂部分·疏》,1991,金门县宗族文化研究协会藏,第70~71页。

2　《明世宗实录》卷143,嘉靖十一年十月甲午,第3336页。

3　张廷玉等:《明史》卷77《志第五十三·食货一·户口》,第1878页。

　　"捏作无籍"变成"逃户"，能否入籍？洪武年间，国家对逃户采取严厉的措施，要求将逃户全部勾取回原籍。《诸司职掌》载："若有逃移者，所在有司必须穷究所逃去处，移文勾取，赴官依律问罪，仍令复业。"[1] 洪武二十三年，"令监生同各府州县官，拘集各里甲人等，审知逃户，该县移文差亲邻里甲于各处起取其各里甲下，或有他郡流移者，即时送县，官给行粮，押赴原籍州县复业"。[2] 朝廷还要求逃户三个月内复业，否则以充军处之，"凡逃移人户，皆限三月复业，违者与隐藏之家，俱发充军"。不过，至永乐十九年，政策有所松动，国家分类处理逃户户籍问题，"令原籍有司复审逃户，如户有税粮，无人办纳及无人听继军役者，发回。其余准于所在官司收籍，拨地耕种，纳粮当差，其后仍发回原籍，有不回者，勒于北京为民种田"。[3] 此规定为逃户在迁徙地登记户籍提供了空间。宣德五年（1430），逃户只要在迁徙地有每丁耕种成熟田 50 亩以上的产业，就被允许在迁徙地登记户籍，"奏准逃户已成产业，每丁种有成熟田地五十亩以上者，许告官寄籍，见当军、民、匠、灶等差，及有百里之内开耕田地，或百里之外有文凭分房，趁田耕种不误原籍粮差，或远年迷失乡贯，见住深山旷野，未经附籍者，许所在官司取勘，见数造册，送部查考。其余不回原籍逃民及窝家，俱发所在卫所充军"。[4] 此后，逃户在迁徙地重新登记户籍更为容易。

　　可见，永乐十九年（1421）以后"捏作无籍"成为逃户者，有机会在迁徙地附籍，但也存在较大的风险，包括"捏作无籍"之举被揭发而受罚、找不到合适的生存环境，以及无法重新登记一个自

1　《诸司职掌·户部·户口·丁口》，《续修四库全书》第 748 册，第 620 页下栏。

2　正德《大明会典》卷 21《户部六·户口二·逃户并附籍》，第 16 页 a。

3　正德《大明会典》卷 21《户部六·户口二·逃户并附籍》，第 16 页 a~b。

4　正德《大明会典》卷 21《户部六·户口二·逃户并附籍》，第 16 页 b。

已满意的户籍，等等。然而，军户，特别是徭役风险极大的远戍军户，仍大量"逃亡"。《明英宗实录》载至正统三年（1438）全国"逃故军士一百二十万有奇"。[1] 关于军户逃亡，已有大量研究，本书不再赘述，仅强调以下两点。

其一，逃亡的军户包括双重户籍者。当时的统治者较少关注到双重户籍现象（除军－军二籍问题），所载逃户多不提及其户籍全貌。实际上，这些在官方文献中逃故的军户，有单一军籍者，更有双重户籍者。以浯州场为例，洪武年间，浯州岛居民被编为灶户，洪武九年以灶丁十丁组成一纲为单位进行垛集，洪武二十年又对被垛集军户进行抽籍，故灶户都登记了军籍，亦军亦灶者特别多。因此，该场亦军亦灶者逃亡特别严重。康熙《同安县志》载明初浯州场"畦下〔丁〕逃亡，盐课失额"。[2] 也正是因为亦军亦灶者逃亡，正统年间盐课折米时将同安县部分民米拨补盐课。[3]

其二，逃亡是更改户籍信息的策略。民众逃亡并非完全为了脱离户籍系统，不少是为了重新获取户籍身份。

上引文献没有明确记载"朦胧捏作无籍"的正军户、"有同籍充军捏作分户在前"的军户是否留在本地，根据上下文语境，似乎他们仍留在本地，故而又被揭发并重新被勾军。实际上，有更多的"捏作无籍"者到外地重新登记户籍。宣德三年二月，由于军户逃亡严重，皇帝向各处派出清理军伍监察御史，并重新制定"清理事例"榜示天下，特别强调对以下行为进行惩罚，具体规定：

1　《明英宗实录》卷46，正统三年九月丙戌，第889页。

2　康熙《同安县志》卷2《官守志·浯洲场盐课司》，方宝川、陈旭东主编《福建师范大学图书馆藏稀见方志丛刊》第10册，第206页。

3　洪受著，吴岛校释《沧海纪遗校释·本业之纪第六》，第117~118页。

军逃还乡，有诈为死者，有更名充吏卒、贴书，倚官害民者，有为僧道生员者，有投豪势官民为家人、佃户，行财生理者，有隐其丁口，寄于别户，并于外境立民籍者。[1]

张本《为条例事》载：

旗军有逃回原籍，或诈称病故，或更改名姓，于各衙门充当吏卒，主文写发，拨置害民，或出家为僧为盗〔道〕，投充生员，或于豪强、势要、官员、军民之家作家人、伴当、看庄、种田等项名色，及冒文引，在外买卖，并于乡境别都要作民户，另立册籍，照依榜例，许令出首改正，解赴原卫着役。敢有违者，逃军发边远充军，里邻窝家人等，照依榜例问断。[2]

上述引文都提及军户重新立籍，并透露以下信息。其一，"捏作无籍"的办法很多，有诈死，更改姓名充当吏卒、贴书，出家为僧为道，投充生员，投靠豪强、势要、官员、军民之家，为这些人做家人、伴当或看庄、种田，等等，以及设法拿到路引，在外买卖。其二，重新入籍的地方是"外境""乡境别都"，即不在原籍都图重新立籍。其三，所立新籍往往是民籍。

综上，军户脱离军役、重新登记户籍者，既有仍留原籍，又有到其他地方重新立户的情况。这两种做法需要面临的风险不同。

前者的风险在于，不仅需要满足官吏寻租要求，而且有被揭发进而受罚的风险。能在本地"捏作无籍"以逃避军役、重新登记户

1　《明宣宗实录》卷36，宣德三年二月甲寅，第890页。

2　张本：《为条例事》，陈九德辑《皇明名臣经济录》卷17《兵部四》，明嘉靖二十八年刻本，日本东洋文库研究所藏，第35页 b~36 页 a。

籍的人，往往需要贿赂地方官吏及清军官员。宣德三年二月的清军条例指出"军户有恃豪强，因充粮长、里老，每遇取丁，辄贿赂官吏，及勾丁之人，挟制小民细户，朦胧保勘，亦有里老俱系军籍，递年互相欺隐，不以实报者"。[1] 可见，能"朦胧保勘""互相欺隐"者都是地方豪强。

留在本地的逃户即便满足官吏寻租要求，被揭发的风险仍很大。因为在明初的军役制度下，被规避的军役，往往由同户其他成丁，或同姓名者，或同族人等承担，这就加重了他们的负担，容易引发亲人、邻里之间的纠纷。其他人为避免承担军役，告发此类行为的可能性很大。不仅如此，根据宣德三年清军条例的规定，规避军役行为被告发，不仅本人，本地里老、官吏都要受到惩罚。正统二年（1437）兵部又规定"今后若有军丁诉告冒解者，暂发该卫收役，行移州县照勘。如果告实，即将原清里老依律问罪，取回本军，改正为民；若是妄告，就行本卫，如法究治"。[2]

因留在原籍"捏作无籍"的做法需要沟通本地官吏、勾军官员，而风险仍大，故脱离原籍，到其他地方重新登记户籍是另一个选择。然而，这种做法也存在很大的风险。具体包括需要放弃原籍的土地等维持生计的资源，以及房屋等无法带走的财富，而能否找到一个新的地方重新开始生活，又能否顺利在新的地方重新登记为民籍等自己喜欢的户籍，都充满不确定性。因此，离开原籍地区的操作往往是贫弱军户所采取的办法，因为他们在原籍占有的维持生计的资源较少，损失较小。

综上，明初"捏作无籍"再入籍是民间改变户籍的一个重要途

---

1 《明宣宗实录》卷36，宣德三年二月甲寅，第891页。

2 霍翼辑《军政条例类考》卷3《清审条例·冒解诉理改正》，《续修四库全书》第852册，第39页下栏~40页上栏。

径。军户，包括拥有双重户籍的军户，通过"捏作无籍"成为无籍者，再重新登记民籍。"捏作无籍"的办法非常多，有逃离到其他地方、诈死、改变身份等。改变身份的办法有充当吏卒、出家为僧为道、投充生员，当豪强、势要、官员、军民之家的家人、伴当或看庄、种田，等等。部分"捏作无籍"者仍居原籍地方，然因加重他人军役负担而易引发纠纷，故更多"捏作无籍"者迁徙他地，再入籍。迁徙他地则需要面临放弃既有维持生计的资源、重新寻找居住地、重新获取维持生计资源的风险。正是因为"捏作无籍"再入籍的做法风险大、成本高，是法主要为徭役风险大的军户特别是双重户籍者所采用。

第二节　顶户：顶替绝户与户籍转移

顶户是不改变已经登记于黄册上的户头，而改变该户头的支配群体，如将原本由 A 群体支配并完成赋役任务的户头，改由 B 群体支配并完成赋役任务。B 和 A 不存在直系血缘关系，无户籍继承权。顶户的本质是户籍支配权及赋役任务完成群体的转移，包括绝户的顶替，也包括非绝户的顶替。

绝户即户下无人的户头。或因天灾，或因人祸，有些登记于黄册的户无人，但户头仍存，赋役任务没有被豁免。该户应承赋役任务怎么办？在赋役征发主要管理责任委之于粮长、里长的"钦定承包体制"下，州县官府的赋役征管只需要抓住负有连带责任的粮长、里长即可。[1] 这就迫使粮长、里长设法分担赋役责任，设法应对绝户之赋役任务。《灵水吴氏族谱》载明初时，"晋江惟五都地瘠为甚，民贫多弃田里，而远避征科，田里则没于吞并，而虚米悬户赔累居民"，里长吴温明（1375~1443）倡议招复逃亡，将绝户原业分给各班排年，相关徭役亦由他们代办，"公乃倡义清查，以招复逃亡，如系户绝，其原业则分配各班排年代披"。[2] 此外，里长也会将绝户转移给他人，即找人顶替绝户，完成绝户相应赋役任务。

除里长找人顶替绝户，明初泉州盐场地区还出现盐场势要让他人顶替自身户籍，即将户转移给他人的现象。此类顶户，地方势要往往占据主导地位，而贫弱者则处于被动地位。在具体操作中，地方势要勾结官员和胥吏，以权力、武力为依托，直接将户籍强制转移给贫弱者。明初文献所载官府"朦胧冒解"军户往往就是顶户的结果。"朦胧冒解"即官府含糊不清地将非军籍者冒名为军籍者，并解赴卫所服军役。"朦胧冒解"的行为主体是官府，背后的操作则是地方人户，包括军户和地方官吏。一般而言，试图逃避军役的、有势力的军户，通过勾结里长、地方官吏，将军役转移给民籍的"同名同姓"者或其他"小民细户"，里长等将"同名同姓"的民户起解，而没有起解正军户。《大明会典》载：

> 洪武二十六年定，有陈告本户系是民籍，止与故军同名同姓，被里甲人等卖放正军，朦胧冒解者，发回合干有司提对。曾经府县呈告不理，着令所管上司衙门归问，若俱不理，必须给批，差人先提当该吏典并事内干问人数，送法司对问，其

---

1 申斌:《明代地方官府赋役核算体系的早期发展》,《中国经济史研究》2020 年第 1 期。

2 吴可承等修《灵水吴氏族谱·世系图·第三世·温明》,嘉靖辛酉年（1561）始修，清代重修，1995 年整理，晋江市图书馆藏复印本。

有干问府县官员具奏取问，若被在卫军人供指，就便送法司对问，果系故军生前妄报坐名勾取者，揭照黄册是实，改正发回为民，仍行原卫着落亲管官旗挨勾应补正军。[1]

可见，"朦胧冒解"本质上是势要军户强制将军籍转移给他人的行为，风险极高。相关官员和胥吏不一定同意，即便官吏在获得租金后允许势要的操作，也可能遭到来自转移对象的反抗。转移对象可能当时就反抗，即便暂时接受，也可能在下一任官员上任后或有其他机会时进行反抗，告发势要。上引文献就记载了被转移军籍者不甘心替人承役，向官府告发，因此国家禁止之。一旦被查实，原军户仍要面临被勾军的风险。

有鉴于此，部分势要采取相对"合法"的办法转移户籍。"合法"的办法是对国家制度进行套利。洪武年间编纂的《大明律》载：

　　若将他人隐蔽在户不报，及相冒合户附籍，有赋役者亦杖一百，无赋役者亦杖八十；若将另居亲属隐蔽在户不报，及相冒合户附籍者，各减二等。所隐之人，并与同罪，改正立户，别籍当差。其同宗伯叔、弟侄及婿，自来不曾分居者，不在此限。[2]

从引文的上下语境可知，"他人"指无亲属关系者，"另居亲属"是已经分居的亲属。可见，洪武年间，朝廷禁止民间将无亲属关系的人隐藏在自己的户下，也不准人们和已经分居的亲属共同登

1　万历《大明会典》卷137《兵部二十·军役·冒籍》，《续修四库全书》第791册，第400页上栏。

2　《大明律》卷4《户律一·户役·脱漏户口》，第17页a~b。

记户籍，但允许"其同宗伯叔、弟侄及婿，自来不曾分居者"登记一户。此规定成为人们和他人共同支配户籍的"合法"依据，即只要证明自己与共享户籍者属于"同宗伯叔、弟侄及婿，自来不曾分居"，则属合法。"同宗伯叔、弟侄及婿"既然能同户，就能世袭户籍。泉州盐场人群利用此制度将户籍转移给"同宗伯叔、弟侄及婿"等。

除上述规定，明代还有其他一些规定有利于民间对义男（养子）、女婿名目的利用。《明宣宗实录》就记载："义男、女婿代义父、妻父之家马〔为〕军者，有故，止许于义父、妻父之家勾补。如属逃逸，通责限擒捕，或义父、妻父之家户绝，转达兵部复勘开豁，不许于义男、女婿之家一概勾扰。"[1]此是对义男、女婿代替军役的限制，说明义男、女婿代役是被允许的。

故泉州盐场人群往往将养子收入户，令养子承役。同安县缙绅林希元在《家训》中指出："本户先世因人丁稀少，有将养男收入册籍者，以相帮门户也。"[2]有些人甚至给予养男部分产业。惠安县《龙山骆氏族谱》载："始祖必腾公仅生一男……有随迁养男黄来保、杨成安、朱长安，但收户入籍，共支户役。"又载："迁居后，凡云头祖业，悉分诸养男管掌，并赐同姓，共收入籍。"[3]收养义子，将其收户入籍，让其承担全部或部分徭役，本质上是将户役转嫁给养男。

军户利用义男、义女、赘婿等名义转移户役、户籍的行为极为

1　《明宣宗实录》卷57，宣德四年八月癸未，第1354页。

2　同安县《林希元家谱·家训十二条》，转引自郑振满《明清福建家族组织与社会变迁》，第24页。

3　惠安县《龙山骆氏族谱》，转引自傅衣凌、陈支平《明清福建社会经济史料杂抄（续七）》，《中国社会经济史研究》1987年第4期。

普遍，并影响军伍质量，迫使国家设法整顿。宣德四年八月，行在兵部进勾军条例指出：

> 　　各卫所军士有等殷实之家，本身并户下精壮不行应役，却乃买求官吏，将买到软弱家人、小厮并义使女，招到女婿人等，冒名顶替，以致队伍不精。又有顽民通同军士变乱版籍，将户下人丁过房、典卖、招赘、作婿，影射差徭。若有此等作弊之人，许令改正，男女归宗。违者，官吏依律坐罪，正军全家调发别卫充军，顶替之人就收本卫补伍。如果正军户无人丁，方许将少养义男并同籍女婿收补。仍禁约有司：今后勾解军人，务选取应继壮丁，不许容情将所买软弱小厮、家人、义使女、招到女婿朦胧顶解，违者一体治罪。[1]

据此，殷实军户自家有强壮成丁，却不愿意去卫所当兵，而将购买到的软弱家人、小厮、义女、使女、招到女婿等"冒名顶替"。军户的这种操作还得到地方"顽民"的配合。根据此文献上下逻辑，"顽民"当指该军户以外的、与该军户一同变乱户籍的人，可能是其他军户，也可能是民户、灶户等其他户籍人群。各类户籍人群合作，通过"将户下人丁过房、典卖、招赘、作婿"等办法，变乱版籍，影射差徭。此类操作导致军伍鱼龙混杂，影响军伍质量，引起统治者关注，并加以禁止。行在兵部就要求地方改正上述行为，对违反规定者进行处罚，禁止"朦胧顶解"。

　　此后"朦胧冒解"现象仍频发，宣德四年（1429）国家"令民户与军姓名相同冒勾解者，照例审实开豁，若同姓同名之人已经到

1　张本：《为条例事》，陈九德辑《皇明名臣经济录》卷 17《兵部四》，第 37 页 b~38 页 b。

卫，食粮三年之上者不准"。宣德十年，皇帝又下令"有妄指同姓同名为军者，虽有该部文移，坐取有司即与保明，不许朦胧冒解"。[1]国家多次对"朦胧冒解"现象进行整顿，并就此问题提出解决办法，从反面说明此类现象的普遍性，且持续存在。

除军户，其他户籍人群也有转移户籍的情况。根据《沙堤龚氏族谱》的记载，明初浔美场势要龚名安的子孙世袭了立于元代的蔡仲永户，并"合法"地将该户转移给他人。1926 年编修的《沙堤龚氏族谱》在第六世龚易斋（讳坦，字用履，龚名安的孙子，见图1-1）的传记中记载其将部分事产分给义男，令义男承担蔡仲永户户役，即：

> 其沙堤、尾厝、上东店等处海澳，付与义男谢长仔，即蔡长仔，字仁德，管当蔡仲永户，经言河泊渔课、海荡米役。[2]

1936 年一善斋编修的《西偏西房龚氏家乘》则记载：

> 西斋公以诸子业儒，拨出郭坑等处田租三十七石二斗，赤湖地租七石，沙堤、浯沙坑、尾厝、上东店等处海澳，暂付与义男谢长仔，即蔡长仔，字仁德者，管当蔡仲永，经河泊渔课、海荡米役，见《祭田志》及《阄书》。[3]

上引二段文献有几点值得注意。

1　万历《大明会典》卷137《兵部二十·军役·冒籍》，《续修四库全书》第 791 册，第 400 页上栏。
2　陈碧、陈邦英编修《沙堤龚氏族谱·沙堤龚氏源流纪实·第六世·易斋公》。
3　一善斋编修《西偏西房龚氏家乘·世系支图·第六世·用履》。

其一，第一段引文"经言"之"言"字应该是族谱传抄过程中多加的，第二段引文就无该字。"经"有管理之意，即明初龚氏将海澳等事产转给义男蔡长仔，令其承担蔡仲永户户役，处理"河泊渔课、海荡米役"事宜。

其二，上引两个版本的族谱对于谁将蔡仲永户转移给义男的记载有所不同。第一段引文位于第六世龚用履条目下，"其"字表明是举为龚用履所为；而第二段引文则直接记载事产由西斋公（即龚名安）拨给蔡长仔。不过，该段文字也是在龚用履的条目中。根据族谱格式及惯例——将某人相关事宜记载在该人条目中，第二段引文的记录者亦认为转移户籍之事与龚用履关系更大。因此，笔者倾向于认为此事为龚用履所为。

其三，前文的分析已经指出，元末蔡仲永户为浔美场灶户，何以上述引文都指明让蔡长仔承接该户后承应渔课、海荡米役？据载，族谱编纂者尚能见到龚用履等将事产及蔡仲永户转移给蔡长仔的《祭田志》及《阄书》，故让蔡长仔承担蔡仲永户户役——"河泊渔课、海荡米役"的记载应该没错。换言之，龚、蔡户籍转移时，蔡仲永户为渔户。此与福建设立河泊所有关。

洪武十四年至十六年，国家在闽粤滨海地区设立河泊所，征收渔课。洪武十四年，晋江县在县东南三十六都法石市建河泊所。[1]十六年，同安县在县西南三都浦头设立河泊所。[2]河泊所有向渔户征调渔课之责。渔户或由河泊所所在县县官编金，或由卫所金点，不过洪武十四年福建滨海地区人大多纳入户籍体制，该如何满足新成立的河泊所所需的渔户？或许仍有尚未进入户籍者成为渔户，此

1　万历《泉州府志》卷 4《规制志上·杂署》，第 27 页 a。

2　万历《泉州府志》卷 4《规制志上·杂署》，第 29 页 b。

外，也可能出现县官让各澳编户都承担渔课的现象。蔡仲永户户下事产登记了沙堤、浯沙坑、尾厝、上东店等处海澳，故而被迫缴纳渔课米，成为渔户。

　　与洪武年间灶户被垛抽为军户后，原役不能免、原籍不能废除一样，蔡仲永户虽然成为渔户，办纳渔课，但原籍（灶籍）仍不可废，原役（灶役）仍不可免。不过，上引文献都记载蔡仲永户办纳"河泊渔课、海荡米役"，而没有提及盐课、总催、秤子等灶役。很可能是洪武十四年福建编纂黄册时，有势力的龚用履兄弟勾结官吏，去掉灶籍。

　　龚用履兄弟洪武七年已登记了浔美场蔡龚坤灶户，须应对盐课司、州县的徭役征发，此外，他们还被垛抽为军户，需要服军役，而蔡仲永户又要面对州县、河泊所的赋役之征。明初，渔户承役负担重、风险大。渔户需要缴纳渔课，包括渔课米和鱼油鳔翎两大类。鱼油鳔翎属于上供物料。渔户还须充当澳甲等职役。如惠安县将东南沿海分八澳，每澳设一总甲，负责催督课米。嘉靖《惠安县志》卷7《课程》载："我朝始立河泊所以榷沿海渔利，凡舟楫网技不以色艺，自实没之。吾邑东南海地，分为八澳，澳有总甲一人，催督课米。"[1] 由于滨海地区滩涂消涨坍淤不定，渔业生产不稳定，渔利也变动不居，故渔户完纳渔课风险大，河泊所亦难以完成洪武时期点检的税课定额，早在永乐时就已经出现"逋渔课"的情况。与州县一样，河泊所将逋负之渔课摊给在籍之渔户。渔户则因赔累课额而负担趋重，纷纷逃亡。[2] 嘉靖《惠安县志》即载："洪武中，遣

1　嘉靖《惠安县志》卷7《课程·渔课》，第3页b。
2　关于明初河泊所及渔户的研究，详见徐斌《明代河泊所的变迁与渔户管理——以湖广地区为中心》，《江汉论坛》2008年第12期；杨培娜《从"籍民入所"到"以舟系人"：明清华南沿海渔民管理机制的演变》，《历史研究》2019年第3期。

校尉点视，遂以所点为额。其后渔户逃绝者多。"[1]

　　龚用履等不愿意承担渔户之役，与养男蔡长仔就户籍、赋役和事产等方面进行协商，并达成让蔡长仔独自支配蔡仲永户、完纳该户所有赋役的意见，同时将郭坑等处田租三十七石二斗，赤湖地租七石，沙堤、浯沙坑、尾厝、上东店等处海澳分给他，作为补偿，并以分家的形式处理了户籍、事产转移事宜。这些协商最终形成文字，登载于《祭田志》及《阄书》中，并在族人编修族谱时被收入其中。因此，至民国时期龚氏族人仍能看到相关《祭田志》和《阄书》。从文书的保存情况中亦可窥知龚氏族人对此事件之重视。

　　简言之，蔡仲永户由元代传到明代，登记于黄册，不过该籍由盐户转变为渔户，支配者也被策略性地转移。元末时该籍由龚名安父祖们支配，明初以后由与龚氏无血缘关系的义男谢长仔支配。而龚用履等虽脱离该籍，但没有摆脱户籍体系。对于地方官吏而言，只要能找到登记于黄册之户的户下人丁事产，能从中获取所需人力、物力和财力则可，至于谁支配该户并没那么重要，故对民间"和平"转移户籍行为采取默认态度。

　　关于龚姓转移户籍一事，还需要思考的问题是，龚用履等能够将渔户转移给养子，何以不把承役风险大的军户也转移给他人？这是因为其一，该军户合数个龚姓家庭垛集而成，共同承办淮安卫军，户名蔡奴仔。至明中叶，构成该军户的人散居晋江县南塘、沙堤、西偏、观卜及安溪县等地方。[2]因此，龚用履若想转移军役，势必需要获取其他共同承担军役者的同意，而非兄弟几个说

1　嘉靖《惠安县志》卷7《课程·渔课》，第3页b。
2　陈碧、陈邦英编修《沙堤龚氏族谱·沙堤龚氏源流纪实·第二世·治公》。

了算。其二，也是更为重要的原因，蔡奴仔军户为远戍军户，即便他们想转移，也难以找到接盘的人，故难以"合法"转移。因此，试图摆脱远戍军户者更多的是转嫁军役，进而出现"朦胧冒解"现象。

简言之，早在明初，泉州盐场人群就私下转移户籍。除军户外，灶户等其他户籍也被转移。转移户籍者往往是地方势要，他们或强制将户籍转移给贫弱者，或利用国家制度，建构拟制血缘关系，将户籍"合法"地转移给养子、赘婿。将田产分给养子，由养子继承户籍承应赋役的做法一直持续到清代。康熙四十八年（1709）侯官县林氏家族族人林胤昌在病危时立下遗书，让养子午使继承家业，"今昌病体临危，理合诸亲面前，将昌分下所有一切产业尽付与男午使掌管，家下弟侄不得妄相争执，籍〔借〕称立嗣等情"。[1]午使继承家业的同时自当承担相应赋役任务。

第三节　分爨析产与析户

析户也称析分户籍、花分子户，明代文献中称"别立户籍，分异财产"，[2]即通过官吏更改户籍信息，将登记于黄册的一个户籍分析为多个户籍，将丁产分散到多个户籍下。析户是合法的改籍途径。

1　林胤昌：《遗书》，转引自郑振满《明清福建家族组织与社会变迁》，第25页。
2　《大明律》卷4《户律一·户役·别籍异财》，第22页b~23页a。

在明初等级赋役体制下，析户不仅是民间减轻赋役负担、降低承役风险的一个重要手段，也是改变户籍名色的途径。

刘志伟、郑振满等学者都指出明初民间往往采用析户的办法降低赋役负担。刘志伟指出明初实行等级户税制，户下人丁事产决定了户的等级和应充差役轻重，所谓按人丁事产定役之轻重的原则，不是一种比例税制，而有点类似累进税制。丁产多的户与丁产少的户相比，差役负担的轻重比例一般超过丁产的差额比例，丁产极少的人户甚至可以免派差役，故"分丁析户"往往可以达到"避差徭"的目的。[1]郑振满指出明初打击富民政策及里甲重役，对大家庭的发展也是相当严重的威胁，往往迫使民间提前分家析产。分家析产的目的在于降低户等。[2]民户"分丁析户"可以"避差徭"，灶户、军户亦可。因为除民户外，灶户、军户等其他户役人群也需要服里甲正役，除民户外，军户也被佥点杂役。里甲正杂诸役都按户等轮值或佥发，所以从理论上看，民、灶、军分户降低户等，都有利于减少其在州县方面的差役负担及风险。不仅如此，洪武初年，福建盐课也按户等催征，灶户析户还能降低其灶役负担。

在明代，并非各色户籍都能析户。一般认为，明代民户可以析户，而军户、匠户不得析户。栾成显就指出"按明代黄册制度规定，军、匠等籍人户皆不许分户，惟民户许有条件地分户，另立户籍"。[3]不过，实际上明代析户相关规定有一个演变过程。刘志伟详细考证洪武朝各地黄册编成之后，官府如何对待户籍的分析和变动，并指出在此问题上限制多于灵活，消极多于积极。洪武二十四

1　参见刘志伟《在国家与社会之间：明清广东地区里甲赋役制度与乡村社会》，第193~194页。

2　郑振满：《明清福建家族组织与社会变迁》，第21~22页。

3　栾成显：《明代黄册研究》，第92页。

年制定的《攒造黄册格式》对黄册的编造做了相当详细的规定，却唯独完全没有涉及如何处理分家之后户籍的分析。直到景泰二年（1451），国家才对"分户"做出明确规定，但这个规定严禁"人丁数少及有军、匠等项役占窒碍"的人户分析户籍，即使符合分户条件的，政府的态度也只是"自愿分户者听"，言下之意，不愿分户者亦可不分。[1] 景泰二年明确禁止"分"的户有两类，一类是"人丁数少"的户，一类是军户、匠户，之所以这两类被禁止分户，是因为统治者担心"役占窒碍"。

　　明代户籍名色多，目前学术界清楚指出民户可析户，而军户、匠户不得析户，那么，灶户能否分户？郑振满、杨培娜等学者都指出灶户不能分户。[2] 此有明中叶的文献为证。成化七年（1471），浙江巡盐监察御史李璚奏陈盐法利弊，就指出"灶户例不分户"。[3] 庞尚鹏《题为厘宿弊以均赋役事（均民灶徭役）》亦言"灶丁例不分户"。[4] 然而，在景泰二年的规定中没有提及灶户。笔者查阅《明实录》《大明律》《大明会典》等文献，都没有明初国家不许灶户分析户籍的记载。鉴于洪武年间的许多户籍政策因袭元代，那么，为弄清明初分户制度，有必要考察元代灶户是否可析户。《元典章·析居户》载：

　　　民、匠、打捕、鹰房诸色附籍、漏籍人等，户下人口析居者，依例收系当差，如局分见役人匠不敷，从尚书省定夺。

1　刘志伟：《在国家与社会之间：明清广东地区里甲赋役制度与乡村社会》，第 194 页。
2　郑振满：《明代金门的制度变革与社会转型——以盐政改革为中心》，《历史人类学学刊》（香港）第 11 卷第 2 期，2013 年 10 月；杨培娜：《生计与制度：明清闽粤滨海社会秩序》，第 131 页。
3　《明宪宗实录》卷 87，成化七年正月丙申，第 1699 页。
4　庞尚鹏：《题为厘宿弊以均赋役事（均民灶徭役）》，陈子龙等选辑《明经世文编》卷 357《庞中丞摘稿·奏议》，第 3833 页上栏。

运司煎盐灶户（户）下人口析居者，仰充灶户，收系（应）当丝料。[1]

据此文献所载，灶户析居者仍充灶户，属于户籍世袭制，但没有限制析居，可见元朝并没有禁止灶户分户。

综上，笔者认为明初国家没有禁止灶户分户。在福建，明初以降灶户可析户。崇祯《闽书》、万历《泉州府志》等明代福建方志都特别强调军籍不能分户，而没有提及灶户。前书载："民父母存若亡而兄弟出分，及赘婿、乞养子归宗另爨者，听异籍。惟军籍禁不听，有清勾法，盖虑其分异而窥避。"[2] 后书云："民父母存若亡而兄弟出分，及赘婿、乞养子归宗另爨者，听异籍。惟军籍有清勾，虑其以异籍为规避，禁不听。"[3]

实际上，明王朝时常要求各盐区将灶户余丁、幼丁另立户籍以弥补在册灶丁之不足。徐泓指出，明初朝廷偶尔将灶户余丁、幼丁添拨开煎新场，弘治以后出现分析丁多富灶补课之议。[4] 福建亦如此规定。万历《福建运司志》载："各场盐丁办盐输课，往往单丁老弱贫难下户办纳不敷，渐至逃亡，总催受累。今殷实大户煎盐尤多，合照民间审编事例，就图内丁多粮大者拆户补充，其灶户丁多家富者亦行摊拆，照丁办课，以补逃绝。"[5]

洪武朝以降，泉州盐场人群不管是民户还是灶户，都有析户的

1　《元典章》卷 12《户部三·户计·籍册·户口条画·析居户》，陈高华等点校，中华书局、天津古籍出版社，2011，第 589 页。

2　崇祯《闽书》卷 39《版籍志·赋役》，《四库全书存目丛书》史部第 204 册，第 729 页下栏。

3　万历《泉州府志》卷 6《版籍志上·户口》，第 3 页 a。

4　徐泓：《明代前期的食盐生产组织》，《台大文史哲学报》第 24 期，1975 年 10 月。

5　江大鲲等修《福建运司志》卷 6《经制志·条例·查补盐丁》，于浩辑《稀见明清经济史料丛刊》第 1 辑第 28 册，第 132~133 页。

情况，[1] 而且部分人通过析户改变户籍名色。

以铺锦黄光荣户为例。铺锦即晋江县二十四都铺锦（今石狮市宝盖镇铺锦村）。根据明中后期开始编撰的《铺锦黄氏族谱》的记载，该族始祖为廿八公，至四世、五世时正好是元末明初。四世祖黄福崇、黄福庆、黄福履三兄弟的儿子们分别在明初登记户籍。前文已提及黄福庆的三个儿子黄原一、黄原二、黄原三与晋江县三十三都二图吴寿奴、吴尾英二户"共垛充南京留守中卫军"，承担军役。而黄福履的三个儿子也分别登记户籍，其中两个儿子在洪武年间分别登记了浔美场灶籍，"长子光荣、三子光生同充浔美场盐课司，办盐以足国课。光荣七甲秤子，光生六甲总催，俱西岑埕"。[2]

黄福履一家属浔美场盐场地方大户，家有财富积蓄。黄福履死后，他的儿子们——黄光荣、黄光生兄弟分家。分家时除各自分到部分财产，还抽取了土地作为父亲墓祭之用。[3] 另外，黄光生还建立新居，"（光生）一日构疾，亟训其子应瑞曰：'夫齐家之道，在乎笃恩义，吾宗族殆众，旧〔非？〕此弗克容。'乃励精其志，别草创新第而居，然燕欢间，兄弟未尝不具在"。[4] 黄光荣生有三子，分别是黄珈琏、黄珈珊、黄珈玫。黄珈珊在父辈的基础上进一步扩大财富积累，成为浔美场地方有名的富豪，"孝友笃厚，以资闻

1　民户分户者，如同安县《银同朝元门外张家族谱》载该族先洪武年间各立民籍，至永乐朝分籍，"至明兴……仅存家祖遂德及三房进德，各认民立籍，迫明永乐二十四年，家祖用甫又与园房吕玉分籍，自卜宅口屋之南山头西向"。张万牧等修《银同朝元门外张家族谱》，始修年代不详，抄本，石狮市博物馆藏复印件。永乐皇帝在位 22 年，故无永乐二十四年，此处可能是族谱传抄过程中出现的错误。

2　黄式度等修《铺锦黄氏族谱·叙世录·第四世·福履》。

3　黄钟穆等修《新厝黄氏旧谱·叙世录·第五世·友信公》，乾隆二十八年抄本，石狮市博物馆藏复印本；黄式度等修《铺锦黄氏族谱·叙世录·第五世·友信》。

4　杨祥：《肃斋公墓志》，雷泽、洪顺正等修《黄氏宗谱·墓志行状祭文》，1988 年整理本，铺锦黄氏族人黄江海藏，第 1 页 a~b。

里中"。[1]

在等级赋役制下，事产多则户等高，徭役风险等级亦随之提高。为规避高徭役风险，永乐年间黄珈琏三兄弟以其父立下的黄光荣灶户为祖户，拆分为三个户，除一个户继承黄光荣户，即"三子珈玫承父友信公当浔美场西岑埕七甲秤子"外，还析出一个民籍和另一个灶籍，即"长子珈琏民籍"和"次子珈珐金补泗州场西新埕四甲秤子"[2]（见图3-1）。

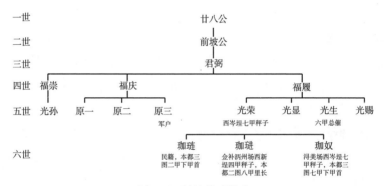

图3-1　铺锦黄氏谱系

资料来源：黄式度等修《铺锦黄氏族谱》。

黄光荣户析出的三户及其人丁事产的安排有深刻的意义。首先，三子继承原籍。保证有人承担原籍浔美场西岑埕七甲秤子的徭役，这一点极为重要，是获得官府同意析户的关键。虽然三子继承了原籍，但是从黄光荣户到黄珈玫户，户下人丁、事产都减少，户等降低，徭役风险也随之降低。其次，长子登记民籍的安排则有为宗子一脉提供较好的生存环境的深意。在民户徭役风险较低的情况

1　黄钟穆等修《新厝黄氏旧谱·叙世录·第六世·献斋公》，献斋公名珈琏，字存琛。

2　黄式度等修《铺锦黄氏族谱·叙世录·第四世·福履》《铺锦黄氏族谱·叙世录·第五世·友信》。

下，将长子登记为民籍，是置长子一家于较低风险中，不仅有利于从总体上降低黄光荣支派的赋役风险，而且为长子一家的生存提供较好的制度条件。最后，次子登记为沊州场灶户，有利于规避徭役。与析户相伴随的是，黄珈琎三兄弟对财产进行重新安排，将大量田产登记到黄珈琎户下，承担沊州场盐课。谱载：

> 孝友笃厚，以资闻里中，永乐间奉诏分籍，以盐课四百亩隶沊洲场，又尝大辟堂宇以遗子孙，今其基址尚存。[1]

引文中"盐课四百亩"是指需要办纳盐课的田产四百亩，亦即盐田，是登记在黄册的、灶户户下的田亩。这部分田产除被摊派盐课外，还须向户籍所在县提供夏税秋粮。

此安排为规避赋役提供了空间。沊州场盐课司位于晋江县十四都沊州村，距离黄光荣子孙居住的地方及其土地等财产都远。在传统时期，相对于居住在衙门附近的人丁、分布在衙门附近的事产，距离远的则没那么容易被官吏掌握。故黄珈琎将户籍登记到距离居住地、事产所在地远的地方，方便其隐藏丁产，以达到规避盐役的目的。

综上，通过上述安排，黄珈琎兄弟将家族的人丁、事产放在三个不同的户籍下，分属州县、沊州场、浔美场三个政府管理。虽然户籍更为复杂，但是家族生存空间扩大了，即便不幸有一户因徭役而家破人亡，至少还有另外两户存活，不至于香火断绝。

还须指出，等级赋役制下，百姓设法析户降低户等，而很少有合户之举，即便在洪武年间，被垛集的数户也往往互相保持独

1　黄钟穆等修《新厝黄氏旧谱•叙世录•第六世•献斋公》。

立。石狮大仑蔡氏就如此。明初大仑蔡服礼登记了灶籍，与一个民户一同被垛集登记军户。构成大仑蔡姓军役共同体的灶户和民户互相独立，有明确的界限，此可从明初十三世祖蔡道顼所画谱图窥知。蔡道顼大概是永乐以后的人，[1] 所画谱图，嘉靖年间蔡一含修谱时仍能见到。谱系上始于祖厚翁公，下及其儿子辈。[2] 明初，道顼公画谱图可能有追思祖先、明确辈分、加强本支内部联系等方面的目的，此外，修谱还与明确赋役责任有关。虽然蔡一含指出明代蔡氏有盐、民、军数个户籍，但综观整部《石狮大仑蔡氏族谱》，仅在支系图中服礼公（蔡道顼之父）名字旁边明确标明"浔美场百夫长"，其他祖先则无灶户、民户或承担灶役、民差的记载。据此可知，该文字是道顼所加。[3] 道顼公生活于明初，应相当了解一同被垛集的其他户的户籍情况，但他没在谱图中标明，这从侧面说明了作为灶户的人独立于民户，民户户役与之无关。不仅灶户与民户互相独立，民户亦与军户分开，因而才有后来的"军、民合而为一"。[4] 可见，在等级户役制度下，虽然合户垛集的数户因承担军役而形成军役共同体，但原籍往往互相独立，原役仍由原籍对应的群体承担，因而，明初因垛集而成的军役共同体

1　道顼公是大仑蔡氏十三世祖，由十九世蔡一含修谱于嘉靖三十七年（1558），以每世 25 年计，可推知道顼公为永乐以后人。

2　蔡一含指出："吾族溯自后翁十有九世，先时之谱至十四世失焉。嘉靖戊午夏，先君命以修谱，因取十三世道顼公所修之图为据。图直四尺许，横三尺许。上始厚翁，下及其身，而又及其子之世。子之世录其名于图者八。惟其有图，故参以传。见者而于名次之外可以识其一二，惟其仅有此图，故其所识者世次、名数而已，其余则不之详。"见蔡一含《晋江大仑蔡氏族谱序》，永和菌边修谱祖编修《石狮大仑蔡氏族谱》。

3　大仑蔡氏族谱由蔡一含首修于嘉靖年间，始祖至十四世祖的谱图来自蔡道顼所画，蔡一含指出不知明初盐户的登记情况，也不清楚盐户的析户时间和理由，据此可以推断蔡服礼为盐户是蔡道顼所写。

4　蔡一含：《晋江大仑蔡氏族谱附录卷全》，永和菌边修谱祖编修《石狮大仑蔡氏族谱》。

内部时常形成数个原籍赋役团体。

总之，明初泉州盐场人群乐于析户，通过析户降低户等、改变户籍名色，实现在户籍系统内"用脚投票"，进而实现对徭役风险的管控。

小　结

综合上述，在明初徭役风险极高，甚至可能危及家族生存的情况下，规避徭役风险是泉州盐场人群常用的风险管控办法。具体操作则是通过"捏作无籍"再入籍、顶户、析户等途径更改户籍名色，以规避高风险的徭役，进而为家族发展谋求更大空间。

明初，在国家禁止民间变更户籍名色的制度下，州县、盐场和卫所对相关编户有严厉的人身控制，泉州盐场人群更改户籍名色的风险高。为降低风险，泉州盐场人群利用户籍赋役相关制度进行套利，"合法"变更户籍。如利用永乐十九年后国家允许部分逃户在迁移地附籍，而"捏作无籍"再入籍；利用国家有条件地允许义男、赘婿等入户承担徭役，而创造条件将户籍顶给义男、赘婿；利用合法的析户改变户籍名色。

随着民间户籍赋役策略的展开，官府掌握到的有效户籍迅速减少。在福建，洪武年间建立的里甲制度很快就变样。郑振满指出，福建地区明初所编制的里甲户籍到永乐年间已近严重失实，里甲组织败坏。[1] 而双重户籍主要所在的泉州盐场地区户籍逃亡特别严重，浔美场所在的十七都、十八都合二为一，成为十七八都。[2] 与泉州盐场地区一样位于福建滨海地区，经历垛集、抽籍的仙游县，在明初户口迅速减少。弘治年间，仙游乡绅郑纪指出："生查国初编籍，仙游一县六十四图，六千四百余户，时抽充军役计一千九百有奇，大约四分之中一军而三民也。永乐、宣德以来，赋役重并，虎瘴交灾，人户消磨，十去八九。正统、景泰间，只有一十二里。"[3] 在郑氏看来，永乐、宣德以后赋役重并和虎瘴交灾是仙游县人口骤减、里甲减少的两大重要因素。

　　民众规避徭役风险，官府掌握的有效丁产减少，是明初以降州县、盐场和卫所各系统在征发徭役上进行改革的不可忽视的原因。

1　郑振满:《明清福建的里甲户籍与家族组织》,《乡族与国家：多元视野中的闽台传统社会》,
　　三联书店，2009，第118页。
2　弘治《八闽通志》卷16《地理・乡都・泉州府・晋江县》,《四库全书存目丛书》史部第177
　　册，第561页下栏。
3　郑纪:《与庞大参》,《东园文集》卷10《书》,《景印文渊阁四库全书》总第1249册，集部第
　　188册，第827页下栏。

第四章 明中后期灶、军、民各役改革 与徭役风险降级

　　民间户籍策略致使卫所军伍人数不足，州县赋役征调客体——丁产减少，这迫使都司卫所、地方有司，乃至中央设法解决问题。与此同时，泉州盐课则因漳泉地方私盐盛行，官盐市场竞争力弱，商人不愿报中而积压盐场，亦迫使福建运司寻找解决问题的路径。相关措施改变各役支付手段、摊派客体及征收方式，灶户、军户与民户应承徭役的大部分内容定额化、折银化，成为土地附加税，促使役户逐渐演变为税户。随着盐课改折、州县赋役改革，不管是盐场还是州县，管理模式都发生转变。泉州盐场人群完成赋役任务的风险等级降低。

第一节　民差折银及其风险降低

　　在亲身应役的劳役制下，编户通过户籍策略规避徭役风险，减少州县赋役征发主客体。虽然州县可通过将所需摊派到能控制到的丁产上的办法解决问题，但会加重赋役摊派的不均和社会的不稳定，最终不利于国家政权稳固及财源获取。在官民的博弈中，福建地方官府通过均徭法、十段法、纲银法的推行，以及民壮、驿传摊派方式的改革，促使民差定额化、折银化。随着各类赋役折银，州县对盐场人群的管理由明初的人身控制转向间接管理。而编户在州县方面的差役风险亦大大降低。

一　州县征发的多项徭役折银

（一）均徭法和十段法

　　明初，州县征调的徭役包括里甲正役和杂役。随着民间户籍策略的开展，官吏需索增加，杂役内容增加，编户承役负担和所面临的风险不均，贫弱百姓承役负担和风险都很高。为解决问题，景泰年间，福建推行均徭法，[1]将杂役中为官府服务的、经常性的差役——包括各衙门历年例设的库子、斗级、弓兵、铺兵、防夫等

1　据梁方仲考证，福建均徭实行于成化初年、朱英为福建布政使之时。梁先生的观点与浯州灶户景泰以来就被派均徭的记载（光绪《金门志》卷 3《赋税考·盐法》，周宪文、杨亮功等编《台湾文献史料丛刊》第 2 辑第 38 册，第 38 页）不符，浯州实行均徭的时间有待进一步考证。见梁方仲《论明代里甲法和均徭法的关系》，《明代赋役制度》，第 473 页。

项列为均徭，均徭之外只属于临时性的差役则为"杂泛差役"。[1] 具体承役办法为"均徭之役，十甲轮差，十年一次，正役歇后五年一着役，其编役之制，米一石准夫一丁，辨民老弱不任役与有员役及盐户当免役者，计一年该役额数，各以应役丁米填各衙门差使，应出银者谓之银差，应出力者谓之力差"。[2]

均徭法的推行有几点值得注意。其一，差役佥点权收归州县，均徭各项差役由州县科派，减少胥吏与地方势要勾结以放富差贫的机会。其二，均徭放弃杂役临时佥点的办法，改为轮当法，十年轮当一次，福建地区是每十年内人户应役均徭一次，于里甲正役歇后五年充当。[3] 其三，均徭不再按户等摊派，而是按丁米征调。

景泰以后，被列入均徭体系的差役项目逐渐增多，囊括了编户所承担的绝大部分杂役。[4] 均徭逐渐发展成和里甲、驿传、机兵并立的一大役类。一般认为，均徭包括银差和力差两种，而山根幸夫指出均徭法起初并无银差、力差之分，此划分大概在弘治、正德间才出现。[5] 刘志伟则指出，所谓"用人力者谓之力差，纳银者谓之银差"的区别，是针对官府徭役征发而言，在民间实际上已经普遍存在"力差或不能亲供，转雇以应"的习惯，在这一背景下正德、嘉靖年间制定的银差力差等则，对力差也是用银来计算其轻重。[6] 在福建，最迟到嘉靖年间，银差由编户出银，力差也演变为由编户出工

1　梁方仲：《论明代里甲法和均徭法的关系》，《明代赋役制度》，第 474 页。

2　崇祯《闽书》卷 39《版籍志·赋役》，《四库全书存目丛书》史部第 204 册，第 732 页下栏~733 页上栏。

3　崇祯《闽书》卷 39《版籍志·赋役》，《四库全书存目丛书》史部第 204 册，第 733 页上栏。

4　嘉靖《惠安县志》卷 7《职役》，第 11 页 a~14 页 b。

5　山根幸夫『明代徭役制度の展開』東京女子大学学会、1966、109~117 頁；岩见宏：《均徭法、九等法和均徭事例》，《中华文史论丛》1981 年第 2 辑。

6　刘志伟：《明代一条鞭法改革前广东地区赋役制度考述》，明清广东省社会经济研究会编《明清广东社会经济研究》，广东人民出版社，1987，第 160~161 页。

食银，官府雇募，故编纂于嘉靖壬子年（1552）的《安溪县志》记录了各力差之工食银。[1]

随着均徭用银计算，原本形式各异的差役得以用白银加以衡量、计算，佥派方法随之改变，不再按丁粮多寡的等级科派，而是按丁粮科派一定数额的役银，成了一种比例赋税。[2] 由于按照十甲轮差的办法摊派均徭，仍会出现负担不均的问题，"按均徭旧规十甲轮差……盖以十甲轮差，遇有本甲丁米多者则银少而差轻，或有本甲丁米少者则银少而差重，未免有不均之叹"，[3]因此嘉靖十六年御史李元阳在福建推行"十段法"，对均徭之役实行全面改革，"故更以十段而均其丁米，所以使十年编银无多寡之异，而任役无轻重之悬"。[4]所谓"十段法"，即每年取全县丁、田的 1/10，派征当年的各项均徭之费，由官府自行雇人代役，其经费在 10 年之内通融扯平，"今年盈则捐之以补明年之不足，明年缩则益之取诸今年之有余"。[5]

随着均徭法推行，各级政府所需差役种类、名额等逐渐确定，收支有一定的计划性和预算性，而民间对自身应承徭役项目及具体负担也有所了解。官吏巧立名目、随意编佥杂役的现象有所缓解。而佥派方法的改变则促使官府派征均徭更为均平。

（二）纲银法和八分法

成化以降，福建推行纲银法和八分法等措施，降低了值年里甲承应公费、上供物料的负担和风险。

1　嘉靖《安溪县志》卷 3《官制类·泛役·力差》，《大一阁藏明代方志选刊》，第 33 页 a~ 第 34 页 b。

2　刘志伟：《明代一条鞭法改革前广东地区赋役制度考述》，明清广东省社会经济研究会编《明清广东社会经济研究》，第 161 页。

3　崇祯《闽书》卷 39《版籍志·赋役》，《四库全书存目丛书》史部第 204 册，第 734 页下栏。

4　崇祯《闽书》卷 39《版籍志·赋役》，《四库全书存目丛书》史部第 204 册，第 734 页下栏。

5　乾隆《龙溪县志》卷 5《赋役》，乾隆二十七年刻本，第 9 页 a。

　　成化、弘治年间，福建官府开始设法分摊办公费用，将运作所需公费进行预算，并向现年里甲所有丁粮科派铜钱，储存于官府，以应付支出。所征铜钱被称为"纲钱"。然此后出现官府既征纲钱，又向现年里甲加派公费的重复征发的问题，故恢复明初随时科派现年里甲的制度。正德八年（1513），巡按御史李如圭推行纲银法，此后又出现重复征发的问题。正德十五年，巡按福建御史沈灼将公费分为正纲、杂纲，以丁四粮六的比例，均摊于现年里长、甲首的总丁、粮之中。嘉靖六年（1527），御史李元阳规范纲银的各类支出项目，促使纲银的总数定额化。嘉靖四十四年，福建官府把正纲、杂纲合并，仍向现年里甲丁粮摊派，"抚按两院，始令各县除正杂之名，止称纲银，以一年应用通计实数，只拟见年丁粮多寡，每户征银若干，审定规则"。[1]

　　因各里丁粮多寡不一，故按现年里甲丁粮摊派纲银的做法，会造成各里之间负担不均。为了均平纲银负担，隆庆元年（1567）福建推行"十段法"，将全县民米、民丁分为十段，每年以一段供应纲银，丁米仍按照丁四米六的比例缴纳。随着纲银法的推行，原本由现年里甲负担的徭役和各种费用，逐渐改由全县民米、民丁承担，官府征银雇役，甲首出银即可免役，"役者无可他费，甲首绝迹于县庭"。[2]

　　与公费改革类似，明中叶福建上供物料也逐渐摊派到丁粮中。明初以降，福建地方应办上供物料逐渐增多，至弘治、正德年间上供物料种类繁多复杂，连有司都难以说清楚，史载上供物料"皆倚办于该年里甲，而名数烦碎，或增或减，或征或否，自有司莫能

1　关于纲银的研究可参考山根幸夫《明代福建的丁料和纲银》，李小林译，《中国社会经济史研究》1991年第1期。

2　叶春及：《惠安政书》卷3《版籍考》，第44页。

详"。[1] 在实际征发过程中，出现揽头包纳、里长勒索等问题，"自来粮米之外，又有岁办物料，名数甚多，或征该冬，或派通县。价银多者，佥点大户收纳解京，最为担事。价银少者，揽头包纳，里长催办，不无多取"。[2]

为解决上供物料的征发问题，正德十六年御史沈熰在福建推行八分料法（丁料银）供应"出办上供物料"，即统计福建八府每年应办上供物料总额，算出所需白银总额，分摊到丁粮额内，最终算出单位丁粮应征白银为八分，称为"八分料"。莆田士绅朱淛曰："至正德十六年，巡按御史华亭沈熰扣算八府丁粮总数若干，一年物件共该若干，定令每年每人一丁粮一石各征银八分，除户口食盐之外，其余一应物料皆出于此，俗谓之八分料法。"[3]

沈熰改革之后，福建官府根据实际需求灵活调整丁料银。如因所征丁料银总额多于支应物料所需，曾将户口食盐钞银并入八分料里，即由八分料所得白银支付盐钞银，"令初行征支如法，岁计有余，复将盐钞并归于此"。又如改八分为六分，"后复令于折色带征，令仍旧占点大户征收，而盐钞依旧除外，只征六分，谓之六分料"。又"后来官府因循，不时征纳，以致收头年久，拖累不得脱手，上司批送士夫坊价皆出此物，以故不能余剩"。[4] 随着八分法推行，原本由现年里甲操办的物料等项，由官府向全省丁粮征收。

经过上述改革，仍须由现年里甲承办的、无折银的差徭大大简

1　万历《泉州府志》卷7《版籍志下·上供三小》，第2页a。

2　朱淛：《天马山房遗稿》卷4《记·八分料志》，《景印文渊阁四库全书》总第1273册，集部第212册，第492页上栏。

3　朱淛：《天马山房遗稿》卷4《记·八分料志》，《景印文渊阁四库全书》总第1273册，集部第212册，第492页上栏。

4　朱淛：《天马山房遗稿》卷4《记·八分料志》，《景印文渊阁四库全书》总第1273册，集部第212册，第492页上栏。

化，史载："于是该年所职者惟官中杂费及承符呼唤而已，事省于旧矣。"[1]现年里长仍有催征钱粮之责，但具体催征的责任也降低了。在惠安县，正德十四年（1519）知县陈逅[2]将该县里长一人催征一都税粮改为十甲分催，"至陈知县以该年一人催督一都赋税，力不能及，遂命十甲分催之"。[3]

（三）以丁粮通融编派机兵银

机兵，即民壮，也称快手、打手、杀手等，[4]是明代民兵中最重要、最普遍的一种。关于明代民兵起源时间，学界有永乐、宣德、正统等多种说法。一般认为，民壮的招募从地方开始，起初陕西等地招募民壮作为地方自卫的力量，[5]至正统十四年朝廷下令各处招募，《大明会典》载"正统十四年，令各处召募民壮，就令本地官司率领操练，遇警调用，事定仍复为民"。[6]正统以降，福建也开始招募机兵，各县所募数量因时而异，"本朝兵政之外，各县又有机兵，以备寇盗，递年增减不一，势猾巧兔〔免〕"。[7]

至正德年间，福建各县逐渐以全县丁粮通融编派机兵，民户按照丁、米纳银，由官府雇募。嘉靖《惠安县志》载"民兵，县人均出雇直矣"，[8]"民壮初额五十人，至正德中，大帽山有警，调发征剿，遂增至二百五十人，均派通县出钱雇募，每丁一丁出银八分，米

1　嘉靖《惠安县志》卷7《职役》，第13页a。

2　陈逅，苏州常熟人，进士，正德十四年任惠安县知县。参见嘉靖《惠安县志》卷11《历官·国朝知县·陈逅》，第10页a。

3　嘉靖《惠安县志》卷7《职役》，第12页b。

4　杜志明：《明代民壮名号考述》，《辽宁大学学报》（哲学社会科学版）2014年第5期。

5　杜志明：《明代民壮起源考论》，《广西社会科学》2014年第9期。

6　万历《大明会典》卷137《兵部二十·军役·佥充民壮》，《续修四库全书》第791册，第403页下栏。

7　嘉靖《安溪县志》卷3《官制类·泛役·机兵》，第36页a。

8　嘉靖《惠安县志》卷7《职役》，第15页a。

一石出银一钱，每名岁该银七两二钱，以为月食衣仗之费"。[1]安溪县"正德七年，始定其法，本县增至一百名，以丁粮通融编差，丁六丁，米三十九石，编一名。后又以米专编驿，人丁专编机兵，民亦称便。然皆惯徒揽之，兵备未免废弛。嘉靖二十七年，分巡余公爌剿贼按〔安〕县，将机兵复编，每名人丁四十，定工食银七两二钱，挑选有武艺者应募，乃填注由帖，以防更易"。[2]

需要指出的是，在盐场县，并非所有丁米都需要承办机兵银。《惠安政书》就特地指出该县有些丁米可免编派机兵银，即"机（兵）原二百五十，每名年编银七两二钱，共银一千八百两。除优免外，每丁派银九分二厘七毫，每石派银一钱三分九厘五丝。又增乡兵五十名，该银三百六十两，无优免每丁派银五分三毫二丝，每石派银七分五厘四毫八丝"。[3]灶户丁米就可优免机兵银，因为明初以降灶户优免州县杂役，机兵属杂役。

（四）摊入米粮之驿传银

驿传是被明人视为负担最重的一种役，主要负责备办驿站车马、传递文书、迎送使客，负责官用交通、运输、通信。

洪武初年，驿传由民粮供应。洪武元年正月朝廷规定"凡陆站……马有上、中、下三等，验民田粮出备……水驿……每船水夫十人，于民粮五石之上十石之下者充之，不足者众户合粮并为一夫……递运所置船……如六百料者，每船水夫十三人，五百料者十二人，四百料者十一人，三百料者十人，皆选民粮五石之下者充之。陆递运所如大车　辆载米十石者夫三人……小车一辆载米三石者夫一人……选民粮十五石者充之，如不足者众户合粮并为一夫。

1　嘉靖《惠安县志》卷7《职役》，第17页b。

2　嘉靖《安溪县志》卷3《官制类·泛役·机兵》，第36页a~b。

3　叶春及：《惠安政书》卷3《版籍考·兵》，第58页。

急递铺……每铺设铺司一人，铺兵要路十人，僻路或五人，或四人，于附近民有丁力、田粮一石五斗之上二石之下者充之，必少壮正身"。[1]

　　然而，驿传役重，民间不愿意承办，"初递运驿传夫皆以民间田赋多者充役，少则并别户以足之，转递往复，久不得代，船坏马毙则易买补偿，虽巨室甲户亦惮其役，吏缘为奸，往往富者以贿免，而贫者愈困"。[2]于是洪武二十七年饶州府乐平县民方处渐上言要求"均一"，朱元璋命户部集百官议之：

　　　　户部尚书郁新等言，天下水马驿递运所夫，其役至重，虽蠲其税粮，而久不得代，困乏之故皆由于此。今后不须免粮，但于各布政使司所属境内，计水马驿递运所船马车牛之数，以所隶民户田粮，照依旧金粮额加倍均派，不分民匠，依次轮充，周而复始，其两浙税户与市民及宥罪发充者应役如故，湖广山西之民先尝垛军已除水马诸项役占人户，宜令依旧充当，不须均派。上曰：若依旧例粮数止加一倍，恐不足以苏民力。命增至五倍。余如所议。[3]

　　经此改革，除了民户，军户、匠户等户籍人群也须供应驿传，而驿传所需船马车牛则摊入所辖民、军、匠户田粮。此处没有明确指出灶户是否需要承担驿传，根据上下文逻辑"不分民匠"，应该指所有名色的户籍人群都需要承担驿传。不过，景泰五年兵科给事中奉行天下，"灶户之家除正役纳粮外，其余长解、隶兵、禁仓、库

1　《明太祖实录》卷29，洪武元年正月庚子，第500~502页。
2　《明太祖实录》卷231，洪武二十七年二月丁亥，第3381页。
3　《明太祖实录》卷231，洪武二十七年二月丁亥，第3381~3382页。

役，一应杂泛差役并科派等项尽行优免"。[1]明中叶，福建灶户免驿传，驿传只摊派给"民米"，"驿传之役，诸县通纽其县之民米，编充各驿马驴夫防，廪给之数各以粮米多寡，截排日子，依次应当，岁周复始，至十岁则再编"。[2]

嘉靖《惠安县志》载该县"置锦田驿，驿有上、中、下三等马匹、驴夫……各以民米分别等第排比应当"。[3]至嘉靖年间，驿传米改征白银。万历《福州府志》载："嘉靖十三年知府胡公有恒，以官当请于监司，报可，米一石征银三钱，给驿递支应，士庶同声称便。"[4]嘉靖《建阳县志》载："谨按驿递之法，自洪武以来俱系额编水马、驴夫等项，着令粮户亲当，法久弊生，驿递官吏索取拜见常例，附驿光棍包揽应当，多方指索，民皆苦之。故嘉靖十五年，遂有征银应付之议。"[5]

明初，泉州驿传以各县作为独立的核算单位与摊派单位。嘉靖元年（1522）至二十一年则改为以府为单位的核算、摊派，即全府通融编派。史载"诡寄日多，编差不足，复议七县通融"，[6]嘉靖《安溪县志》亦载"今蒙院司会议，将一府七县粮米融派五驿"。[7]七县通融编派的方法取得成功，"即库子、驿站之徭差，旧时最为民所苦者，一概通融均派，供其入者民，司其出者官，而奸徒之抑勒需索无所借手，着为令甲，民甚以为便"。[8]泉州府七县融编后，民间

1　江大鲲等修《福建运司志》卷6《经制志·优免差役》，于浩辑《稀见明清经济史料丛刊》第1辑第28册，第133~134页。

2　崇祯《闽书》卷39《版籍志·赋役》，《四库全书存目丛书》史部第204册，第733页上栏。

3　嘉靖《惠安县志》卷7《职役·驿传》，第15页b。

4　万历《福州府志》卷7《舆地志七·食货·驿传》，第58页上栏。

5　嘉靖《建阳县志》卷4《储恤志·驿传》，《天一阁藏明代方志选刊》，第80页b。

6　万历《泉州府志》卷7《版籍志下·盐课》，第14页a。

7　嘉靖《安溪县志》卷3《驿传》，第37页a。

8　万历《泉州府志》卷6《版籍志上·赋役》，第14页a。

纳银供应驿传，嘉靖二十一年同安县"民户每粮一石，每岁纳……
驿传银一钱七分"。[1]安溪县按粮摊派驿传银，由民米带征，"本县定
则每石征银一钱五分，有闰之年加银一分，按月解府发给，仍存留
本县银一百七十五两五钱八分五厘，以备使客支应夫廪，名曰存留
驿传，民以为便"。[2]嘉靖二十九年，安溪县"民米带征解府驿传银
八百九十一两四分七厘八毫五丝二忽，存留本县夫廪银一百七十五
两五钱八分五厘，新添编贴深青驿夫保三名，共银三十六两"。[3]

　　综上，景泰朝开始，泉州府县征发的各徭役项目逐渐折银，至
嘉靖朝除里甲正役仍由编户亲身应役外，其他各项杂办、杂役逐渐
折银化。而原本由里甲正役承办的公费、上供物料也折银，并摊入
全县丁粮中征收。万历初年，庞尚鹏在福建推行一条鞭法，境内各
府州县应征上述四项差银及夏税秋粮合并征收，[4]统计十年内应征税
银总数，求出年平均值作为每年额征之数，将之摊入各府州县现有
丁、粮内征收，"通计一岁共用银若干，照依丁、粮编派"。[5]一条鞭
法后，福建各府州县负责征调的役并入赋中，成为田赋的附加税，
与赋统一编派、征收。不管是民户还是灶户，仍须亲身到州县衙门
应役的仅有里甲正役一项，具体负责催征钱粮、勾摄公事及编造黄
册等事宜。

1　万历《泉州府志》卷7《版籍志下·盐课》，第 14 页 a。

2　嘉靖《安溪县志》卷3《驿传》，第 37 页 a。

3　嘉靖《安溪县志》卷3《驿传》，第 36 页 b~37 页 a。

4　崇祯《闽书》载："通府州县十岁中，夏税、秋粮存留、起运额若干，纲、徭、兵、站加银
　　额若干，通为一条，总征均支。"文中"纲"即纲银，"徭"即均徭，"兵"即民壮，"站"即
　　驿传。见崇祯《闽书》卷39《版籍志·赋役》，《四库全书存目丛书》史部第204册，第735
　　页上栏。

5　崇祯《闽书》卷39《版籍志·赋役》，《四库全书存目丛书》史部第204册，第734页下栏。

二　民差风险降低

明中后期，泉州盐场地区的民户以向户籍所在县缴纳一定额度的白银的方式完成各项赋役任务，虽仍要承办里甲正役，但里甲正役内容简单，且能通过雇募的方式完成。

其一，绝大部分徭役项目比例赋税化，各户完成相关徭役项目的支出或固定，或有明确的比例计算，官吏多派、多收的空间大大缩小。

随着明初以降泉州地方赋役改革，民户应承各项赋役项目逐渐折银化，至嘉靖年间民户需要向州县缴纳公费，上供物料，缴纳均徭、民壮、驿传等项赋役银。这些赋役项目都演变为比例赋税，摊入相应编户的丁米（或米或丁）中征收。因而，民户按照规定缴纳役银则可完成任务。而在万历初年福建推行一条鞭法之后，民户按照丁粮额度缴纳相应赋役银则可。

其二，赋役折银化的过程，是地方财政走向有预算、有计划的过程，随着有预算、有计划的地方财政的形成，官吏随意征发徭役银的操作空间亦随之缩小。

其三，各赋役项目合并征收，编户缴纳赋役银的次数少，缴纳有期，不仅降低完成赋役的成本，而且减少官吏剥削勒索的次数。

其四，里甲正役虽然在制度上仍是民户亲身应役，但事务简化，应役者被多征、剥削勒索的空间缩小。

值年里甲承办的事务减少，一般只负责"催征钱粮、勾摄公事"，史载"于是该年所职者惟官中杂费及承符呼唤而已"。[1] 催征之

1　嘉靖《惠安县志》卷7《职役》，第13页a。

责也减轻。正德十四年，惠安县"以该年一人催督一都赋税，力不能及，遂命十甲分催之"，[1]原本由里长负责的任务分派给十个人，负担降低。当然，值年里甲仍有遭到官吏勒索的风险，仍可能需要承担各种额外的杂派，俗称"协力""当日""大当"等。[2]不过，随着各项徭役项目的定额化、折银化，官府巧立名目勒索编户的行为受到一定的限制。

不仅如此，里长还有勾结官吏谋利的便利，万历福建官员指出："此中钱粮积逋，多由奸人包揽之弊，有等里班结纳吏胥，相为表里，赚收纳户官钱入己，任意分肥，脱换簿籍，百计遮哄。官府稍不精明，便为其所愚弄。"[3]因此，有些人热衷于充当里长，南安县士绅黄懋中在《维条鞭议》中言："本县十排之长旧系土著居民，催督以时，追呼不远，与甲下十户甚相安也。迩者别县奸民以里长为奇货，有托庄户而顶当者，有代催科而雇役者，办粮则多科甲下，见役则吓骗通都，其奸所当杜绝四也。"[4]在同安县，士绅蔡献臣亦言："而里长亦多保家顶替，及惯熟衙门者应役，但得不侵收钱粮，竣事下班足矣。"[5]换言之，明中后期普通编户虽然有里甲正役的义务，但是实际上可以通过雇佣完成。人们只需要支出一定的金钱则可。

其五，随着赋役比例赋税化及征发简化，民众容易掌握自身应

1　嘉靖《惠安县志》卷7《职役》，第12页b。

2　郑振满：《明清福建的里甲户籍与家族组织》，《乡族与国家：多元视角中的闽台传统社会》，第119页，注释3。

3　许孚远：《敬和堂集·公移文·抚闽稿·颁正俗遍行各属》，日本国立公文书馆藏，第16页b。

4　黄懋中：《维条鞭议》，康熙《南安县志》卷17《艺文志·议》，南安县志编纂委员会办公室，1986，第516页。

5　蔡献臣：《清白堂稿》卷17《同安县志·赋役志·里老总保》，《四库未收书辑刊》第6辑第22册，北京出版社，1997，第526页下栏。

缴纳赋役银的情况，势要与官吏勾结，将负担转移给贫弱者的空间也缩小了。

总之，与明初相比，明中后期民户承办州县赋役的负担明确，某户应纳赋役银两清晰，人们能为完成赋役责任而提前做好准备。与此同时，随着官府运作所需各项人力、财力、物力的折银，有司官吏巧立名目的情况也得到一定的限制，承办里甲正役的风险降低。

第二节　盐课改折、盐场管理模式转变 与灶役风险降低

明初以降，国家及福建地方各官府，在应对民间户籍策略、处理财政和盐政各问题时，分别对盐课及里甲正杂诸役进行改革，促进各役定额化、折银化，促使盐课和大部分的民差项目在性质上、形式上趋同。盐场管理模式与州县趋同，灶役风险降低。

一　财政、市场与盐课改折

明初以降，泉州盐场地区出现盐课积压盐场、盐场附近卫所军饷缺乏、灶户要求降低盐课负担等方面的问题。这些问题迫使官府寻求解决途径，最终在官民博弈之后，盐课逐渐折米、折银。福建官府逐渐将盐场的管理重心转移到米粮、白银形式的盐课征收，而

放弃对泉州食盐生产、运输和销售的管理。

（一）正统朝浔、浉、浯三场盐课折米

明初泉州各场盐课为本色盐课，食盐形式的盐课由官府通过户口食盐法、开中法加以分配。户口食盐法早在洪武年间就败坏，官不给盐，民纳盐粮如故。福建开中法始于永乐二年（1404），终永乐朝开中次数极少，至宣德年间开中次数逐渐增多。然而，由于开中下泉州官盐市场不敌私盐市场，商人不愿报中泉州盐课，故泉州盐课积压盐场。

卜永坚指出开中法作为财政制度，在原则上不以超经济的强制，而以自愿的交易来获得收入。政府要确保有人参加开中，在制定开中法盐米兑换价时，必须把参加者的所有成本计算在内，还必须确保参加开中者有利可图。[1]实际上，开中法的运作依赖市场力量，还体现在商人能够根据食盐市场的具体状况选择是否报中、报中哪个盐场的盐引及行盐地，具体而言，他们可以通过挑选纳粮官仓来选取支盐场份，在完成相关手续、支到食盐后，亦可在指定的行盐区内选择盐利丰厚的地方销售食盐。[2]

在市场的作用下，同一个行盐区内不同地方对盐商的吸引力不同。一般而言，离产地远的供销地最为关键，因为商人在那里获利最巨，国家得税最多。[3]而各场官盐因盐场所在位置、交通条件、潜

1　卜永坚：《盐引·公债·资本市场：以十五、十六世纪两淮盐政为中心》，《历史研究》2010年第4期。

2　盐商可根据市场选择支盐场份，是有些盐区或盐场支盐的商人多、盐课不足支配，有些则支盐商人少、盐课积压严重的不可忽视的原因。正统年间开始，朝廷被迫采取兑支、搭中、兼中等办法解决商人支盐不均的问题。关于兑支、搭中、兼中措施的推行，可参见藤井宏《明代盐商的一考察——边商、内商、水商的研究》，刘淼辑译《徽州社会经济史研究译文集》，黄山书社，1988，第254~257页。

3　参见杨久谊《清代盐专卖制之特点——一个制度面的剖析》，《"中央研究院"近代史研究所集刊》第47期，2005年3月。

在市场范围及食盐品质等因素影响，也拥有不同的竞争力，其中竞争力强的更受商人青睐。就福建而言，宣德、正统年间，福建盐引的行盐地为本省，而盐商一般喜欢将食盐运到距食盐产地远的地方销售，如延平、邵武、建宁和汀州等山区府县，这些地方食盐市场大，盐利高。与之相反，在靠近食盐产地的地方，如福州、兴化、泉州和漳州等滨海府县，滨海人群或自制食盐，或向灶户购买私盐，而不必向盐商购买官盐，故官盐市场小。福建运使何思赞就指出："其产盐所在原有七场，系福、兴、泉、漳四府地方，滨海之民，家可晒盐自食，或市诸附近灶户，故官盐难行。"[1]不仅如此，近产盐地的地方食盐价格低，盐利亦低，史载"闽地最小，而负海之州郡五，既为盐所自出而贾利薄"。[2]

传统时期的食盐运输有陆运、水运等多种选择，而食盐的特质决定了大规模的水运成本最低。在福建境内，入海口在福州府的闽江流域不仅水流量最大，而且支流多，能直达延平、建宁、邵武三府许多地方，而泉州府境内的晋江等水流量较小，所经地方亦少，无法直达延、建、邵的诸多地方，故走闽江是各场食盐到延、建、邵三府的最佳路线。食盐通过闽江流域进入延、建、邵三府的成本则视盐场到闽江口的距离而有别。其中，浔、㴵、浯三场距离闽江口最远，成本最高；惠安场次之；上三场最近，成本最低。[3]另外，七场食盐到汀州府则以入海口位于漳州府的九龙江最为便利，就此路线而言，浔、㴵、浯三场因距离近而有优势，然此线路的官盐难

1　江大鲲等修《福建运司志》卷14上《规画志·条议西路·运使何思赞议西路盐法》，于浩辑《稀见明清经济史料丛刊》第1辑第28册，第527页。

2　曾异：《纺授堂文集》卷1《序·送运副周公归养序》，《四库禁毁书丛刊》集部第163册，第482页下栏。

3　叶锦花：《盐利、官员考核与地方军饷——正统年间福建泉州盐课折米机制研究》，《社会科学研究》2014年第1期。

以与来自漳州、广东饶平的私盐竞争。[1]

福建盐区内食盐生产地、行销地分布状况，境内交通条件等因素共同决定了七个盐场中，泉州四场特别是浔、洸、浯三场官盐市场竞争力低。另外，商人报中浔、洸、浯三场不仅相关程序相对麻烦，而且成本相对高。盐商报中福建盐引，须先到位于省城的运司换取盐引，然后下场支盐，运司与盐场之距离，上三场最近，惠安场次之，浔、洸、浯三场最远，时间和金钱成本也最高。因此，商人不愿报中泉州四场，特别是浔、洸、浯三场官盐，"浔美、浯州、洸州水道不通延建等府，而报中之商极少"。[2]浯州场士绅蔡献臣亦称："矧上三场（上里、牛田、海口三场——引者注）通舟行盐之地广，下自福兴，上至延、建、汀、邵，故商贾辐辏而盐利多，下四场（泉州四场——引者注）通舟行盐之地狭，仅仅行于本府，而漳又自有南盐，故商贾不至而盐利薄甚，且积久而耗耗矣。"[3]同安县士绅蔡复一也指出："下四场产盐区多，而行盐地狭，食盐人寡，盐价视东西路贱数倍。盐贱则不售，地狭人寡则利轻而商不集。"[4]

商人不愿报中，国家要求的通过开中满足边方军饷及其他地方贡赋的需求则无法及时实现。为解决此问题，正统三年福建运司推行搭中法（搭配支取法、兼中法），规定报中福建盐引的商人，70%

---

1 童蒙正、林大有纂修《福建运司志》卷2《户部郎中钱嘉猷题为钦遵明命条陈盐法事宜以助边计缺乏之事疏》，虞浩旭主编《天一阁藏明代政书珍本丛刊》第10册，第222~223页。

2 林大有纂修《福建运司续志·福建都转运盐使司同知伍典条议盐法事宜》，虞浩旭主编《天一阁藏明代政书珍本丛刊》第10册，第586页。

3 蔡献臣：《清白堂稿》卷3《下四场增课议（代何二守）》，《四库未收书辑刊》第6辑第22册，第50页下栏。

4 蔡复一：《与两台言盐课议》，光绪《金门志》卷3《赋税考·盐法·附录》，周宪文、杨亮功等编《台湾文献史料丛刊》第2辑第38册，第42页。

的盐引到海口、牛田、上里、惠安四场支取，30% 到浔美、氵丙州和浯州三场支取。[1] 此法运用制度手段调整福建各场食盐供应，强迫报中福建盐引的盐商前往浔、氵丙、浯三场支盐。

　　搭中法的推行是福建官府在坚持各场盐课额、本色盐课及开中的基础上，对具体盐场出现的问题进行地方行政层面的调整，然没能从根本上解决问题。相关措施忽略市场机制对食盐产运销的影响，也没有根据食盐市场的实际状况调整盐业计划。搭中法不仅没有考虑福建各场官盐的市场状况，而且提高了盐商支取官盐的成本，故盐商仍不愿前往泉州支取食盐。[2] 泉州盐场食盐积压的问题依然存在，直到正统八年盐课折米才得以解决。盐课折米除与盐课积压有关，还与盐场附近卫所缺粮有密切关系。

　　洪武二十年（1387），江夏侯周德兴在福建沿海地区建立了五卫十二所。卫所官兵月粮主要由军屯提供，但军屯很快败坏，永宁卫旗军难以自给。[3] 如何解决官军月粮成为官府需要考虑的问题。宋元以后，作为财政收入大宗的盐课就常被用于满足军政之需。明洪武三年第一次推行开中法就是让商人运粮食到九边粮仓以换取运销食盐的资格，正是利用盐政解决军需。福建地方官府解决境内卫所军需亦常常沿用此思路。宣德元年（1426），福建布政司右参议樊翰因"福建属卫军士月粮应支钞者岁久未支"，提出按照户口食盐例，把泉州各盐场积压的食盐发给福建卫所官兵充当月粮。

1　童蒙正、林大有纂修《福建运司志》卷 2《布政使孙昇等奏为停积盐课略节（正统八年）》，虞浩旭主编《天一阁藏明代政书珍本丛刊》第 10 册，第 192~194 页。

2　叶锦花：《盐利、官员考核与地方军饷——正统年间福建泉州盐课折米机制研究》，《社会科学研究》2014 年第 1 期。

3　唐文基：《永宁卫杂识》，福建省情资料库地方志之窗，http://www.fjsq.gov.cn/showtext.asp?ToBook=1056&index=125。

　　樊翰之举只是临时措施，为了更为彻底解决福建沿海卫所军需问题，朝廷着手整顿卫所官仓管理体制。明初以后，福建卫所官仓由福建都司系统管理，不过，到宣德、正统年间管理已十分混乱。《明英宗实录》载："福建滨海卫所仓廒旧隶武职管属，恃其豪横，欺弊多端，实为民病。"[1] 正统六年（1441），巡按监察御史姚璧奏请卫所仓廒归府县负责，"乞改隶有司，仍于各府县置通判、县丞一员，提调、收支粮斛"。[2] 该奏得到允准，卫所仓粮的提调权和收支权由福建都司转移到福建布政司系统。泉州境内的永宁卫、福全所和金门所仓粮由泉州府通判和晋江县县丞、同安县县丞提调和收支。

　　新负有调控卫所粮仓之权的福建布政司官员在正统八年朝廷加强整顿福建沿海卫所之时奏准了泉州盐课折米，盐折米缴纳卫所仓。正统年间，福建沿海卫所除军饷亟待解决外，其他方面也面临崩溃，[3]"海备倭官因循苟且，兵弛饷乏，贼至无措，况有刁泼官军朋构凶恶，偷盗仓粮"。[4] 正统八年，朝廷派遣户部右侍郎焦宏前往福建进行整顿，并于是年七月敕福建布政司右参政周礼"前去严督巡捕，遇有倭寇设法擒剿，其有似前刁泼者，与按察司委官审实，军发边卫瞭望，官则奏闻区处"。[5] 焦宏到福建后针对原规定福建行都司卫所官军与沿海地方协同备倭，但"近年代者多不时至，守者遂至逾期"的现象，题准了"如苏松例，每岁二月朔各赴所守地方，

1　《明英宗实录》卷80，正统六年六月己丑，第1602页。

2　《明英宗实录》卷80，正统六年六月己丑，第1602页。

3　黄中青：《明代海防的水寨与游兵：浙闽粤沿海岛屿防卫的建置与解体》，学书奖助基金，2001，第85~97、116~119页。

4　《明英宗实录》卷106，正统八年七月癸酉，第2157页。

5　《明英宗实录》卷106，正统八年七月癸酉，第2157页。

至八月朔代者至即回原伍"。[1] 此外，焦宏还奏准在两浙和福建各设巡抚"以戢奸顽、靖海道"。[2] 朝廷锐意改革福建卫所的举动促使福建布政司想方设法寻找卫所军饷来源，提出了将泉州四大盐场盐课折米、盐折米直接缴纳卫所官仓充当卫所官军月粮的建议。最终，浔美和浯州二场盐课以十分为率，三分缴纳本色盐，七分折米；浯州场保留，盐课全部折米；惠安场盐课依旧全部为本色盐。[3] 折色米充当卫所官军月粮。

正统八年，促使盐课折米的一个目的是向泉州沿海卫所提供军粮，对此，福建士子有清晰认识，如在嘉靖二十八年（1549），福建一份涉及盐法问题的试士策问卷中，答卷的士子即指出浔美等场盐课改折就是泉州资助军饷的临时之计："夫浔、浯、浉三场隶于运司，课以万计，此太祖定制也。泉州暂借以为军饷之资，不过后人一时权宜之计耳。"[4] 正统八年，奏请盐课折米的孙昇确实将盐课改折视为一种临时的、不得已的策略，并表示"候停积盐放支尽绝，仍旧照额办盐"。[5] 实际上，不仅改折的部分没再恢复本色盐课，而且改折的范围不断扩大。正统十三年，福建都转运盐使司盐运使严贞奏准将浔、浉二场盐课全部折米，盐每引照旧折米一斗，缴纳泉州府附近永宁卫并福全、金门等所仓，给官军

1　《明英宗实录》卷 107，正统八年八月庚寅，第 2168 页。

2　《明英宗实录》卷 109，正统八年十月癸未，第 2201 页。

3　童蒙正、林大有纂修《福建运司志》卷 2《布政使孙昇等奏为停积盐课略节（正统八年）》，虞浩旭主编《天一阁藏明代政书珍本丛刊》第 10 册，第 192~194 页。

4　童蒙正、林大有纂修《福建运司志》卷 3《艺苑文辞·策文·福建己酉试士策问盐政答曰》，虞浩旭主编《天一阁藏明代政书珍本丛刊》第 10 册，第 463~464 页。此策论应该是嘉靖三十三年钱嘉猷整顿漳泉二府盐的前奏。

5　童蒙正、林大有纂修《福建运司志》卷 2《布政使孙昇等奏为停积盐课略节（正统八年）》，虞浩旭主编《天一阁藏明代政书珍本丛刊》第 10 册，第 193 页。

月粮。[1]

　　需要指出的是，促使盐课折米的直接原因是福建沿海卫所官仓缺粮，不过，盐课折米是一个极为高妙的措施，它除满足军饷之需，还解决了盐课积压问题。盐课改折后，灶户所产食盐不需要缴纳盐场盐仓，福建盐运司也不再控制食盐。明初以后，建立在官府控制食盐基础上的开中法和计口给盐法都难以运行，因而泉州食盐不再通过上述二法销售，也不受其限制。对于泉州食盐运销，官府规定其为泉州和漳州的官盐，限制其用船只运载以防止其走私到开中法推行地区，而泉州和漳州等泉州盐的销售地无盐额、盐引，亦无盐商，食盐在某种程度上自由运销。[2]

（二）弘治朝惠安场盐课折银

　　浔、㳇、浯三场盐课折米后，盐课与食盐生产、销售状况无直接关系。以征收盐课为主要职责的盐课司转而征收盐折米，而放任食盐生产，[3] 食盐生产规模扩大。运司除规定浔、㳇、浯三场食盐销售于漳泉二府、禁止用船运输外，无盐商、盐额、运销路线等方面的限制。此外，正统九年（1444）国家将九龙江沿线的柳营江批验盐引所改成普通的巡检司，[4] 正统十一年裁撤泉州浯浦渡批验盐引所。[5] 漳泉二府无专门机构管理食盐流通，民间很快突破限制，沿着九龙江水运漳泉二府食盐到汀州、延平等府销售，"夫漳州所属八

1　《明英宗实录》卷169，正统十三年八月辛未，第3263页；张学颜等：《万历会计录》卷39《盐法·福建盐运司》，《北京图书馆古籍珍本丛刊》第53册，第1282页上栏。

2　叶锦花：《区域经济发展与食盐运销制度变革——以明代福建漳州府为例》，《中国社会经济史研究》2012年第2期。

3　叶锦花：《亦商亦盗：灶户管理模式转变与明中期泉州沿海地方动乱》，《学术研究》2014年第5期。

4　《明英宗实录》卷116，正统九年五月癸酉，第2351页。

5　《明英宗实录》卷137，正统十一年正月丁亥，第2725页。

邑，滨海者三，负山者五，与延、汀二府通道，而柳营江原设批验所以通官盐，后改所为巡检司，故浔、㳽、浯州，东板盐埕，竹屿等场团盐，私行甚盛"。[1] 浔、㳽、浯三场食盐运销不需要开中手续，省去开中成本，而场外盐连生产税都免，成本都比惠安场官盐低。此外，非官盐的品质比官盐高，[2] 更受消费者青睐。故惠安场官盐市场竞争力难敌漳泉二府其他食盐，商人不愿报中，盐课积压。弘治十六年，巡按福建监察御史陶煦指出惠安场额办盐课"自洪熙元年起至今推〔堆〕积黑盐一十万余引"。[3]

为处理盐课积压问题，陶煦奏准，其一，加大搭派额度，将报中福建的商人到惠安场支取食盐的比例提高到报中盐引的一半，以加速运销已积压之食盐；其二，从弘治十六年开始，惠安场盐课全部折银，每引征银7分。[4] 惠安场额盐7352引，共折银514两6钱5分，由场大使征收后解运司贮库，由运司起解户部缴纳，以接济边用。[5]

折银后，除积压盐引搭派外，惠安场食盐生产、供给与流通的相关制度与浔、㳽、浯三场一致。盐折银亦摊入灶户丁米中，与盐册登记的灶户丁米有关，而与食盐生产、流通脱离关系，故盐课司以征收白银为重任，而放任民间食盐生产。与浔、㳽、浯三场不同的是，惠安场盐折银起解户部，直接关系运司政绩，故运司更为重

1　《明世宗实录》卷409，嘉靖三十三年四月丙申，第7140页。

2　嘉靖《惠安县志》卷7《课程·盐课》，第2页b。

3　童蒙正、林大有纂修《福建运司志》卷2《巡按福建监察御史陶煦题为分豁盐课略节（弘治十六年）》，虞浩旭主编《天一阁藏明代政书珍本丛刊》第10册，第195页。

4　童蒙正、林大有纂修《福建运司志》卷2《巡按福建监察御史陶煦题为分豁盐课略节（弘治十六年）》，虞浩旭主编《天一阁藏明代政书珍本丛刊》第10册，第195~196页。

5　江大鲲等修《福建运司志》卷8《课程志·额派》，于浩辑《稀见明清经济史料丛刊》第1辑第28册，第251页。

视。[1] 该场废除仓－埕组织，形成团组织，包括西湖前坂团、庭边乔浦下洋东团、下洋西柯桄林内团、上仓坂西团、下仓下坂团等五个团，由团组织负责催征盐折银。[2] 至此，福建运司在实际上放弃对漳泉二府食盐生产和流通的管理，时人称福建七场"名存实亡，已去其半矣"。[3]

（三）嘉靖朝浔、氵丙、浯三场盐课折银

惠安场是福建盐课最先折银之场，此后浔、氵丙、浯三场纷纷效法。与惠安场盐课折银机制不同，浔美等三场盐课折银是灶户为减轻负担自下而上提出的改革。

浔美场是继惠安场之后泉州第二个盐课折银的盐场。嘉靖九年，浔美场灶户士绅、官至南京道监察御史的粘灿[4]上奏要求浔美场盐政改革，其言：

> 民（灶户——引者注）命既已不堪，复于里甲之内又办杂料等项，民又何以堪命耶？况浯州场每丁米只纳三斗三升六合六勺，氵丙州场每丁米只纳四斗四升五合，而臣浔美场独每丁米七斗七升六合五勺。夫浯州场受盐折米既轻，而又免其里甲杂办，浔美场受盐既重，而里甲杂办仍复不免，是以土著之民多

1　浔、氵丙、浯三场盐课直接由各场征收后解泉州府，由泉州府散给沿海卫所官兵，运司仅负责通关，"原议征解泉州府支给永宁卫所官军月粮，本司只据完擎通关缴报"。林大有纂修《福建运司续志·福建都转运盐使司同知伍典条议盐法事宜》，虞浩旭主编《天一阁藏明代政书珍本丛刊》第 10 册，第 570 页。

2　江大鲲等修《福建运司志》卷 1《区域志·产盐场滩》，于浩辑《稀见明清经济史料丛刊》第 1 辑第 27 册，第 605 页。

3　童蒙正、林大有纂修《福建运司志》卷 3《艺苑文辞·策文·福建己酉试士策问盐政答曰》，虞浩旭主编《天一阁藏明代政书珍本丛刊》第 10 册，第 464 页。

4　乾隆《晋江县志》卷 9《人物志一·列传·粘灿》，中国方志丛书第 82 号，成文出版社，1967，第 220 页下栏。

不聊生。伏愿陛下益弘泽及海隅之德，减其折米，免其里甲杂办，与浯州场一例折纳，则穷檐部屋之下庶煦然其回春矣。[1]

据此可知，粘灿要求向浯州场看齐，降低浔美场盐折米折例，免去浔美场灶户办纳里甲杂办之役。粘氏提出此改革的理由是该场灶户负担较沥州、浯州二场灶户重。在粘灿看来，造成浔美场灶户负担在浔、沥、浯三场中最重的原因有如下二条。

第一，浯州场免灶户杂办，而浔美场没有减免。

在明代的制度中，灶户不需要供应里甲杂办，然而，灶户户籍信息登记在黄册，又与民、军等一同被编入里甲组织中，向州县承办里甲正役，方便了州县官对其进行徭役征调。州县官往往不遵祖制，向灶户摊派各种杂办，如将均徭、驿传等役摊派给灶户。成化以后，浯州场灶户、保护幼年朱祐樘有功的宦官张敏及其家族等势力多次奏请免除浯州场灶户承担州县三办（额办、岁办、杂办）、均徭、弓兵、驿传等杂办杂役，并获得允准。[2]然而优免仅限于浯州场，而晋江县仍向浔美场、沥州场灶户摊派杂役杂办。

第二，浔美场丁米缴纳盐折米的则例高。

浔、沥、浯三场丁米摊派盐折米折例，至迟在正统八年三场盐课折米时已不同。当时的官员如何确立该三场丁米摊派折例，因材料阙如已不可知。嘉靖十九年（1540），巡按福建监察御史包节认为浔美场灶丁应纳盐课之所以多是因为该场晒盐容易。[3]实际上，早

1　童蒙正、林大有纂修《福建运司志》卷2《南京山西道御史粘灿题请纳价略节》，虞浩旭主编《天一阁藏明代政书珍本丛刊》第10册，第203~204页。

2　参见叶锦花《明代盐场制度变革与州县赋役调整——以福建同安县为中心》，《社会科学辑刊》2015年第5期。

3　童蒙正、林大有纂修《福建运司志》卷2《巡按福建监察御史包节题请盐法疏（嘉靖十九年）》，虞浩旭主编《天一阁藏明代政书珍本丛刊》第10册，第214页。

在元末，浔、沤、浯三场已改煎为晒，都采用埕漏晒盐法，晒盐方法一致，制盐成本相差不大。即便是受环境影响，晒盐场地位于浯州岛、烈屿岛上的浯州场比浔美、沤州二场遇到的风沙更大，维持晒盐场地的成本较高，也不至于相差一倍以上。其实，折例不同，可能还与官府对盐折米能否顺利征收的考虑有关。正统八年，盐课折米除应对盐课积压问题，还欲满足泉州沿海卫所军饷需求，故福建布政司等官府需要考虑盐折米能否顺利征收的问题，此与灶户能获取多少米粮以充盐课有关。因盐场所在的浯州、烈屿二岛不适宜产米，二岛所产米粮不足岛民日常所需，遑论作为盐课缴纳官府，故布政司令同安县上都部分民米拨补浯州场盐米，同时浯州场盐课折米的折例较其他场低。浔美场盐课折米折例较高的状况，最迟在正统八年就如此，并维持了数十年，说明浔美场灶户能够接受。

　　然而，到嘉靖九年，粘灿要求浔美场与浯州场一样减免里甲杂办，改每丁纳米七斗七升六合五勺为三斗三升六合六勺。粘灿的奏议引起一番讨论，根据时人记载，是次讨论中，有官员提出将浔美场引米（又称"盐折米"）折银的建议。[1] 最终，浔美场灶丁课税科则没能与浯州场一致，因为从逻辑上看，弘治十五年（1502）以降福建各场盐课额、灶户丁米都定额化，丁米摊派科则减少将降低浔美场应征盐课总额，故摊派科则不能降低。不过，朝廷批准了浔美场盐课折银，引米每石折银 5 钱，亦即盐课每引征银 5 分，盐折银

1　关于嘉靖九年浔美场盐政改革中改革者的要求，《南京山西道御史粘灿题请纳价略节》载最终决定时，又称"行令该场查照原议每石折银五钱"。见童蒙正、林大有纂修《福建运司志》卷 2《南京山西道御史粘灿题请纳价略节》，虞浩旭主编《天一阁藏明代政书珍本丛刊》第 10 册，第 205 页。万历《泉州府志》也记载了粘灿要求"减其折米，免其里甲杂办，与浯州同例，或于所折盐米照泉州府河泊所鱼课则例，每米一石折银三钱五分"。见万历《泉州府志》卷 7《版籍志下·盐课》，第 13 页 b。这说明嘉靖九年，浔美盐政改革者还提出了盐折米折银的要求，然而该要求是粘灿提出的还是其他人提出的，则有待进一步探讨。

"以备军士间月支用"，"其余一应杂泛差徭照例量与优免"。[1]

　　浔美场盐课折银之后，氵丙州和浯州二场盐课也经历折银改革。嘉靖十九年，巡按福建监察御史包节指出：

　　　　至嘉靖九年又奉勘合，将浔美场盐米每石折银五钱，仍派泉州府给军，惟浯、氵丙二场仍旧折米，每石折银六钱，节据浯、氵丙二场灶户告要比照浔美事例，一体折价。[2]

据此，氵丙州场和浯州场盐课折银时间较浔美场迟，且折例较浔美场高。至嘉靖十九年，氵丙、浯二场灶户要求以浔美场为例，降低盐折米折银比例。包节赞成氵丙、浯灶户的要求，认为浔美场灶丁应纳盐课之所以多是因为该场晒盐容易，各场引米折银则例应该相同，且折银都是给军用，不应厚此薄彼，民米折色每石折五钱，盐米折价应保持一致，要求将氵丙州、浯州二场盐米照浔美场折例米每石折银五钱，并获得批准。[3]此后，氵丙州和浯州二场盐折米、折银换算比率得以与浔美场同。该三场共征盐折银2894两有余，与惠安场盐折

1　童蒙正、林大有纂修《福建运司志》卷2《南京山西道御史粘灿题请纳价略节》，虞浩旭主编《天一阁藏明代政书珍本丛刊》第10册，第205页。

2　童蒙正、林大有纂修《福建运司志》卷2《巡按福建监察御史包节题请盐法疏（嘉靖十九年）》，虞浩旭主编《天一阁藏明代政书珍本丛刊》第10册，第213~214页。

3　包节言："臣因而查得原额浔美每丁受盐七引者，盖其办盐之易，而氵丙、浯每丁受盐四引者，盖其煎办之难。今既一体折米，其价不宜异同，况均为给军之用，又岂应此重彼轻。故在灶户则援五钱之例以告减，在军士则援六钱之例以告增，甚非所以重事体、惠穷灶也。及查民米折色，每石只追价银五钱，而盐米折色反加一钱，可乎？况极边灶户贫难殊甚，宽一分则受一分之惠，又何必如此额外锱铢之利乎？合无比浔美盐米正耗每石俱折银五钱，庶几轻重均平，事体归一，公普之惠垂之无穷矣……其氵丙、浯二场盐米准照浔美场每石折银五钱支给军士月粮之费，此后不许妄议增减，违者从重参究提问治罪，题奉圣旨准议行。"见包节《题专委官均折价疏》，江大鲲等修《福建运司志》卷13《疏略志》，于浩辑《稀见明清经济史料丛刊》第1辑28册，第387~389页。

银解运户部不同，该项银两由盐场征收后，输纳泉州府海防厅，依旧作为地方军饷，充当永宁卫、福全所、金门所等卫所官兵月粮。[1]盐折银都摊入灶户户下丁米征收，丁米有明确的征收则例。将单位丁米应纳盐斤数按照各场改折则例换算成白银，等于单位丁米当纳盐折银数。以浯州场为例，明初浯州场盐丁一丁每年纳盐约 3.6 引，田粮一石每年纳盐 2.5 引，正统八年，盐课每引折米一斗，盐丁每丁纳米三斗六升，每田米一石纳米二斗五升；[2]至嘉靖九年盐课折银，盐折米每石折银五钱，盐丁每丁每年纳银一钱八分，每田米一石每年纳银一钱二分五厘。

表 4-1　嘉靖十九年福建泉州四场盐课额

盐场	总额盐	盐折米	盐折银
惠安场	7352 引 48 斤 10 两 8 钱	无	514 两 6 钱 5 分
浔美场	33611 引 266 斤 12 两	3361 石 1 斗 6 升 6 合 7 勺	1680 两 5 钱 8 分 3 厘 3 毫 5 丝
浯州场	14976 引 361 斤	1497 石 6 斗 9 升 3 勺	748 两 8 钱 4 分 5 厘 1 毫 5 丝
汭州场	9295 引 159 斤 8 两	929 石 5 斗 3 升 9 合 8 勺	464 两 7 钱 6 分 9 厘 9 毫
总额	65236 引 35 斤 14 两 8 钱	5788 石 3 斗 9 升 6 合 8 勺	3408 两 8 钱 4 分 8 厘 2 毫

资料来源：江大鲲等修《福建运司志》卷 8《课程志·额派》，于浩辑《稀见明清经济史料丛刊》第 1 辑第 28 册，第 255~257 页。

1　江大鲲等修《福建运司志》卷 8《课程志·额派》，于浩辑《稀见明清经济史料丛刊》第 1 辑第 28 册，第 252~253 页；刘尧海：《奏设漳泉分司》，江大鲲等修《福建运司志》卷 13《疏略志》，于浩辑《稀见明清经济史料丛刊》第 1 辑第 28 册，第 431~432 页。

2　康熙《同安县志》卷 2《官守志·浯洲场盐课司》，方宝川、陈旭东主编《福建师范大学图书馆藏稀见方志丛刊》第 10 册，第 206 页。

综上，正统至嘉靖年间，福建地方官府在解决在市场机制作用下官盐滞销、盐课积压盐场，地方军饷需求，以及灶户逃亡、降低盐课负担的要求等问题的过程中，逐渐将泉州四场盐课折米、折银。折银后，白银成为计算盐课和征收盐课的手段。盐课与盐、制盐业脱离关系。

二 盐场管理重心的转变及与州县趋同

有明一代，在垂直管理体制下，泉州各场盐课司主要的职责一直是征收盐课。不过，随着盐课形态发生变化，盐课司管理盐场的重心和具体模式都发生转变。

盐课为本色盐时，食盐生产状况关系盐课的制造与征收，因而场大使关注盐场地方的食盐生产状况，试图通过控制食盐生产，进而征收盐课。不仅如此，本色盐课还与开中法密切相关，场大使需要配合运司将本色盐课支配给报中的商人，同时严防灶户走私。因而，虽然明初以降泉州盐场管理环境相对宽松，但是场大使完成管理盐场职责的核心仍是管理、监督盐场地方食盐生产及运销。由于明初以降，泉州盐场地区生产盐的人不一定是灶户，灶户不一定生产盐，因此，场大使不仅需要管控灶户，而且需要监督盐场地区其他人群。

盐课改折后，泉州各场场大使管理盐场的职责虽然仍是征收盐课，但是具体的管理方式和重心已经随着盐课形态的转变而转变。折米、折银之后，盐课形态以米粮、白银的形式出现，且不管是盐折米还是盐折银，都摊入灶户丁粮中，是根据灶户丁粮征收的比例赋税。即便控制食盐生产，也没法直接获得米粮或白银，因此，场大使不再控制食盐生产。又因盐课改折之后，泉州各场食盐不参与开中及其他食盐专卖，因此，场大使也不再需要配合盐运司支配食盐。

场大使如何征收米粮、白银？场大使在明初盐场组织的基础上形成新盐课催征组织，具体体现为以下三点。

其一，不再以盐仓为催征单位。盐仓在明初极为重要，是仓 – 埕 – 甲组织中的一个组成。盐课改折后，灶户或纳米粮，或缴白银，所产食盐不必缴纳盐仓，因此，场大使放弃盐仓，[1]不再以盐仓作为盐场催征组织的一部分。

其二，各场形成新盐课催征组织。其中，浔美等三场废除仓组织，但保留埕，以生产食盐的埕来组织灶户，催征组织由明初的仓 – 埕 – 甲演变为埕 – 甲组织。浔美场有十九埕，㳉州场有六埕，浯州场有十埕。与之不同，惠安场由原来八仓埕演变为五团。[2]

其三，各盐课催征组织仍设职役，浔美等三场的埕 – 甲组织仍设总催、秤子等职役。惠安场则每团有总催一人、秤子一人、团首四人。[3]嘉靖年间，福建各场灶户十年轮当一次总催，[4]到万历年间改十年为五年，"今后该司十年攒造黄册，查将各场灶户额课丁力尽数开报，如人丁、盐额多者编为总催，五年一更"。[5]总催的职责仍旧，"分管灶户，督催灶丁完课"，[6]只是催征之物由食盐改为米粮或白银，

1　吕小琴、王日根：《从盐仓看明清福建盐业变迁》，《福建论坛》（人文社会科学版）2006 年第 12 期。

2　江大鲲等修《福建运司志》卷 1《区域志·产盐场滩·浔美场》《区域志·产盐场滩·㳉州场》《区域志·产盐场滩·浯州场》《区域志·产盐场滩·惠安场》，于浩辑《稀见明清经济史料丛刊》第 1 辑第 27 册，第 605~607 页。

3　嘉靖《惠安县志》卷 7《课程》，第 2 页 a。

4　万历《泉州府志》卷 7《版籍志下·盐课》，第 12 页 b。

5　江大鲲等修《福建运司志》卷 6《经制志·均定课赋》，于浩辑《稀见明清经济史料丛刊》第 1 辑第 28 册，第 131 页。

6　江大鲲等修《福建运司志》卷 6《经制志·均定课赋》，于浩辑《稀见明清经济史料丛刊》第 1 辑第 28 册，第 131 页。

万历《福建运司志》载："奏奉勘合，折征银、米，每年各该场官攒督，令见年总催亦如前期征纳。"[1]

因为盐折米、盐折银摊入灶户丁粮，场大使完成盐课征收任务的关键是掌握灶户丁粮，所以更为重视灶户丁粮状况。此则与同期州县管理地方的核心一样。

明初以降，州县对包括灶户在内的地方人群的管理重心也发生变化。随着赋役定额化、折银化的一系列改革，地方人户在府县方面承担的赋役简单化，而且"改变了朝廷与地方、官府与百姓的关系"，"以折银取代亲身应役制度，在编户齐民与王朝政府之间，更多通过货币方式来联系。这样的变化，反映了朱元璋所建立的'划地为牢'、与百姓亲身应役的安排密切关联的户籍管理制度，发生了带有根本性的改变，人口空间流动的可能性明显增强"。[2]为征收赋役，州县也越来越重视对编户丁田的登记和管理。

简言之，随着盐课改折、食盐运销制度演变，泉州各场场大使管理盐场的重心转向盐折米、盐折银的征收，与赋役折银化后的州县管理重心趋同。为获得足额赋役征调，盐课司与州县都更为注重对地方丁田的管理和登记。

三　盐课司难以有效管理灶户及其丁田

上文指出，随着盐课改折，泉州各场场大使管理盐场的重心转移到盐折米、盐折银的征收。各场调整了盐课征收组织，浔、㳍、

1　江大鲲等修《福建运司志》卷7《课程志·下四场盐赋转输则例》，于浩辑《稀见明清经济史料丛刊》第1辑第28册，第269页。

2　陈春声、刘志伟：《贡赋、市场与物质生活——试论十八世纪美洲白银输入与中国社会变迁之关系》，《清华大学学报》（哲学社会科学版）2010年第5期。

浯三场以埕 – 甲组织征收盐课，而惠安场以团组织征收盐课。然而，明中后期各场实际上难以控制灶户及其丁粮状况，与有司系统、盐运司系统在管理地方职责上的分工有关，亦与盐折米、盐折银征收后的用途有关。本节将详细分析之。

首先，州县和盐课司的职责划分，不利于盐课司征收盐折米、盐折银。

洪武二十五年（1392）以降，国家通过盐运司、盐课司垂直管理盐场，盐课司负责管理食盐生产、灶户及征收盐课，而州县则管理境内所有编户，向其征调赋役，管理地方事务。这样的职权划分在本色盐课制度下有利于国家对食盐生产的管理和盐课征收，但不利于米粮和白银形式的盐课征收。因为场大使即便控制了食盐生产，不让走私，也无法获取米粮、白银形式的盐课，原本为更好征收盐课而给予场大使的管理盐业的职权，变得与盐课征收无关，或者说改折后场大使执行原有的管理职能已经无法有效征收盐课。而埕 – 甲组织并不是一个有效的盐课催征组织，因为它是以食盐生产单位"埕"来组织灶户，然而盐折米、盐折银都与食盐生产脱离直接关系了。

而与盐折米、盐折银直接相关的灶户及其丁田则难以通过埕 – 甲组织掌控。明初以降泉州各场灶户不仅与其他户籍人群杂居共处，而且逐渐向其他地方迁徙。例如，灶户粘氏明初迁居浔美场后，在明代又分居晋江粘厝铺、深沪、山柄、南安梧坑、泉州。直到今天"居泉州市区的粘姓约有 500 多人，上世纪 50 年代前相对集中居住在西街、甲第巷、台魁巷、浮桥的祖宅"。[1] 迁居南安梧坑的是"粘氏第十三世，字宜旺，号刚柔，生于明景泰元年（1450），卒于明

1　麻健敏：《闽台粘氏满族谱牒研究》，海风出版社，2008，第 95 页。

正德十六年（1521）"。粘氏族人在梧坑发展，现在人口达一千多人，是泉州地区粘氏人口最多的地方。[1]明中期，灶户居住范围极广，甚至超出晋江县范围。随着灶户迁徙，官府对其进行管制的难度进一步加强。至明中后期灶户分布广泛，场大使无法通过埕－甲组织掌握灶户及其动向。

在垂直管理制中盐场和州县分工的体制下，场大使无管理地方之权，更无跨越盐场地区之管理权，因此，其难以控制灶户及其丁米，也难以在食盐生产地形成更为有效的控制灶户的组织。福建运司深知此中道理，故而隆庆年间福建都转运盐使司同知伍典就指出："在各场，则以泉州非其所辖，而督解难完。"[2]

其次，改折之后，负有给境内卫所发放月粮之责的泉州府最为重视浔、洑、浯三场盐课的征收，但是却无权催征。

在明代，盐课一直被视为国家财政收入的重要构成，即便是改折后的泉州各场盐折米、盐折银仍是国家财政的重要构成。不过，根据国家规定，泉州四场中惠安场盐折银由盐运司解运户部，浔、洑、浯三场盐折米、盐折银则存留泉州地方，充作盐场附近卫所军饷，具体军饷的发放则由卫所所在府县负责。这就形成以下局面：浔美等三场盐折米、盐折银由各场场大使征收，由泉州府负责发放给指定的卫所官兵。具体而言，在折米阶段，总催等催征盐折米，灶户将应纳盐折米运至指定卫所官仓，即浔美场灶户将盐折米运至永宁卫缴纳，洑州场灶户将盐折米运至福全所缴纳，浯州场灶户将盐折米运至金门守御千户所官仓缴纳。福建卫所仓原本由都司系统

1　麻健敏：《闽台粘氏满族谱牒研究》，第95页。

2　林大有纂修《福建运司续志·福建都转运盐使司同知伍典条议盐法事宜》，虞浩旭主编《天一阁藏明代政书珍本丛刊》第10册，第571页。

管辖，然于正统六年改归卫所所在府县管理，[1]因此，盐折米缴纳卫所仓，由泉州府相关官吏管理，并负责将之发放给卫所官兵。折银之后，盐折银仍由场大使负责催征，场大使仍依赖总催、秤子等盐场职役催征，并将银解运至泉州府府库，由泉州府相应官吏发放给卫所官兵。

新运作方式下，泉州府最为关心浔美等三场盐课征收及解库情况，因为这直接关系着泉州府能否按时按量给卫所官兵发放军饷，及泉州府私下对这笔收入的其他支配情况。然而，盐课司属于盐政系统，不归布政司系统管辖，因此，泉州府无权要求盐课司做事，也没有督促、监督盐课司催征盐课的权力，"在泉州，则以（盐课）通关非其所司，而查催（盐课）不便"。[2]泉州府对此表示无奈。

最后，拥有催征权的盐运司则不再关心浔、㳽、浯三场的盐课催征状况。

在上述盐课征收、支配体制中，浔、㳽、浯三场盐课虽然征收形式、用途发生变化，但仍是盐课，仍由盐课司征收，而作为福建盐政管理最高机构的福建都转运盐使司在制度上仍需要监督、催促各场盐课征收。[3]然而，改折后，福建都转运盐使司实际上不再关注该三场盐课征收状况，这是因为浔美等三场盐课留作地方军饷用，不再与盐课收入、商人开中等运司重要职责发生关系，不再与盐运司考核有关，故而，福建盐运司不再过问浔美等三场盐务。又因为

1　《明英宗实录》卷80，正统六年六月己丑，第1602页。

2　林大有纂修《福建运司续志·福建都转运盐使司同知伍典条议盐法事宜》，虞浩旭主编《天一阁藏明代政书珍本丛刊》第10册，第571页。

3　林大有纂修《福建运司续志·福建都转运盐使司同知伍典条议盐法事宜》，虞浩旭主编《天一阁藏明代政书珍本丛刊》第10册，第569~573页。

该三场盐课存留地方，由泉州府具体负责发放，所以该三场每年盐课征收状况汇报给泉州府，而没有汇报给福建运司。福建运司官员就指出该三场"凡已、未完解（盐课）数目悉在该府，本司向无数目可查"。[1] 福建运司连该三场盐课征收数据都没有，可见其对该三场盐课征收之不重视，更不会对该三场盐课征收进行监督和管理。

福建盐运司不再积极监督，泉州府关心盐课征发状况却无权过问，换言之，明中后期浔、氵丙、浯三场盐课征收没有形成强有力的监督和制约机制。因此，三场场大使无征收盐课之压力，又因新形势下盐课司催征盐课在客观上存在困难，而出现灶户数十年不缴纳盐课的现象。史载"（浯州场）在岛屿中，不输课赋者三十余年，前吏畏风涛，莫敢往"。[2] 直到正德年间，严时泰担任福建盐司同知，[3] 才"泛海抵场，旬余输税万计"。[4] 浯州场三十多年不缴纳盐课，崇祯《闽书》编纂者将之归因于官吏不敢前往浯州海岛，此或一因，但浯州场得以如此，当是上述宽松的盐政环境造成的。

明中叶盐政系统放松对盐场管理，主要针对浔美等三场而言，惠安场情况比较特殊，盐折银并非留作地方军饷之用，而是由场官征收、上纳都转运盐使司解京，盐课征收仍与运司职责相关，故而，运司仍关心、稽查该场场课征收情况，管理较严。[5] 也正因为

1　林大有纂修《福建运司续志·福建都转运盐使司同知伍典条议盐法事宜》，虞浩旭主编《天一阁藏明代政书珍本丛刊》第 10 册，第 571 页。

2　崇祯《闽书》卷 47《文莅·严时泰》，《四库全书存目丛书》史部第 205 册，第 153 页上栏。

3　江大鲲等修《福建运司志》卷 12《名宦志·严时泰》，于浩辑《稀见明清经济史料丛刊》第 1 辑第 28 册，第 355 页。

4　崇祯《闽书》卷 47《文莅·严时泰》，《四库全书存目丛书》史部第 205 册，第 153 页上栏。

5　林大有纂修《福建运司续志·福建都转运盐使司同知伍典条议盐法事宜》，虞浩旭主编《天一阁藏明代政书珍本丛刊》第 10 册，第 570 页。

处于不同的催征制度下，自嘉靖末年至隆庆年间，福建巡按御史蒙诏多次催促福建各盐场盐课通关，浔美等三场迟迟未报盐课征收情况，而惠安场很快就上报通关。[1] 浔美等三场与惠安场的不同境况正好说明了盐课流向影响运司的关注程度，并进一步影响盐场的管理。浔美等三场场大使因为无盐课征收压力，而没有特别调整盐课征收组织，盐课催征组织随着官仓退出而自然地演变为埕－甲组织；与之不同，仍有盐课催征压力的惠安场场大使则效仿上里场，也调整为团－甲组织。

新形势下，浔、㳉、浯三场场大使难以通过埕－甲组织掌握所有灶户及灶户丁田，又无法跨越食盐生产地去建构其他组织管理灶户，因而只能寻找代理人，通过与代理人合作而完成盐课征收任务。盐场地方不乏一些试图与场大使合作并以此获取资源的人，不过他们充当代理人也难以通过埕甲组织征收盐课。正是在这样的环境下，盐场地方的一些人利用明初以降就有承担军役经验的宗族组织来应对灶役。宗族成为泉州各场场大使催征盐课的最为主要的中介。

四　灶役风险降低

随着盐课改折、盐场管理模式改变，明中后期灶役风险也发生变化。

正统至嘉靖朝泉州盐课折米阶段，灶户完成盐课的负担和风险与缴纳本色盐课时不同。

1　林大有纂修《福建运司续志·福建都转运盐使司同知伍典条议盐法事宜》，虞浩旭主编《天一阁藏明代政书珍本丛刊》第10册，第571~572页。

折米后，盐折米摊入灶户户下丁粮。灶户按照户下丁粮额度及科则，缴纳相应额度的米粮作为盐折米。盐折米征收科则固定，只要灶户户下丁米不变，需要缴纳的盐折米就定额，户下丁米数额变化，按比例可算出需要缴纳的盐折米。在需要作为盐课缴纳的米粮数量可按比例计算的情况下，灶户可以根据户下丁粮情况提前准备好足够的米粮，以完成盐课任务，降低完不成任务的风险。

然而，泉州盐场地区不适宜水稻种植，本地米粮不足日常所需，遑论缴纳盐课。按规定，泉州盐课每引折米一斗，浔美、氵丙州、浯州三场共计盐引 57883 引 387 斤 4 两，正统十三年，三场盐课共折米 5787 石有零，即三场灶户每年须向官府缴纳五千多石的米粮。此数额不小，大概相当于晋江县秋粮米的 18%、同安县秋粮米的 34%。因本地米粮生产不足，泉州灶户到江浙、潮粤等地购买米粮。而灶户向江浙、潮粤等地区购买粮食缴纳官府，不仅不方便，而且风险极大，因为海运存在危险，"民苦漂溺，非死则徙"。[1]

购得足额米粮后，灶户需要将作为盐课的米粮运输到指定卫所官仓，需要人力、时间成本，同时存在其他风险。由于指定的卫所官仓毗邻盐场——浔美场盐课应纳的永宁卫官仓就在晋江县十七八都永宁地方，氵丙州场盐课应纳的福全守御千户所官仓就在晋江西海岸十五都福全地方，浯州场盐课应纳的金门守御千户所官仓在浯州岛上，因此灶户输纳米粮的距离近，运输途中遇到天灾人祸的风险就小。总催、秤子等职役负责催征米粮形式的盐课，监督灶户将米

1　详见叶锦花《盐政制度变革与明中后期商业的发展——以漳州、泉州地区为例》，《清华大学学报》（哲学社会科学版）2014 年第 6 期。

粮输纳到指定的卫所官仓。

正是因为缴纳盐折米风险大，泉州灶户促成盐课折银。盐课折银后，灶户完成盐课任务的风险大大降低。

首先，盐折银与盐折米一样摊入灶户丁粮，是向灶户丁粮征收的比例税，税则稳定，各灶户应纳多少的盐折银可计算，清晰明了，官吏剥削勒索空间小。

其次，明中后期泉州灶户有多种途径获取白银缴纳盐课。灶户可以通过生产食盐、销售食盐获取白银，也可以通过种植经济作物、海产养殖、捕捞、家庭手工作坊等方式获得商品，并将之投放市场，换取白银，还可以通过国内外经商获取白银。

最后，总催等催征盐课负担和风险都降低。浔、浯、㳽三场总催催征盐折银，仅需将收取的盐折银解纳泉州府则可完成任务，负担、风险都小。惠安场团首则将盐折银解纳位于福州府闽县的福建都转运盐使司衙门，距离较远，负担及风险稍大。[1]

总催等盐场职役仍有被剥削勒索的可能。而实际上他们常与场大使等官吏勾结侵盗、挪用盐课。景泰五年（1454）九月，户部委派主事王育会同福建布、按二司及运司官员对福建七场盐课进行盘查，"盘查惠安等七场原收盐课通亏折一百一十二万余引，俱系各场总催人等侵盗，并包收银钱诸物"。[2] 又载："各场官攒、总催人等，类多通同作弊。"[3]

1　关于泉州盐课改折及改折后总催、秤子等职役的责任的研究，请参见叶锦花《盐利、官员考核与地方军饷——正统年间福建泉州盐课折米机制研究》，《社会科学研究》2014 年第 1 期；叶锦花《亦商亦盗：灶户管理模式转变与明中期泉州沿海地方动乱》，《学术研究》2014 年第 5 期。

2　《明英宗实录》卷 245，景泰五年九月丁巳，第 5321 页。

3　《明宪宗实录》卷 208，成化十六年十月庚戌，第 3619 页。

还需指出，改折后浔、㳽、浯三场盐课充当卫所官兵月粮，盐课司、运司和州县在盐课征收、监督和分配中的实际分工，导致各场盐课征收压力小，灶户偷漏空间大。

第三节　军政改革与军役风险管控

与盐课、民差大部分项目折银化不同，直到明末，军户都必须保证有人在卫所当兵。从制度上看，军户不能像灶户那样通过支付白银完成本分户役任务，不过，随着寄操制度、附籍制度的推行，原籍军户或改远戍为近戍，或因卫所军户、附籍军户发展而降低被勾军的风险。与此同时，明初以降绝大部分原籍在泉州的军户在实践中摸索出各种办法，降低军役风险。

一　寄操、附籍与实践中的军役

明初，朝廷为了战事，大规模、远距离调遣卫所军士，出现卫所与原籍家乡遥远、勾补军役困难的现象，应补军士或逃亡，或留在附近卫所寄操当差。宣德年间，明廷承认边远卫所军士在原籍附近卫所寄操的事实，并尽量将卫军分配在附近卫所当差。[1]

在寄操制度推行后，泉州部分需要到安徽、云南、湖广、南京

1　杨培娜：《生计与制度：明清闽粤滨海社会秩序》，第 69 页。

等地卫所充军的军户，得以合法寄操泉州境内卫所。如永春坑仔口诗源陈万全军户从南京调云南再到泉州充军，《永春坑仔口诗源陈氏族谱》载："一户陈万全，系永春县六七都洪武安村人，洪武九年为抽军事，全户架〔垛〕充南京留守左卫军，调云南景东卫，中途故。宣德三年清理，将侄陈宗兴照例解附近永宁卫后所寄操。"[1] 又如盐场地区的石狮大仑蔡姓在洪武九年被垛集，服军役于南京留守中卫，洪武十九年调凤阳卫，宣德三年以后就寄操离家近的泉州卫。其族谱载："其军户祖名蔡景凤，洪武九年户抽充南京留守中卫，洪武十九年调凤阳卫，宣德三年军名蔡习，照奉勘合将蔡习发泉州卫寄操，系中所第八百户李某下，此后继当事例。"[2] 沪江（位于今晋江市深沪镇地方）尤氏军役亦从南京调到泉州，谱载二世祖伯华公兄弟"洪武十四年，复充南京左卫军，一门三差云，一户军籍系南京留守（中）卫，祖尤佛荫等接当。公故，空伍乏人承接，致蒙朝廷行勾祖存爵公于宣德五年奉命上京附籍，路中遇例，发回附近泉州卫所千户陈国才标下寄操"。[3] 因原乡与服役卫所距离缩短，寄操之军户承担军役的风险和负担大大降低了。

洪武年间，军户需要从家里派人到卫所去承应，营丁逃亡后，都司卫所到原籍清勾。明初以降，到卫所充当营丁者在卫所娶妻生子，在卫所及周边定居。勾军时，官吏往往先从卫所军户、附籍军户群体中勾军。虽然被勾军的可能性较大，但是明中后期国家也给予附籍军户较大的优惠，因而军户愿意在卫所及卫所周边

1　《永春坑仔口诗源陈氏族谱》，清光绪癸卯年（1903）稿本，转引自郑榕《14~18世纪闽南的卫所、户籍与宗族》，第50页。

2　蔡一含：《晋江大仑蔡氏族谱附录卷全》，永和菌边修谱祖编修《石狮大仑蔡氏族谱》。

3　尤大行等编《晋江沪江尤氏族谱·致政公传三子次子伯华三子伯荣派下谱牒·二世伯华公》，清乾隆年间编纂，1947年增修，稿本，陈支平主编《闽台族谱汇刊》第18册，广西师范大学出版社，2009，第352~353页。

谋生，成为旗军、屯军的首要来源，也更加保证了原籍军户远离清勾。[1]

二　军户应对军役与军役风险管控

明中后期，原籍军户承担卫所军役的风险也降低了。

随着朝廷鼓励卫所士兵在卫所定居，勾军遵循先勾卫所军户的原则，到卫所当兵的责任集中在少数人身上，对于原籍军户的大部分人而言，不需要到卫所当兵，被清勾的风险也降低。原籍军户在完成军役上的关注点也发生变化，"对原籍军户而言，关切的重点不再是出丁补伍，而是搜集证据，证明本户并未缺伍"。[2]

原籍军户在实践中发明多种策略以降低承担军役的风险。宋怡明指出明初福建军户有三种应对征兵的基本策略，可以分别称为"集中""轮替""补偿"。许多家族会同时采用两种或三种策略。"集中"即家族的共同义务集中由一人履行。该策略的逻辑延续是"代役"，军户发现集中承担本户义务的人不一定非得是本户成员，他们通常以支付酬劳的方式，说服外人代己服役。"轮替"即家庭和宗族（由最初的祖军家庭开枝散叶而成）内部的不同群体轮流服役。"补偿"则是军户给正军提供报酬，或是给付一次性报酬，补偿一位正军的终身服役，或酬谢家族一支的世代补伍，或是通过向在世的亲族筹钱，为正军提供固定收入，或是建立公产，给正军发"午金"。[3]

1　于志嘉：《明清时代军户的家族关系——卫所军户与原籍军户之间》，《"中央研究院"历史语言研究所集刊》第 74 本第 1 分，2003 年 3 月。

2　宋怡明：《被统治的艺术：中华帝国晚期的日常政治》，第 85 页。

3　宋怡明：《被统治的艺术：中华帝国晚期的日常政治》，第 62~63、76 页。

　　明中后期泉州盐场人群熟练地运用"集中"、"轮替"和"补偿"等策略应对征兵。浯州东山、大地、东溪、顶东山等地的吴氏九世祖添与公在明初时与前厅房的祖先一同被抽军，军役就推给了势力相对弱小的前厅房，而前厅房的旭清公又将到卫所的军役摊派给其"再从之子"，谱载"时则有若前厅房旭清公以再从之子佺伏羲服役于千里外"。[1] 上文提及的浔海施姓军户到云南充当屯军的军役由一哥公派施天乞房承担，一哥公派是施姓共同埰集各派中人丁最少的，天乞之后该卫所军役没有轮到其他派，而是由施氏在云南的赘婿承应。[2]

　　在宣德三年寄操泉州卫以后，军役承担经历了"轮替"到"补偿"的变化。嘉靖三十七年（1558）至四十一年，编撰大仑蔡氏族谱的蔡一含详细记载道：

　　　　祖议特优宗孙一人免与支派，衰微、三丁以下者特矜免；二十岁以下、五十岁以上者，念其老弱亦免；子生员者时奖，并免其父，如应役方入学者即追役，父子并免。余依房分长、次轮当，率以十年一更。其该当房分以阄为定，退役者本房再拈阄承当，期满方过别房。其军装每年众科贴银若干，随丁科派，亦责在户长。二十岁以下、六十岁以上与痼疾者免出，生员特免其身出，余通族不问。杂职役及已仕者俱出。成化二十年勾丁，族仍会议以十年交代为太聚者，于是易以一世三十年之说，特推长房丁蔡进应役，进即愈杰。嘉靖九年，将营丁蔡

1　吴鼷仁编修《长房下东山、二房大地、三房东溪、四房顶东山四房头吴氏族谱・祖德祖业志》，乾隆四十六年修，金门县宗族文化研究协会藏，第 11 页。
2　施克达：《重修一哥四郎二派实录》，施德馨纂辑，施世纶等补辑《浔海施氏族谱》卷 1，第 1页 a~b。

椿补役，装贴依旧，后并其贴而亡之，抵今役尚未有代也，此
则祖法之变甚矣。盖自愈杰出徙应役后，彼此久不相闻，八十
余年间扫吊贺之礼废，而相资助、相纠正之义亦固以不举。含
欲会众参酌，不失祖规，而未之暇，然一派专应军役，不与民
盐，或亦一便，可相安无事，长久行之耳。姑述其概，以俾本
末有稽云。其蔡温、景凤等名于道项图无之，想系一时之捏名
也，及蔡习则系的名矣。[1]

据蔡一含记载，以宣德三年寄操泉州卫为契机，大仑蔡氏族人
重新商议军役承担办法，商定：在派遣军丁到泉州卫寄操方面，除
宗孙、衰微者、老弱者、生员及其父等可以优免外，其他人都有到
卫承担军役的责任。谁去泉州卫则由该本房采取拈阄的办法决定，
在该十年内，若卫军死亡、逃绝，仍由该房派遣人员顶役，十年后
才轮到下一个房承担。军贴承担不是按房轮值，而是由户长向通族
成丁（除了痼疾、生员等特殊人员外）科派。

大仑蔡氏长、次二房十年轮一次军役的做法，自宣德三年持续
到成化二十年，大约轮流了六次。成化二十年可能大仑蔡氏在泉州
卫服役人员死亡或逃绝，官府前来"勾丁"。蔡氏族人商议新的轮
值办法，"以十年交代为太聚者，于是易以一世三十年之说"。当时
正值长房男丁在卫所承担军役，因而"特推长房丁蔡进（愈杰）应
役"。按照三十年一轮算，成化二十年长房蔡愈杰开始承担军役，
到正德九年结束。正德十年到嘉靖二十三年这三十年的军役应该由
次房承担。不过，三十年一轮的办法没真正执行。蔡愈杰到泉州卫
后，蔡氏就不再从大仑派遣人员前往泉州卫当卫军，卫军之役由蔡

---

[1]　蔡一含:《晋江大仑蔡氏族谱附录卷全》，永和菌边修谱组编修《石狮大仑蔡氏族谱》。

愈杰的后代、在营人丁承担。嘉靖九年，蔡愈杰的长子"营丁"蔡椿就顶补了军役。[1] 直到嘉靖四十一年，蔡一含撰族谱附录时，军役仍由蔡愈杰一支承担。"营丁"一词说明了蔡椿是在泉州卫所长大的，也说明蔡愈杰一支已经在泉州卫定居、繁衍。大仑蔡氏分成原籍军户和卫所军户两大支派。明中期，军户演变出原籍军户和卫所军户的现象比较普遍，原籍军户与卫所军户之间关系复杂。[2] 就蔡氏而言，虽然没有文献记载，但可以推断，成化到嘉靖之间，蔡氏原籍军户与卫所军户之间有过协商，并决定由蔡愈杰一支军营居住充当卫所军，而原籍大仑蔡氏承担军贴。除军贴之外，到泉州卫的大仑蔡氏与原籍大仑蔡氏之间没有联系，"盖自愈杰出徙应役后，彼此久不相闻，八十余年间扫吊贺之礼废，而相资助、相纠正之义亦固以不举"。

卫所军户专门供应卫所军役，减少了原籍军户承役风险。原籍军户往往只需要提供物资则可完成军役责任，兴化府士绅康太和甚至将原籍军户的军役负担简化为"军户则十年取贴军装"，[3] 免去了往返原籍家乡与卫所所造成的负担和风险。有些军户甚至与卫所军户失去联系，连军贴都不需要供给。

可见，虽然制度上原籍军户仍有派成丁到卫所充当军役的责任，但是民间在实践过程中，逐渐发展出一套原籍军户只需要定时支付财富即可完成军役责任的办法，故对于原籍军户而言，军役的风险和负担降低。

1　永和菌边修谱组编修《石狮大仑蔡氏族谱·支系图·第十七世·椿》。

2　杨培娜：《生计与制度：明清闽粤滨海社会秩序》，第 69 页。

3　康太和：《兴化府盐课记》，江大鲲等修《福建运司志》卷 15《文翰志·记叙》，于浩辑《稀见明清经济史料丛刊》第 1 辑第 29 册，第 182 页。

小　结

综上，明中后期，不管是民户还是灶户，需要完成的赋役任务中，盐课及其他大部分徭役项目都已折银，演变为向人丁、土地（税粮）征收的比例赋税。不管是州县还是盐课司，管理的重心都是征收白银形式的赋役（盐课），对相关编户的管理逐渐变为间接管理。盐场人群以缴纳白银的形式完成州县、盐场的赋役任务，完成赋役任务面临的不确定性，以及由此引发的官吏的随意征发、剥削勒索空间都大大降低，赋役风险随之降级。

而即便没有折银的里甲正役，不仅其职责随着均徭法、纲银法等制度的推行，政府所需的大量差役、办公费用定额化、折银化，而大大简化为"勾摄公事、催征钱粮"，而且民间在实践中往往雇人承应，且有些人乐于充当里长。换言之，人们只要支付部分财富，则可不去衙门听差，官吏无法像明初那样随意派差和剥削勒索。总催等盐场职役在制度上仍是灶户亲身应役，实际上则由固定人充当，他们虽然有被盐场官吏剥削勒索的风险，但也常与盐场官吏勾结，私吞、转移盐课。

军役虽然没有折银，仍须军户派成丁到卫所当兵，但是原籍在泉州盐场地区的军户在实践中摸索出一些低风险应对军役的办法，如让一些人专门在卫所承担卫所军役，留在原籍的人则支付白银（或其他财富）形式的军费盘缠。此办法既完成国家规定的军役任务，又有效规避了原籍军户派遣军役到卫所当兵及被勾军的风险。

总之，明中后期民户、灶户和军户的徭役风险大大降低，不再威胁家族生存。不仅如此，与黄册编审形式化、登记于黄册中各户头的赋税任务固定而户下实际支配人丁多等现象相结合，实际单位丁、田赋税极低，明中后期人们的赋役负担降低。

第五章　明中后期降低赋役负担的户籍策略

随着民、灶、军大部分徭役项目比例赋税化，泉州盐场人群完成国家指定赋役任务的风险大大降低，徭役风险不再危及家族生存。盐场人群管控赋役风险的办法也从明初规避徭役风险转为控制损失，即在接受风险的前提下，设法降低赋役负担，减少赋役相关支出。降低赋役负担的办法很多，其中对国家及地方出台的各种赋役优免政策的灵活运用是泉州盐场人群最常采用的办法。在多轨管理的制度环境下，泉州盐场人群还同时与盐场、卫所、州县等各系统的官吏进行多维度的博弈，以便同时获取灶户、军户等赋役优免，最大限度降低在赋役上的潜在支出和实际支出。

第一节 跨籍降低赋役负担与低成本占有维生资源

明中后期，泉州盐场人群管控赋役风险的办法是在接受风险的前提下，多角度降低赋役负担，控制因承担赋役而产生的损失。

一 降低赋役负担成为管控赋役风险的主要办法

随着赋役风险等级降低，泉州盐场人群管控赋役风险的办法逐渐从明初规避徭役风险，转向损失控制——控制因为承担赋役任务而产生的损失，尽可能降低赋役支出。

明初徭役风险等级极高，甚至危及家族生存，泉州盐场人群往往采取规避徭役风险的办法管控赋役风险，进而为家族生活生产谋取更为广阔的空间。改变户籍种类，摆脱高徭役风险，是明初泉州盐场人群常用的办法。其中，双重户籍者摆脱徭役风险最高的军籍，保留徭役风险较低的灶籍或民籍，单籍者亦改军为民。随着规避徭役风险策略的广泛采取，登记于黄册的户数迅速减少，不少里甲因为户数不够而不得不进行合并。浔美场所在的晋江县十七都、十八都就合并为十七八都。

明中后期，民、灶、军各役户的诸多徭役任务逐渐比例赋税化，徭役任务需要做的事情由明初到官府应卯听差、制盐纳课等，演变为根据户下丁田或丁粮缴纳比例赋税，里甲正役、盐场职役及军役等仍需要编户亲身应役的徭役不仅任务简化，而且民间摸索出低风险的承役办法。因此，至明中后期，民、灶、军各役户完成国家赋役任务潜在的风险大大降低，人们能为完成赋役任务而做充分的准备，赋役任务往往不再危及家族生存。

当然，明中后期泉州盐场人群完成赋役任务仍有风险，具体体现在以下几点。其一，编户缴纳各项赋役银时可能遭到来自官吏职役的克扣、刁难及勒索，因而需要支付更多的财富，满足官吏职役的寻租要求。其二，因土地、人丁登记在赋役负担较重的户下，而需要缴纳较高的赋役银两，造成财富的损失。在泉州盐场地区，明初以降灶户、民户和军户承担徭役项目不同，故而在各徭役项目比例赋税化并摊入相关役户户下人丁、土地之后，灶、民、军户下单位人丁、土地需要缴纳的赋役银不同，土地、人丁只要登记的户籍不同，需要缴纳的赋役银额度就不同。其三，没有充分利用国家赋役优免政策，而多缴赋役银，造成财富的损失。其四，承担里甲正役，总催、秤子等役的人仍有被州县、盐场官吏剥削、勒索的风险，但其风险已降低，且明中后期承担相关职役的人往往与官府勾结，谋求其他利益。

面对新的赋役风险，泉州盐场人群管控赋役风险的主要办法不再是规避，不再如明初那样摆脱户籍，而是接受风险，保留户籍，故而明中后期没有出现明初那样的户数迅速下降的状况。不仅如此，在黄册编审趋于形式化，且经历倭乱的情况下，泉州盐场地区的户数甚至出现增多的现象。嘉靖末年，经历倭盗之乱的泉州户口损失百分之六七十，然册籍上晋江、南安、惠安、德化四县户丁减少，"而户以花分开折〔析〕，反增于旧"，而同安、安溪、永春三县户、口都增加了。[1] 新增户以盐户和军户为主。如惠安县从嘉靖元年（1522）到万历四十年（1612）民户减少了 364 户，盐户增加了 69 户，军户增加了 66 户（见表 5-1）。

---

[1]　万历《泉州府志》卷 6《版籍志上·户口》，第 3 页 b。

表5-1 嘉靖元年、万历四十年惠安县各色户籍户数及其增减情况

单位：户

	民户	军户	盐户	匠户	弓兵户	铺兵户	医户
嘉靖元年	2833	1368	154	155	29	9	1
万历四十年	2469	1434	223	155	44	8	1
增减情况	-364	+66	+69	0	+15	-1	0

资料来源：嘉庆《惠安县志》卷12《户口田赋·户口》，《中国地方志集成·福建府县志辑》第26册，上海书店出版社，2000，第40页上栏。

黄册中户数的增多，说明明中后期人们不再摆脱户籍，不再规避徭役风险。

不过，泉州盐场人群没有完全根据国家的规定完成相关赋役任务，而是设法控制损失，降低赋役相关支出。泉州盐场人群在赋役上进行损失控制的办法很多。梁方仲曾总结明代百姓勾结官吏，通过更改册籍登记、毁灭册籍、诡寄田地、隐瞒丁口、挪移应役次序、转移赋役负担、滥用优免赋役权利等办法规避赋役。[1] 这些办法往往能达到在赋役上控制损失的目的，为泉州盐场人群所利用。万历《泉州府志》就记载泉州民众勾结官吏更改册籍、造假券契，云："按田土在民间有券契，官司有册籍，券契可伪作，册籍可弊改，而巨豪宿猾率表里舞文，据为左验，所由来日久。"[2] 嘉靖《惠安县志》亦载民众暗飞诡寄、包荒移换，"夫法久弊生，老奸巨蠹蟠穴乎其中，于是田产有暗飞诡寄、包荒移换，钱谷有驾空埋迹、虚入实出之弊"。[3] 泉州士绅蔡清更为详细地指出："福建属郡人民自永乐、宣德以后，多有田已尽、丁已绝，而其粮犹在

---

1 详见梁方仲《一条鞭法》，《明代赋役制度》，第17~18页。
2 万历《泉州府志》卷6《版籍志上·田土》，第9页b。
3 嘉靖《惠安县志》卷6《田赋》，第11页b。

者，名为无征，洒派小民，夫何故时事推移，田产潜入于豪右，上下欺蔽，有司莫为之分明，岁复一岁，遂不可奈何。又有一种恒产，奸民元田不失一段，顾乘造册之势，买嘱里书，飞入绝户，妄指无征，又在洒派，富家则厚享无名之利，贫民则虚受不根之害。此何理哉？又有自倾坠其先业者，妄减元田粮数，冀以粮轻易售，逮其渐次卖尽，寸土无存，而虚粮在户，多者不下数十石。此其人固不足恤，为其子孙者亦云艰哉。至于生存无计，挈家逃亡，里书又作实无征造报矣。如此等弊，蒂固根连，若不大为芟正，民俗实无由清。"[1]《晋江县志》载："民田苦徭役重累，官田有折价而无徭役，故豪家操鬻田者之急，或强冒官产，或减亩合券，乃鬻田者亦久操之，悬产不推迄于死，徙其子孙稚弱沦亡，竟无从究诘问。或有水漂沙压，田去产存，饔飧无资，而追呼日迫。"[2]

　　官宦、生员等身份在赋役上的优免也常被运用。随着盐场地区经济发展、财富积累，泉州盐场人群重视培养子孙读书，弘治以降，盐场地方文风鼎盛。时人黄凤翔指出泉州"直以弦诵相闻，衿绅鳞奋，烨然称巨于闽中"。[3]陈懋仁更为具体地指出："科第之盛莫盛于泉，如嘉靖戊午乡举中三十五人，辛酉、甲子各三十四人，近科有及五十人者。"[4]泉州府内部，盐场所在地区在科举上的成功不可忽视。就盐场所在的晋江县而言，史载该县"家诗书而户业学，即

1　蔡清：《虚斋集》卷4《杂说·民情四条答当路》，《景印文渊阁四库全书》总第1257册，集部第196册，第875页上栏～下栏。

2　乾隆《晋江县志》卷3《版籍志·土田》，第75页下栏。

3　黄凤翔：《田亭草》卷5《贺郡侯程公擢闽臬序》，《续修四库全书》第1356册，第114页上栏。

4　陈懋仁：《泉南杂志》卷下，《四库全书存目丛书》史部第247册，第862页上栏。

卑微贫贱之极，亦以子弟知读书为荣"，[1]"故县中衣冠之士往往发自
寒薄"。[2]根据郭培贵、蔡惠茹的研究，明代福建是科举大省，人均
进士数、人均一甲进士数和人均庶吉士数，皆为全国第一；莆田、
晋江二县进士数稳居全国前二，晋江、闽县、莆田三县的人均进士
数更是包揽全国前三。[3]莆田和晋江一样都是盐场县。另一个盐场
所在县——同安县科举也发达。该县士绅蔡献臣指出："山川精英钟
为人文，吾同蕞尔邑二百五十年来，登第者六十五人，而一时在朝
在野共得十八人，可不谓地灵哉？"[4]"吾同"即同安县。在同安县境
内，科举最盛之地是盐场所在地浯州岛，蔡献臣又言："吾同乡榜
至嘉靖戊子、辛卯二科盛矣，而辛卯七人皆浯产也，海中撮土亦灵
怪矣哉。"[5]崇祯《闽书》亦载浯州岛"其民敦俭，士多读书，取高
第"。[6]从户籍上看，参与科举考试的泉州盐场人群可能登记为民籍，
也可能登记为盐籍、灶籍、军籍等，此外还有登记军盐籍者。人们
常用官宦、生员身份优免赋役，降低赋役负担。

总之，明中后期泉州盐场人群保留户籍，接受赋役风险，同时
通过将人丁、土地登记到有赋役优惠的户下，利用官宦、生员等各
类赋役优免政策办法，来降低实际赋役负担，实现在赋役上的损失
控制。

1　乾隆《泉州府志》卷 20《风俗》，《中国地方志集成·福建府县志辑》第 22 册，第 482 页下栏。

2　乾隆《晋江县志》卷 1《舆地志·风俗》，第 52 页上栏。

3　郭培贵、蔡惠茹：《论福建科举在明代的领先地位及其成因》，《福建师范大学学报》（哲学社会科学版）2013 年第 6 期。

4　蔡献臣：《清白堂稿》卷 17《同安县志·人物志·科第》，《四库未收书辑刊》第 6 辑第 22 册，第 531 页上栏。

5　蔡献臣：《清白堂稿》卷 17《同安县志·人物志·乡榜》，《四库未收书辑刊》第 6 辑第 22 册，第 531 页下栏。

6　崇祯《闽书》卷 38《风俗志》，《四库全书存目丛书》史部第 204 册，第 718 页下栏。

二　民户、军户将土地诡寄灶户以降低役银支出

除各个地区常用的各种办法，明中后期泉州盐场人群还惯用灶户的赋役优势——即灶户户下单位人丁、米粮应纳役银较民、军单位人丁、米粮应纳役银低——将人丁、土地，特别是土地放到灶户户下，以降低总体赋役支出。

前文已经指出，洪武十七年，国家为保证灶户有能力、有时间制盐纳课，规定灶户免除州县杂泛差役。此规定在之后多次被重申。明初以降，民、灶应承各类徭役项目逐渐比例赋税化，役银摊入民、灶户下人丁、土地（米粮）。由于民户、灶户应承徭役种类不同，摊入丁地（粮）中的赋役项目及应征白银数目都不同，最终出现民户和灶户户下丁地（粮）应征白银额度不同，即民、灶单位丁地（粮）征税科则不同的现象。

嘉靖年间在泉州盐场地区，民丁需要缴纳丁料银、机兵银、均徭银，民田需要缴纳料银、驿传银、均徭银，军户除了优免一两丁之外，其他与民户同，而灶户则只需要缴纳盐折银。因为虽然州县曾经要求灶户承担均徭等银，但是成化以降，盐场大户、士绅促成了泉州灶户不需要承办州县均徭、杂役、杂办。灶户丁田应办盐折米或盐折银，较民、军丁米役银低。嘉靖二十七年（1548），南安县知县唐爱详细对比了同安县盐、民二籍丁米役银，指出民丁每丁每年应纳役银比灶丁多一钱五分，民米每石每年应纳役银（共三钱五分）比盐米应纳役银（一钱二分五厘）多二钱二分五厘（见表5-2）。原籍军户除优免一二丁杂役外，户下丁米应纳役银则例与民户的一样。故将民、军之丁改为灶丁，每丁每年可省银一钱五分，改民米、原籍军户户下米粮为盐米则每石每年可省银二钱二分五厘。将新收田地登记为灶籍，亦比民籍、军籍成本低。

表 5-2　嘉靖年间同安县灶户、民户之丁、米役银

	每年每单位丁、产应缴纳赋役银两
灶丁	每丁岁办盐米三斗六升，该银一钱八分
民丁	每丁料银六分，机兵工食银一钱五分，均徭银约该银一钱二分
盐田	盐户买民米一石入户岁加办盐二斗五升，该银一钱二分五厘
民田	每粮一石每岁纳料银六分，驿传银一钱七分，均徭银一钱二分

资料来源：万历《泉州府志》卷 7《版籍志下·盐课》，第 14 页 a。

　　鉴于灶户丁粮需要缴纳的役银比民户、军户低，将丁、地登记为灶籍，就可以减少赋役银的支出，故明中后期泉州盐场人群纷纷将原本登记在民、军户下的土地诡寄到灶户户下。

　　诡寄土地现象历史悠久，早在宋元时期就极为普遍，至明代亦如此。洪武朝时朱元璋就对诡寄土地行为加以禁止。洪武十八年（1385），太祖编纂《大诰》告诫道"将自己田地移丘换段、诡寄他人及洒派等项，事发到官，全家抄没"。[1] 洪武十九年，太祖作续诰，告诫移丘换段诡寄名色者"将田归于己名，照例当差"，不从者捉拿赴京，家小迁发化外[2]；又告诫"买田不过割的，教过割了；田多洒派了的，教收在本户自身里；移丘换段的各归本主，诡寄的如之"。[3]《大明律》有《欺隐田粮》的条目，载"若将田土移丘换段，那移等则，以高作下，减瞒粮额，及诡寄田粮、影射差役并受寄者，罪亦如之"。"如之"是如"欺隐田粮脱漏版籍者"之罪："一亩至五亩笞四十，每五亩加一等，罪止杖一百，其田入官，所隐税

1　朱元璋：《御制大诰·诡寄田粮第三十九》，《续修四库全书》第 862 册，第 254 页上栏。
2　朱元璋：《御制大诰续编·洒派包荒第四十五》，《续修四库全书》第 862 册，第 286 页下栏。
3　朱元璋：《御制大诰续编·粮长妄奏水灾第四十六》，《续修四库全书》第 862 册，第 286 页下栏。

粮依数征纳。"[1]虽然明廷多次禁止诡寄田产，但没能制止民间的诡寄行为。

　　诡寄的本质就是利用国家赋役政策的各种优免，使同一块田需要向政府缴纳的赋役负担降低。明中后期泉州盐场人群多将民田、军田诡寄到灶户户下。嘉靖二十七年，泉州府南安县知县唐爱就指出，自弘治十五年至嘉靖二十一年，浔美、㳽州、惠安、㻍州四场灶户田亩有从不到百亩增加到三千亩者，而四场民米诡寄灶户者多达 2293 石零。[2]

　　将民、军户下土地诡寄到灶户户下是东南沿海各盐区共有的做法。明中后期，两淮、两浙盐区灶户具体优免的役目及应纳盐课额等虽与泉州各场不一，但其负担亦较民、军为轻，[3]故而两浙"迩来灶丁日增，民丁日减，布〔灶〕田日多，民田日少"。[4]庞尚鹏言："殊不知优免之惠，徒能利于殷富，不能及于贫难。夫贫者身亲在场供办，则又无田可免，其有田堪免者，多系挂名灶籍之人。"又言："民灶之间相较悬绝，若灶户复于百亩之外免剩之田，又止量派轻省银差，则百凡重役未免悉派于小民，切恐灶户之诡弊日滋，而小民之困苦日甚，其势必不能支矣。"[5]

────────────

1　《大明律》卷 5《户律二·田宅·欺隐田粮》，第 1 页 a。

2　万历《泉州府志》卷 7《版籍志下·盐课》，第 14 页 b~15 页 a。

3　详见徐靖捷《盐场与州县——明代中后期泰州灶户的赋役管理》，《历史人类学学刊》（香港）第 10 卷第 2 期，2012 年 10 月；杨锐彬、谢湜《明代浙江永嘉盐场的赋役改革与地方变迁》，《安徽史学》2015 年第 2 期。

4　庞尚鹏：《题为厘宿弊以均赋役事（均民灶徭役）》，陈子龙等选辑《明经世文编》卷 357《庞中丞摘稿·奏议》，第 3834 页上栏。

5　庞尚鹏：《题为厘宿弊以均赋役事（均民灶徭役）》，陈子龙等选辑《明经世文编》卷 357《庞中丞摘稿·奏议》，第 3833 页下栏~3834 页下栏。

三　运用灶籍低成本占有滨海滩涂

对于已经登记在籍的土地，泉州盐场人群通过诡寄的办法改变其户籍身份，降低负担，而对于新涨的滨海滩涂等尚未登记入籍的维生资源，明中后期的泉州盐场人群设法将其登记入灶籍，以便低成本地确保对其的所有权，进而在激烈的竞争中得到官府的保护。

正统以后，随着赋役改革、盐课改折、卫所崩溃，泉州州县、盐场对滨海人群的管辖都由直接转向间接，滨海人群的活动空间扩大，生计选择更为自由。他们抓住国际贸易形势转变等时机，利用盐政、卫所等制度，与卫所军官、盐官勾结、合作，参与商品交易、经济作物种植、手工业产品制作、蛏和蚝的养殖，促进盐场地区商业、农业、手工业、海产养殖业等多种产业齐头并进。[1] 随着经济发展，滨海滩涂的使用价值提升，人们充分利用滩涂以晒制食盐，种植经济作物，发展近海养殖业，比如养蚝、种蛏。滨海盐卤资源得到充分的利用，嘉靖年间，惠安县沿海地区盐业一片繁荣，"南循徼海卤地场团盖累累焉，可谓无遗利矣"。[2]

随着滨海滩涂价值上升，滨海人群对其的争夺也愈发激烈。杨培娜的研究已指出明代中后期围绕滨海滩涂海界的圈占和争夺在广东、福建沿海地区层出不穷。[3] 为占有滨海滩涂，特别是当纠纷发生时能得到官府的认可，明中后期广东、福建沿海人群常将滩涂登记

1　关于明中后期漳泉地区商品经济发展机制及其表现、泉州盐场地区经济结构转变及其机制，可参见叶锦花《盐政制度变革与明中后期商业的发展——以漳州、泉州地区为例》，《清华大学学报》(哲学社会科学版) 2014 年第 6 期；叶锦花《明代灶户制度变革与区域经济变迁——以福建泉州盐场地区为例》，《中山大学学报》(社会科学版) 2015 年第 6 期。

2　嘉靖《惠安县志》卷 2《潮汐》，第 13 页 a。

3　杨培娜：《明代中后期渔课征纳制度变革与闽粤海界圈占》，《学术研究》2012 年第 9 期。

入籍。滩涂可被登记在民户、灶户、军户、渔户等户下，其中就泉州地区而言，登记在灶户户下每年应纳赋役银最少。

在明中期以降以养蛏出名的晋江陈埭地方，丁氏就宣称他们的祖先登记了多个灶籍，占有大片滩涂。陈埭丁氏所居住的泉州湾西南侧，在明清时期因养蛏苗而远近闻名，并逐渐发展为20世纪末闽南有名的蛏苗和大蛏产地，所产蛏鲟运往厦门、泉州、惠安各地，蛏苗则售运永宁、深户、惠安、龙海等地。[1] 也就在陈埭地方养蛏事业发展起来之后，陈埭丁氏编修族谱，宣称该族四世祖仁庵公于洪武初年为三个儿子登记了灶籍：

> 国初更定版籍……公抵县，自言有三子，愿各占一籍，遂以三子名首实而鼎立受盐焉。其地无盐之产，而有盐之征，公之意第急于应令，然亦自知其后必繁衍，果可无累于斯役也。[2]

据此，陈埭不产盐，"其地无盐之产"，生活在陈埭的丁氏亦不制盐，仁庵公却为自己的三个儿子填报了三个灶籍。而根据族谱的记载，四世祖仁庵公除为子登记灶籍，还占有陈埭地方的大量滩涂：

> （仁庵）公为人倜傥志大，以才略雄于里中。陈江故多巨姓，著代年远，自公后主择一二门第相埒者与为宾礼，而诸族无不俯首奉伏。环江居负海而潮所往来处，其地卤泻〔潟〕，宜生海错诸鲜，居民受其产以为业，谓之海荡。沿海弥漫，一望数千顷，大约产以什计，公有七八，其二三则公与为宾礼者

1　杨瑞堂编著《福建海洋渔业简史》，海洋出版社，1996，第51~52页。

2　丁自申：《府君仁庵公传》，庄景辉编校《陈埭丁氏回族宗谱》卷3《传记、行状》，绿叶教育出版社，1996，第61页。

得之，而他不与焉。[1]

　　此段透露滨海滩涂的价值，以及滨海大族对滩涂的争夺，其中仁庵公占有当地七八成的滩涂。明中后期陈埭丁氏族人通过此类记载，证明自己对当地滩涂的占有，且自明初以来这些滩涂就被登记入灶籍，成为灶户户下田产。

　　福建运司则向泉州滨海用于种蛏、养蚝的场所"蛏埕""蚝屿"征收盐课。万历《福建运司志》载浔美场"事产：民田、地、山、塘、海荡、蛏埕、蚝屿四百二十八顷，见在三百九十七顷四十七亩六分四厘一毫六丝"。[2] 故陈埭丁氏等将滨海滩涂登记到灶户户下，按照盐田缴纳赋役银，每年应纳数额较泉州民户、军户低。

　　灶户可直接将滩涂登记于户下，而非灶户可将其诡寄到灶户户下，也可以先获取灶籍身份，再进行土地登记。实际上，除新增土地外，将已登记的民、军籍土地"诡寄"灶户户下，也可以通过土地拥有者更改户籍名色来实现。因此，改变户籍身份依旧是明中后期泉州盐场人群管控赋役风险、降低赋役负担的重要途径。

第二节　改变户籍身份、降低赋役潜在支出的策略

　　除在户籍不变的情况下改变丁、田的登记外，泉州盐场人群还

1　丁自申：《府君仁庵公传》，庄景辉编校《陈埭丁氏回族宗谱》卷3《传记、行状》，第61页。

2　江大鲲等修《福建运司志》卷8《课程志·额派·浔美场》，于浩辑《稀见明清经济史料丛刊》第1辑第28册，第263页。

常用改变自身户籍身份的办法控制在承担赋役上可能面临的损失。前文已经探讨了明初泉州盐场人群通过摆脱军籍、获取民籍等办法来规避高徭役风险，明中后期泉州盐场人群同样通过改变户籍身份来管控赋役风险，不过不再规避徭役风险，而是设法降低承担赋役的潜在支出或在承担赋役的过程中降低支出。明中后期，泉州盐场人群实现户籍身份变更的办法主要有顶户、合户和析户等。顶户、析户虽明初已有，但具体实践方式、思路、目的等都与明初不同。而明初鲜有的合户在明中后期被普遍采用。另外，明中后期的泉州盐场人群在获取新的户籍后，往往没有摆脱原籍，进而形成同时支配多重户籍的状态。

　　泉州盐场人群的户籍策略与户籍偏好直接相关。明初泉州盐场人群因军役风险极高而厌恶军籍，因民差风险较低而偏好民籍，户籍策略主要体现为摆脱双重户籍、摆脱军籍，保留或获取民籍。明中后期，随着赋役风险等级降低、呈现方式变化，泉州盐场人群偏好赋役银负担轻的灶籍，纷纷设法获取灶籍身份。两浙、两淮盐区的百姓亦乐于为灶。都察院右副都御史马卿就指出两浙地区近年来"弃民投灶者甚多"。[1] 右金都御史庞尚鹏亦指出两浙"故奸民避重就轻者，往往寄灶户名下"。[2] 林希元称广东地区"又往时民户、蛋户见灶户免差，皆求投入盐司"。[3] 还需要指出的是，泉州盐场人群不再如明初那样排斥军籍，明初的军役共同体往往发展为民、灶、军多役共同体。

1　马卿：《地方疏（防水裁役）》，陈子龙等选辑《明经世文编》卷 169《漕抚奏议·疏》，第 1728 页上栏。

2　庞尚鹏：《题为厘宿弊以均赋役事（均民灶徭役）》，陈子龙等选辑《明经世文编》卷 357《庞中丞摘稿·奏议》，第 3832 页上栏～下栏。

3　林希元：《陈民便以答明诏疏（广东盐法）》，陈子龙等选辑《明经世文编》卷 163《林次崖文集·疏》，第 1642 页上栏。

一　交易与顶户

顶户明初已有。明初顶户主要是地方大户将徭役风险高的户强制转移给贫弱小户，明中后期的顶户同样存在势要强制性行为，但也可以是户籍需求者与供应者之间相对和平的户籍交易行为，即户籍需求者与供应者之间就某个登记于黄册的户头及其户下的土地、赋役任务等进行协商，在达成一致意见的基础上，通过交易的方式，实现该户头及其附带权利义务的全部或部分转移。明中后期泉州盐场人群往往选择那些低赋役负担的户，或容易规避赋役的户进行顶替。

以户籍需求者为主导的顶户行为，是其获得新户头的一个措施。无籍者的户籍可以通过到官府登记获取。前文已经指出，永乐十九年国家逐渐放松对逃户在移居地附籍的规定，正统以降，逃户在移居地附籍成为逃户户籍的主要解决办法。

那么，为何明中后期仍有许多户籍需求者不通过官府登记，而通过顶户获取户籍？这主要是因为，其一，明中后期福建的户籍需求者并非无籍，他们顶户是为了多一个户的支配权；其二，许多生活在明代的普通百姓不愿意和官府打交道，与官府打交道往往需要满足官员、胥吏的剥削勒索；其三，登记新户籍存在诸多不确定性，包括土地、丁口能否根据自己的意愿登记，新户应承赋税是否超出自身预期，新户如何确立与里甲已存各户之间的关系、如何处理与里长户之间的关系和赋役责任关系等，这些都存在不确定性。换言之，普通人通过官府登记一个新的户籍，不仅当下需要满足官吏寻租要求，而且存在承担超出预期赋役任务的风险。

顶户则可规避上述风险。这是因为一方面，顶户是顶替已经登记于黄册的户头，该户头户下的人丁、土地及应承担的赋役任务相对固定，且已知。人们在顶户之前可以对该户户下土地、赋役任务等进行评估，对是否能完成赋役任务、是否对自己有利等进行权衡，最终决定是否顶替。另一方面，顶户过程往往可以不与官府接触，户籍需求者与户籍供应者之间就欲顶替之籍的权利义务进行协商，达成一致意见，并按照协定执行则可。

一般而言，民间自愿的、相对和平的顶户行为是户籍需求者与户籍供应者（包括原支配者、户籍所属里长）对于被顶之户户籍支配权及其附带的田产、赋役承担等问题进行协商，双方自愿、相对和平地顶替，并就完纳多少税粮、承办何种徭役、给多少事产作为补偿达成共识。而明初人们很难在交易某个登记于黄册的户头上达成共识，最为主要的原因就是在明初的财政体制下，要缴纳、运输实物形式的物资，应卯听差等赋役任务存在的不确定性太大，不同个体对事产及承役的权衡可能存在较大偏差，相对公平的顶户行为相对较少。而随着盐政、赋役改革，民间很容易就户籍及其附带的责任进行权衡，且达成一致的认识。一方面随着赋役定额化、白银化，各役逐渐演变为按照丁田或丁粮征收的比例赋税，且在册户头户下丁、田数额及应承赋役负担都逐渐固定，赋役负担明确，承役风险低；另一方面，官方制定的丁田或丁粮征税比例，为民间就户籍交易过程中附带赋役任务转移，以及相应的补偿（给予田地等）提供了参照。民间可依据官府税则进行协商，或在此基础上进行调整，进而达成一致认识。因此，明中后期通过双方协商一致来实现户籍转移的现象比较普遍。

例如，成化七年安溪县移民康福成兄弟入籍永春县六七都，就与里长九甲陈贵签订合同，商定康福成兄弟顶替九甲绝甲陈佛成户籍，收其随甲田租一百二十石，及其绝甲黄伯孙美安地基和院内废寺址后头山林等处，并承担相关赋役。"或是现当，约定协当两个月日；或差遣远近长解，路费依照班下丁米科贴。若间年杂唤使费，约贴银八钱，不敢后悔。如是出办不前，或子孙不能承担粮差，累负里长，将田业退还，不敢出卖。如有变卖，执合同当官告理。"[1]

明中后期的顶户，不仅能顶替整个户，即通过顶户实现户籍支配权的完全转移，而且能顶替某些户的部分权力，比如里长户、粮长户的里长、粮长特权。

例如，万历四年，安溪县易钟峰兄弟就顶替了黄恭班户，谱载：

> 卜盖祖宇，买念梅琼之山，土名山仔，安葬先严黄兴公茔，顶黄恭班籍，承（黄）廷莪产山贯钟洋等处，四至广达，水源甚多，蒙布政使司仰府饬县升科造册，于五世祖乔福公名字。兄弟妥议，令侄仕显赴县给帖，立约五纸，各执存照，以遗子孙，世守不坠。[2]

所立契约为：

1　永春《桃源凤山康氏族谱》卷首《承当甲首字》，转引自郑振满《明清福建的里甲户籍与家族组织》，《乡族与国家：多元视野中的闽台传统社会》，第118页。

2　易道鑫、易苍宝等续修《清溪钟山易氏宗谱》卷首《远祖纪实一世》。按：该家谱于明代隆庆五年由易均宝始修。此为1915年族人易道鑫、易苍宝等第八次续修本。福建省安溪县易氏家族珍藏，复印本收藏在厦门大学国学研究院资料库，转引自陈支平《从易氏家族文书看明代福建的"投献"与族产纠纷》，《中国史研究》2014年第3期。

钟山易氏山契，仝立合约人黄恭、易法居，自祖以来承
当长泰里一甲里班，历来久矣。恭因米耗丁寡，策应一班，情
实难堪。今班内户首易法居丁米俱多，堪当粮长，县蒙方爷批
准，当兹仝老人，两边议愿甘收起买地山价银一百六十二两
正，将班内山场一所土名钟洋、石笋、揽簿等处，配米二斗五
升，官学山米八斗一升一合一勺七抄、秋租钞六百文，并甲首
二户，俱付易法居掌管，输纳粮差，顶当一班里役。日后在黄
不得而生端，在易不得而推卸。各无异言反悔等情，恐口无
凭，仝立合约二纸为照。

万历四年二月仝立

合约人黄恭、易法居，中见温积夫，老人苏寅玉[1]

据上引文献记载，易钟峰兄弟已拥有易法居户，在长泰里一
甲里班黄恭户下当差。万历四年，该户试图顶替黄恭户，充当长泰
里一甲里班户。据载，当时黄恭户原有支配者仍存，只"因米耗丁
寡，策应一班，情实难堪"，而将黄恭户的里班权转给"丁米俱多"
的易法居户。

此事件可以说是易氏兄弟顶替黄恭户的里班权，也可以说是黄
恭户原支配者将该户里班权转移给易氏兄弟，而事件的本质是黄恭
户与易法居户就长泰里一甲里班户的权利义务等进行交易。因此，
双方所立契约非常清楚地记载了户籍、田产及赋役的具体情况及其
交割问题，以及交易价格。经此交易，黄恭户长泰里一甲里班户权
利转让给易氏兄弟，将属于黄恭里班班内的山场一所土名钟洋、石

1　《清溪钟山易氏宗谱》卷首《文契》，第 6 页，转引自陈支平《从易氏家族文书看明代福建的
　　"投献"与族产纠纷》，《中国史研究》2014 年第 3 期。

笋、揽簿等处及两个甲首户交给易氏兄弟掌管，易氏兄弟得到黄恭
户支配权、山产及甲首户二户，但需要交给黄恭户原支配者"买地
山价银一百六十二两正"，以后承担黄恭户应承的"输纳粮差，顶
当一班里役"任务。这里需要特别指出，该交易契约中称"买地山
价银"，实际上不仅是地山的价银，而且是整个交易所涉及的黄恭
户户籍及两个甲首户的交易价。

　　由于此交易涉及长泰里一甲里班，里班是官府与普通百姓的中
介，故而需要得到官府的认可，相关田产在重新造册时将户名改为
易姓第五世的名字，"蒙布政使司仰府饬县升科造册，于五世祖乔福
公名字。兄弟妥议，令侄仕显赴县给帖，立约五纸"。

　　当然，并非所有户籍顶替行为都是双方或三方（第三方是里长
户）都愿意，明中后期也出现部分势要强取里长户之特权的情况。
连城县四堡乡《邹氏族谱》载：

> 礼崇公于正德七年原在本里五图，分出承立邹叶文公原顶
> 四图十甲内班甲首，同姓异宗小邹军户里长……后因小邹绝军
> （勾补），几累倾家，叶嵩伯公父子袖手旁观，不用半文，曾言
> 永当十甲甲首，誓不当十甲里长。至嘉靖二十一年，廷槐兄弟
> 有违父命，复言十甲（里长）伊亦有分，要得顶当，挽生员马
> 怀芹、马肖乐编立合同，冒名篡顶三番。至隆庆六年，方换廷
> 梅名字顶户，吾家自顶四图四甲里长也。[1]

据此，当地户籍顶替行为极为普遍，与该族族人有关的户籍顶替

1　连城《邹氏族谱》卷 34《行实·十二世》，转引自郑振满《明清福建的里甲户籍与家族组织》，《乡族与国家：多元视野中的闽台传统社会》，第 129 页。

就有好几次。先是邹叶文顶替四图十甲内班甲首户，正德七年
（1512）族人礼崇公顶替邹叶文所顶替之户，该图里长户为小邹军
户。后小邹军户因军役而几乎倾家荡产，该图甲首户一同协商，并
提出解决该里长户及相关里役问题，具体办法很可能是将各甲首户
按股出钱摆平军役，并获得相应里长户的权利（很可能是按年轮
流，也可能按股获得相应权利）。不过，当时叶嵩伯公父子不出钱，
也发誓不当十甲里长，但至嘉靖二十一年，叶嵩伯的儿子廷槐兄弟
一反父亲承诺，认为有当里长的份，在得不到该里其他户同意的情
况下，联合生员马怀芹、马肖乐等编立合同，多次冒名篡顶里长
户，至隆庆六年，用廷梅名字顶户。

　　上述个案也说明，人们在是否顶户时，充分考量自身的利益，
顶替对自己有利的户。在盐场地区，人们乐于顶替盐灶绝户，因为
顶替绝户、支配绝户，能够多层次控制赋役损失。庞尚鹏详细分
析道：

　　　　如台州府所报临海等县有如一户系绝灶不办盐，明是丁尽
　　户存，却又带有民田、涂田与夫山地各若干，遇编差役，有司
　　既免其丁，复免其田，免外又止派轻省银差。又有户本无丁，
　　而以义男、女婿名色冒收入籍者，有己本无田而以新收续置名
　　色禽收入册者。又有如一户系军灶，军存灶绝，免丁之外，又
　　复免田。若此之弊，举一户而他户可知，即一县而他县亦可
　　见矣。[1]

1　庞尚鹏：《题为厘宿弊以均赋役事（均民灶徭役）》，陈子龙等选辑《明经世文编》卷 357《庞
　　中丞摘稿·奏议》，第 3834 页上栏。

　　据庞氏言，民间可利用绝灶免灶役、免田产民差，也可以义男、女婿名色冒收入籍，或将田产登记于绝户下，获取灶户之优免，而军灶户（军盐户）中军存灶绝，也可拥有绝灶免丁、免田之优惠。庞氏所言虽为两淮盐区台州府的情况，其他地方灶户的优惠政策可能与之不同，利用绝灶能获得的优免亦有别，但利用绝户的方式——将田产挂在役轻籍或优免之绝户下，或冒籍绝户，以享轻役、获取优免，是配户当差制下多籍并存地区通用的做法。

　　无籍者通过顶户获得户籍，有籍者通过顶替更改户籍。人们可以顶替一个户头，亦可顶替多个户头。如晋江浔海粘氏在顶替灶籍后，又顶替民籍，谱载："本宗户役系公（十一世祖克定——引者注）与洪寄塘承当。前云盐顶蔡，此云民顶洪。"[1]因文献阙如，粘氏在顶替户籍时，与里长如何协商已不得而知。经过两次顶替，浔海粘氏支配了灶、民二籍。需要指出的是，浔海粘氏顶替了灶籍，却摆脱了灶役。谱载："因涤楼公奏盐折色，场民感佩，凡盐役之事悉皆不问吾宗，轮接以报厥德。"[2]据载，粘氏不服灶役，是场民感谢"涤楼公奏盐折色"的结果。涤楼公即浔海粘氏族人粘灿。他于嘉靖九年奏准了浔美、洒州二场盐课折银，灶户免州县杂办、杂役。粘氏族人利用是举提高该族在盐场的威信，营建祭拜粘灿的专祠，仪式由浔美场场官主持，总催、场民都参与，[3]粘氏免灶役亦当是族人运作的结果。

1　粘芳仲、粘江水等修《浔海粘氏家谱·十一世祖·克定》，1989 年修，泉州市图书馆藏影印本。

2　粘芳仲、粘江水等修《浔海粘氏家谱·十一世祖·克定》。

3　详见叶锦花《迁界、复界与地方社会权力结构的变化——以福建晋江浔美盐场为例》，《福建论坛》（人文社会科学版）2012 年第 5 期。

二　合户与宗族建构

除顶户，明中后期的泉州盐场人群还通过合户的办法更改户籍，以实现利用士绅身份优免赋役，或增加户下实际丁、田以降低单位丁田负担的目的。合户虽然有通过官府同意将数个户合并为一个户的情况，但更多的是民间私下展开的合户。后者在明代文献中称为"相冒合户附籍"。

合户，特别是私下合户，在明中后期泉州盐场地区常见，而在明初少有，因为在明初等级户役制且官府试图严格控制编户人身的制度环境下，户下人丁、土地增多会提高该户的赋役风险。而随着等级户役制逐渐向比例赋税制演变，民间不用担心户下丁产增加而赋役负担积累性提高，[1]赋役风险也不会随着丁田增加而提高。而合户则能通过增加户下实际丁田而降低赋役负担。

（一）通过官方渠道合户——以铺锦黄氏为例

明中后期，有些人试图通过官府将两个原本登记于黄册的户籍进行合并。嘉靖九年（1530）吏部尚书、武英殿大学士桂萼就指出："迩来军户有原不同户而求告合户者，又有串令近军同姓之人投告而合户者，匠籍亦然，于是军匠有人及数千丁、地及数千顷……"[2]

通过官府合户者，往往是为了降低赋役负担，或覆盖既定赋役的成本，包括利用某些赋役优免政策等。赋役优免政策有很多种，其中官宦身份、生员身份都有优免。在泉州盐场地区就出现为寻找

1　刘志伟：《在国家与社会之间：明清广东地区里甲赋役制度与乡村社会》，第202页。
2　章潢：《图书编》卷90《军匠开户》，《景印文渊阁四库全书》总第971册，子部第277册，第719页下栏~720页上栏。

有官宦、士绅身份的户合户的情况。

嘉靖年间，铺锦黄氏建立宗族之际，黄珈奴灶户与黄光生灶户就试图通过官方途径合户。谱载：

> （光荣公）三子珈奴承父友信公，当浔美场西岑埕七甲秤子，原在本都三图七甲下甲首。嘉靖三十一年，玄孙志道等告准归宗，与肃斋公合户，当本图十甲里长。盐各照旧随甲自当，故今子孙不得合于一。[1]

引文所载志道是黄珈奴的玄孙、铺锦黄氏十世孙，继承黄珈奴户充当浔美场西岑埕秤子及二十四都三图七甲下甲首。而肃斋公即铺锦黄氏五世祖黄光生。黄光生于明初登记浔美场灶户，充当浔美场西岑埕六甲总催并承担里甲义务。嘉靖三十一年志道"告准归宗，与肃斋公合户"，共同承担本图十甲里长。

为什么嘉靖三十一年志道要和肃斋公合户？这可能有现实利益的考量。嘉靖四年（1525），肃斋公后裔一栋考中举人，是铺锦黄氏的第一个举人。根据明代的制度，有功名者可以获得优免赋役的特权，在实践中，人们往往滥用这种特权。[2]因而，志道与肃斋公合户后，其所承担的赋役可以想办法减轻。

通过努力，志道与肃斋公"合户"了，但所合并的只是州县里甲方面的差役，志道由原本在二十四都七甲下承差改为与肃斋公后代一起在三图十甲承担里长，而盐课部分不能合户，"盐各照旧随甲自当"。志道仍在浔美场西岑七甲缴纳盐课，而肃斋公一支则在西

1　黄式度等修《铺锦黄氏族谱·叙世录·第五世·友信》。
2　梁方仲：《一条鞭法》，《明代赋役制度》，第19页。

岑埕六甲办纳盐课。可见，"告准归宗"后，珈奴公和肃斋公后代仍有两个灶籍，灶役仍分开承担。

总之，铺锦黄志道一派因黄光生户户下有举人而试图通过官方途径合户，进而利用举人身份降低赋役负担。

（二）私下合户——以东埔邱氏为例

由于通过官方合户成本高，而且不一定能实现合户，也难以策略性控制损失，故而泉州盐场人群往往采取私下合户的办法。私下合户有两个好处，具体如下。

一是通过私下合户，扩大户籍的实际支配者范围，及承担该户赋役任务的丁田，降低单位丁田的实际赋役负担。

私下合户即原本不在同一户籍的人们联合起来，共同登记、支配一户头。此举违反国家制度规定，因而在明代官方文献中称为"相冒合户附籍"。人们之所以私下合户，与黄册信息固定化直接相关。随着黄册编审形式化，黄册难以反映实际丁田信息，故人们通过私下合户可以达到实际丁田增多而册籍丁田不便，进而降低单位丁、田负担的目的。

在私底下的合户过程中，双方就户籍支配、赋役负担等方面进行协商，原户籍支配者给予户籍需求者支配户籍的资格，户籍需求者为原户籍支配者分担赋役。合户一般不会增加该户的赋役负担，而随着承役丁产增多，个人的实际负担减轻。时人对此有清晰认识，万历《福宁州志》抄录《隆庆府志》所载指出："上但期于足用，不必计于隐口与否，下虽受重役之名，而实分输于数丁，上下固两得之矣，第此惟族姓繁夥者得以蒙浩荡之思〔恩〕，而单门弱户分无所之，重役如故，至于以有身为患不足悲乎。"[1] 正是因为族人

1　万历《福宁州志》卷7《食货志·户口》，万历刻本，中国国家图书馆藏，第105页下栏。

能分担，所以"族姓繁夥者"的实际赋役负担轻，而"单门弱户"则因无人分担而赋役负担重。浔海施姓军役共同体中非施济民派与施济民派合户附籍后获得灶籍支配权，同时为施济民派分担了灶役，降低该派灶役负担。

二是通过合户改变户籍身份，特别是获取灶籍等户下丁粮赋役负担轻的户籍。

那么，如何实现私下合户？

私下合户在明代文献中被称为"相冒合户附籍"，即原本无资格支配同一户籍者相互冒认，共同登记、支配一个户头的操作早在明初就有，故洪武年间编纂《大明律》特地禁止之。[1] 不过，民间合户行为并没有因为相关禁令的出台而消失，相反明初以降越来越普遍。正统三年，四川民间相冒合户附籍的行为甚至引起朝廷的关注，皇帝要求四川清军官勘查，令合户者另立户当差，"正统三年，令四川清军官员取勘各府州县人户，有三姓、五姓、十姓合为一户者，俱各另为立户应当粮差，不许合户附籍"。[2] 此类行为在福建亦常见。漳州南靖《和溪张氏族谱》就记载该族族人张德聪与油坑甲首李余旺合户，"昔因德聪公迁移大高溪，住居星散，里役拖累，合户于油坑甲首李余旺"。[3]

不同姓氏合为一户，明显不符合制度规定。与之不同，明中叶泉州盐场人群采取更为聪明的策略，即根据《大明律》"其同宗伯叔弟侄及婿，自来不曾分居者"合户不属"相冒合户附籍"的规定[4]

---

1 《大明律》卷4《户律一·户役·脱漏户口》，第17页a~b。

2 正德《大明会典》卷20《户口一·丁口·事例》，第15页a。

3 南靖《和溪张氏族谱》不分卷，抄本，复印本现藏厦门大学台湾研究所，转引自陈支平《民间文书与明清赋役史研究》，第38页。

4 《大明律》卷4《户律一·户役·脱漏户口》，第17页a~b。

及户籍世袭制，通过制造人际和血缘关系使合户行为合法化。相关举措或借助义男、赘婿等名目，或通过建构宗族、编纂祖先户籍故事等办法进行。明中期，泉州盐场人群利用义男、赘婿等名目合户时，亦往往与宗族建构、编纂祖先故事密切相关。

利用宗族、祖先故事合法化合户的策略是：原本不同籍者先就要贡献的户籍支配权、相关义务如何分配等事宜进行协商，达成一致意见，完成交易，在此基础上通过编修族谱建构宗族，或将原本只属于某个支派的户籍登记信息模糊化而只载合族共有，或将其追溯为某个共同祖先所登记，然后根据户籍世袭制合法支配该户头。泉州盐场地区有许多这样的操作。

以晋江东埔邱氏为例。晋江东埔即今石狮鸿山镇东埔一、二、三村地方，邱氏是当地大姓。据始修于万历四十三年、后多次续修、2003 年整理的《东埔邱氏族谱》记载，元末明初该族始祖奕田公迁至西港开基创业，有三子，其中思文、思奋为亲生子，而思惠为养子。思文从西港迁至东埔，其后人于万历年间编纂族谱，建立一个以奕田公为始祖，以二世思惠、思文和思奋为三房分房祖的宗族。[1] 蒋楠指出明初思惠公派登记军籍，思奋公派为灶户，而思文公派是民户。[2] 不过，结合族谱记载可知，军籍非思惠登记，而至迟到万历四十三年（1615）修谱时，族人视民、军、灶三籍为共有之籍。谱载：

> 思文公卜迁东埔，因号东坡，筑室庐，垦田地，为子孙燕翼贻谋，为人德义豪俊，都人敬爱之，称晋邑巨室焉。隶军、

1　邱道清等修《东埔邱氏族谱》，石狮市博物馆藏 2003 年整理版之影印本。

2　蒋楠：《泉州平原的开发与水上居民的定居——以石狮祥芝半岛为例》，《福建论坛》（人文社会科学版）2009 年第 4 期。

民、盐。民二十都二图六甲里班，盐浔尾〔美〕场东埕六甲总催，军则养子思惠与本县□□十图尤寿生同充，更番云南洱海卫。前一次思惠与细□□□应役，秉灿子邱高在伍，即今云南洱海卫在伍之军乃高之□也。高之亲派见在西港内厝，世辉、子安等之属是也。民为户□□通族户丁当户役。盐则别秤子立户，隶六甲。本族从祖来□蠲其亲一丁差役，长为军余，防清勾补军之应也。

奕田公之处分三籍精详周悉如此，真垂世伟模哉。[1]

在此文献中，军、民、盐三籍的记载紧接思文公信息之后，似乎三籍只是思文派之户籍，但文中出现"通族""本族"等词，又称三籍是"奕田公之处分"的，说明在族谱编纂者心中族人都能支配该三籍。此文献还透露了以下信息。

其一，明中叶思惠派确实承担了邱氏在卫所的军役，然军籍非该派所立。引文中所载承担云南洱海卫卫军的邱细、邱秉灿、邱高等人都是思惠之后。不过，思文、思奋两派也有军役责任，由"本族从祖来□蠲其亲一丁差役，长为军余，防清勾补军之应也"一句可知此二派属合法的勾军范围，即有责任保证至少有一个成丁在卫所承担军役。由明中叶人们对军籍的谨慎，不会主动成为军户，思惠是养子，且泉州有以养子分担户役的风俗等信息，可推断该军户不是思惠，而是思奋、思文与十图尤姓合户垛集而立，并将到卫所的军役派给了思惠派，留思文、思奋两派在原籍防勾补、帮贴。

明中后期东埔邱氏形成了以思惠一派专门承担在云南洱海卫

1　邱道清等修《东埔邱氏族谱·一世始祖》。

营军军役的做法，到卫所承担军役的风险完全由该支派承担，且在云南洱海卫营军之役亲属仍在，故该军即便有勾军的风险，也先勾"高之亲派见在西港内厝，世辉、子安等之属是也"，其他东埔邱氏被勾军的风险低。

还需注意，虽然到卫所的军役专门由思惠一派承担，但是该军户因承担军役而得以有一丁差役优免的权利，则通族享受，故谱载"本族从祖来□蠲其亲一丁差役，长为军余，防清勾补军之应也"。

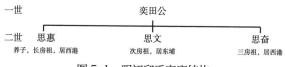

图5-1　明初邱氏家庭结构

资料来源：邱道清等修《东埔邱氏族谱》。

其二，除军户，万历年间民、灶二户也为整个宗族共有。根据明初的户籍登记，邱思奋和邱思文两家应当是分别登记了一个民户和一个灶户，民户充当二十都二图六甲里班，灶户充当浔美场东埕六甲总催。起初民差和灶役分别有思奋、思文的后人承应，之后，邱思文、邱思奋等后人就该二籍的支配权和赋役任务等进行了协商，达成一致意见，将民、灶户籍变成共享的户籍，赋役任务也由全族共同完成。在万历年间编修族谱时，追溯祖先故事，将军、灶、民户籍登记，赋役处理办法等都说成是始祖定下的，即"隶军、民、盐"，三役由奕田公"处分"。

（三）为控制赋役损失而合户、拆户、合户的南靖县大高溪张氏

在私下合户的过程中，各派之间就户籍支配及赋役的承担，应该都有协商，只是相关文书没有留下来。南靖《和溪张氏族谱》的

记载给我们展示了一个有趣的合户、拆户、再合户的过程。根据族谱的记载，张德聪迁移南靖县大高溪，"合户于油坑甲首李余旺"，至嘉靖二十九年（1550）前后，张德聪的后人、生活在大高溪地方的张廷旺、张廷清兄弟，试图脱离油坑甲首李余旺户，与属于和溪张氏的张祖鉴户合户。然而当时李余旺户的主要支配者李盛琛不同意张廷旺兄弟脱离本籍，由此引发一连串的操作，最终张廷旺兄弟得以实现与张祖鉴户合户的目的。关于张廷旺兄弟与李余旺户的关系，族谱载：

　　溯公（张廷旺——引者注）与廷清，为人不避强横，不畏势利，惟义之所在可行则行而已。昔因德聪公迁移大高溪，住居星散，里役拖累，合户于油坑甲首李余旺，屡被刁难，不堪其苦。公等兄弟思石桥得系亲族，引得九甲里长张祖鉴公，备询本县主，报告归宗合户。李盛琛乃是奸狡之徒，思我德聪公父子收报在册年久，不愿改还，各执告争，不能归结。后对城隍炉前明誓，琛心因此悔悟，知非情愿，将户口丁米改还本宗兴鉴公，共当正役，随立退批，完了此案。

李盛琛退批

　　永丰里油坑住人李盛琛等，因张德聪男普寿移居大高溪，收报李余旺户内甲首，张养仔合户当差同张荣鉴，编替余梯里长，各词到县具告张廷旺归宗。琛等思父子收执在册年久，不愿改还，各执告争。今因本县官出不候，未及归结，各自悔心。李盛琛自愿写立誓章，着令廷清、荣鉴就对城隍炉前盟誓，得系亲族，愿将户口丁米退还，荣鉴收执入户，共当里长正役，免致互争。荣鉴、廷清思无凭证，李盛琛等随立退批，付荣鉴为照。随李盛琛写立誓章付廷清等，城隍炉前果盟，琛等无言，自今以后，户籍丁田还荣鉴收回，凭此定规。如有琛子孙习难阻档〔挡〕，执批告官，甘受前罪。今人难信，立退批一纸付以为照。

嘉靖三十年七月　　日

立退批字人：李盛琛、盛兴、盛俊

中人：陈智结、林甫承、吴国相[1]

据载，张德聪迁移南靖县大高溪之所以"合户于油坑甲首李余旺"，是为了摆脱"里役拖累"；而嘉靖二十九年前后张廷旺、张廷清兄弟试图脱离李余旺户，是因为"屡被刁难，不堪其苦"。可见，赋役风险管控是张氏合户、拆户等的主要目的。

然而，李盛琛不愿意张廷旺兄弟脱离李余旺户，最终三方告到县官那里，在尚未结案的时候，三方到城隍庙，由廷清、荣鉴对着城隍炉发誓说是同宗亲族，李盛琛不得已最后写立誓章付给张廷清，将张廷清等在李余旺户下需承担的户口丁米从李余旺户转移到张荣鉴户下，与张荣鉴户共同承担里长正役。

虽然文献记载张廷旺、廷清兄弟与和溪张氏张荣鉴户的支配者是亲族关系，他们并入张荣鉴户属归宗行为，但是他们并入张荣鉴户的时候，双方签订合同，明确赋役责任，合同内容为：

立合同字人张廷旺、张廷清等祖出居住高溪，数世迷失，现当李盛琛户内甲首，屡被刁难。旺、清兄弟引得石桥张祖鉴一图九甲里长，告断回祖共宗。鉴户内有张廷辉逃移外出久

1　南靖《和溪张氏族谱》，转引自陈支平《民间文书与明清赋役史研究》，第38~39页。

年，清等情愿与鉴结立，发誓本县官公衙门外，告状使用银
两二家平出。鉴户内军民二役，官丁十八丁，鉴当二股，官丁
十二丁，清等应当一股，官丁六丁，不管兴旺，俱作三股；门
户在县主人与福洲镇衙军籍来乡，以作三股科取；十年大役，
日子均派共事。鉴子孙日后不得多派较加，清子孙不敢背义忘
恩等情。李盛琛相告，恐后廷〔延〕长，要二股平出，不得反
悔，今人难信，恐口无凭，立合同一样二纸，各执为照。

证见公人：陈智结、丘高
立合同字人：张廷清、张廷旺、张祖鉴[1]

据此，张祖鉴户需要承担军民二役，民役为一图九甲里长，军役为
福州镇东卫军，经双方协商将军民二役分为三股，张祖鉴原支配群
体承担二股，张廷清兄弟承担一股。双方不仅订立合同，而且让当
地神明作证，"嘉靖二十九年八月十六日，是日请得石桥丰稳堂蛇岳
王公、高溪本境髻石民主公王，大作证明，祝愿门户三股照坐，无
敢抵推。日后子孙如敢忘背，众神谴责。若私改此愿者，烛大似
松，果大如山，同心协力，忧患相恤，天神庇佑，富贵昌盛"。[2]

张廷清兄弟更改户籍的全过程，有以下几点值得注意的地方。

其一，同宗、亲族是被官民认可的改变户籍的理由。之所以
如此，主要源于户籍世袭制。在此案件中，李盛琛不愿意张廷旺兄
弟脱离本户，曾质疑张廷旺与和溪张氏的关系，并以此为由加以阻

1　南靖《和溪张氏族谱》，转引自陈支平《民间文书与明清赋役史研究》，第 39 页。引文中
　　"福洲镇衙军籍"应该是"福州镇东衙军籍"。《石桥村》（李秋香撰文，楼庆西摄影，河北教
　　育出版社，2002，第 28 页）引用了这一合同，合同上写明"福州镇东衙军籍"。福州镇东衙
　　即福州镇东卫。

2　南靖《和溪张氏族谱》，转引自陈支平《民间文书与明清赋役史研究》，第 38 页。

止，才有后来张廷旺与和溪张氏在城隍爷面前发誓属于亲属关系的情况，李盛琛最终才不得已同意。那么，张廷旺兄弟在血缘上是不是属于和溪张氏族人？通过现有文字似乎难以断定，虽然移居大高溪、合户于油坑甲首李余旺的张德聪可能是从南靖和溪迁徙而来，但是上引文献也明确记载实际上大高溪的张姓和他们没有联系，即"张廷旺、张廷清等祖出居住高溪，数世迷失"，而在面对李盛琛的质疑时，他们去城隍爷面前发誓，说明找不到族谱等其他证明材料。简言之，双方难以证明是同宗。不过，这并不重要，重要的是，他们通过在城隍爷面前发誓，迫使李盛琛同意将张廷旺兄弟相关丁米转移到张祖鉴户下。

其二，官府在此中的态度及其中反映出的合户的"合法"性也值得关注。由于李盛琛的阻拦，张廷旺兄弟将此事告到县里。虽然事情最终在县官尚未给出方案时就解决了，但是其中透露出重要信息，即虽然国家制度禁止民间合户，但是张廷旺兄弟不仅不担心知县知道他们要与张祖鉴户合户，而且利用官府力量摆脱原本的合户对象。张廷旺兄弟之所以这么做，是因为他们利用了户籍世袭制，以"归宗"为理由，将与张祖鉴户的合户合法化。也是在这一逻辑下，李盛琛的阻止会被视为不遵从户籍世袭制，因而在张廷旺兄弟将此事告到县官后，即便李盛琛不相信张廷旺兄弟与张荣鉴是亲族，仍不得已做了退让。

（四）泉州盐场人群常以军役共同体为合户对象

东埔邱氏的案例还有一个值得注意的信息，那就是思文、思奋、思惠三派在组建宗族之前，与十图尤姓组成军役共同体，其中思文等属于该军役共同体中的正军户。此后，思文、思奋、思惠三派又以明初以来的正军户军役共同体为合户附籍的对象，将原本分别支配的灶、民二籍改为共有，并以宗族的形式合法化。

以共承军役者为合户附籍对象的举措在泉州盐场地区较为普遍。巡海施氏施万安（施济民）户（浔美场灶户）就经历被私下合户而实现了支配群体策略性扩大。根据户籍世袭原则，施万安户理应由登记户籍的施万安的子孙后代拥有和支配，然至明中期该籍不仅为施万安后裔支配，而且以评事公为始祖的巡海施氏其他族人也有支配权；不仅如此，与浔海施氏共同承担军役的一哥公一派、四郎公一派都有支配该户的权力，也都需要承担该户之赋税负担。万历元年（1573），浔海施氏十二世施克达指出，"军、盐户役，三派悉共应之"。[1]

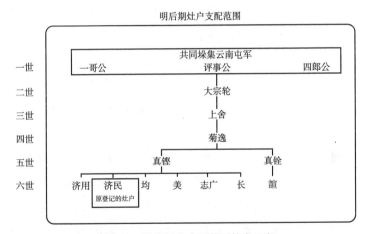

图 5-2　施济民户支配范围扩大示意

资料来源：据施德馨纂辑，施世纶等补辑《浔海施氏族谱》改绘。

因为明初以降军役共同体得设法共同应对军役，其应对办法能为共同承担民、灶等赋役提供借鉴和直接的组织。前文提及的大仑蔡氏就如此，为了承担军役，其在宣德年间就形成以长、次

1　施克达：《重修一哥四郎二派实录》，施德馨纂辑，施世纶等补辑《浔海施氏族谱》卷1，第1页 b。

二房轮流派成丁到卫所当兵、整个宗族摊派军费盘缠的做法。此后，长、次二房承担军役的做法被推广到民差的摊派。嘉靖年间，族人蔡一含指出他们族"军、民合而为一"，即族人以共同的组织承担民差和军役，也说明了原本的军役共同体变成民差共同体，亦即整个宗族族人都有权支配民户，而且都需要承担民差。民差的承役方式正是沿用了宣德至正德年间军役的办法，即长、次二房轮当。谱载：

> 其民户首名率以十年一次，随黄册改更，不复具载。十年之内依长、次房分轮直。一人为户长，免一石米差役，以偿其劳，直满虽不免米，复免一身差役，以厚报之。凡本族中有田地业相买卖者，依黄册设一私簿，攒造某某旧管、开除、新收、实在若干，首揭云某年蔡某户内丁米小册，末云户长蔡某造，以便分派纳官，并俾后有据。每房各分给一册。下次承直者仿此。如遇催征人役，于事、于官以户长一人策应，每年户长设一小纸，上书本户总官丁若干、总米若干、甲首丁米若干、赔贬若干、举监生员优免若干，仍分派某人分下得丁若干、米若干、该纳某项银若干、某某项银若干。随房分给，如官中分单之例，首揭云某年蔡某户内丁米小单，末云户长蔡某。具〔其〕如有房分不完，以致官征日急，则将不完者抵当，与户长无与；又如本户中有等子孙专受诡寄者，如虽染一时之指，终则至于剜心之内〔肉〕，甚有累及其宗者，户长宜鸣众严革此弊，如否坐以通贿，许族人赍此闻官痛惩。[1]

1　蔡一含：《晋江大仑蔡氏族谱附录卷全》，永和菌边修谱祖编修《石狮大仑蔡氏族谱》。

可见，大仑蔡氏直接以承办军役的办法——由长、次二房轮流承担——处理民差，当然，为了应对民差，该族专门设置民户"户长"一人，负责民差相关事宜，包括登记本族中田产买卖情况、策应催征事宜、核实族人赋税优免者、征收族内丁米等。实际上，除了民户，大仑蔡姓明初登记的蔡服礼灶户在明中后期也被策略性地变成整个大仑蔡氏军役共同体共同支配的户籍，只是在私下合户之后，该灶籍又被析户，下文将详细论述。

编纂于明中叶的许多泉州族谱声称本族早在明初，祖先就同时登记了民、灶、军等多个户籍。如晋江岱阳吴氏于嘉靖朝修谱记载始祖观志公于洪武年间登记了盐、军、民三籍，族人承担三役。[1] 而根据聚居在晋江县十七八都鲁东（晋江市龙湖镇东部鲁东村）的沪江尤氏的族谱记载，元明鼎革之际，该族二世祖伯洪、伯华、伯荣等迁徙鲁东，并立下民、盐、军三个种籍，"堂兄弟十二人，民，果图一甲一户，户头尤明选。盐，大北埕四甲，总户名尤佛荫。洪武十四年，复充南京左卫军，一门三差云，一户军籍系南京留守（中）卫，祖尤佛荫等接当"。[2] 浯州吴氏则称祖先同时拥有盐、民、渔三籍，"本族户头名吴继甫，民籍，颖泉州府同安县翔风里十八都二图六甲里长……其鱼户名吴普传，系峰上澳……又盐户载在盐册，颖永安埕九甲"。[3] 实际上该族还是军户，谱载："昔我世祖添与公值高皇帝抽军，属当戎行。"[4] 这些被登记为

1　黄允铭、庄征澈、吴起谤等修《岱阳吴氏宗谱》第 1 本《岱阳吴氏大宗谱·第一世·观志公》。

2　尤大行等编《晋江沪江尤氏族谱·致政公传三子次子伯华三子伯荣派下谱牒·二世伯华公》，陈支平主编《闽台族谱汇刊》第 18 册，第 352~353 页。

3　吴骉仁编修《长房下东山、二房大地、三房东溪、四房顶东山四房头吴氏族谱·本宗户役志》，第 15~16 页。

4　吴骉仁编修《长房下东山、二房大地、三房东溪、四房顶东山四房头吴氏族谱·祖德祖业志》，第 11 页。

"祖先登记"的户籍，实际上应当都经历了类似东埔邱氏、浔海施氏及大仑蔡氏等私下合户，再通过编修族谱追溯祖先户籍故事的过程。

总之，明中后期泉州盐场地区往往以军户共同体为民、灶私下合户的对象，亦即属于军役共同体的不同支派、不同户籍拥有者，就各自拥有的民、灶等户籍的支配权和赋役承担办法等进行协商、交易，最终达成共同支配民、灶等户籍，共同承担相关赋役的协定，同时通过宗族建构，特别是祖先户籍故事建构，将民、灶、军等户籍都追溯成共同祖先登记，从而作为该祖先的后人，都能合法支配相关的户籍。而私下合户的过程，是将原本不属于该户的群体纳入该户范围内，扩大了该户户下实际丁田数额，降低人丁土地的实际负担。

三　先"相冒合户附籍"再析户

早在明初，民间就通过析户的办法降低户等，进而降低承役风险，至明中后期，析户仍是民间常见之户籍赋役策略。不过，明中后期人们析户的目的并非降低户等，具体操作亦与明初将户下丁产分散登记不同。明中后期的析户是通过与合户相结合，在获得多籍、扩大承役群体的同时，降低赋役负担。

关于析户，天顺二年（1458）国家明文规定允许丁多民户析户，禁止军户、匠户析户。然而，随着时间推移，国家逐渐放松军户、匠户不许析户的规定。嘉靖九年十月桂萼指出"军匠有人及数千丁、地及数千顷，辄假例不分户为辞"，规避赋役，奏请"将州县人户事产通融总算，一体分户"，户部复议"合行各该抚按官查照施行"。[1] 该建议虽最终未得到中央政府的认可，没有在地方推行，但军匠户不得分户的规定有松动的迹象，有些地方官基于对徭役改革的需求，对丁产多的军户进行析户。[2]

（一）个案分析

下文以石狮大仑蔡氏、石狮沙堤龚氏为个案分析之。

1. 大仑蔡氏

洪武九年（1376），居住于晋江十七八都大仑的灶户蔡服礼和一个蔡姓民户合户垜集，登记了南京留守中卫军户蔡景凤。垜集后，蔡姓军役共同体内部的灶户、民户相互独立。此后，蔡服礼一派合户族内之民籍，共同支配该民籍，并以宗族组织承办民差，"十年之内依长、次房分轮直"。[3]

蔡服礼派附籍民户后，仍保留本籍，且族中民户也附籍蔡服礼户，并通过官府加以析分。以蔡服礼有四个儿子（道安、定居、道项和道璟），析出四个子户。子户户名分别是蔡温、蔡秀、蔡礼和蔡郎。据谱载，蔡服礼为该族十二世祖，所析子户理应由十三世的蔡服礼四子的子孙分别支配，即子户一蔡温户当由蔡道安子孙支配，子户二蔡秀户当由蔡定居子孙支配，子户三蔡礼户当由蔡道项子孙支配，子户四蔡郎户当由蔡道璟子孙支配。然族人策略性地扩大各子户支配者范围，并将四子户对应之祖先往前追溯到十一世，子户一蔡温户成为十一世祖必端、必明公之后，子户二蔡秀户成为十一世祖必昌公之后，子户三蔡礼户成为十一世祖宗绍公之后，子户四蔡郎户成为十一世祖宗嗣公之后。明中叶建构的大仑蔡氏正好

1　章潢：《图书编》卷90《军匠开户》，《景印文渊阁四库全书》总第971册，子部第277册，第719页下栏~720页上栏。

2　于志嘉：《卫所、军户与军役——以明清江西地区为中心的研究》，"自序"，第3页。

3　蔡一含：《晋江大仑蔡氏族谱附录卷全》，永和菌边修谱祖编修《石狮大仑蔡氏族谱》。

是十一世必端、必明、必昌、宗绍、宗嗣五人之后，即四子户的支配范围为整个大仑蔡氏宗族（见图5-3）。

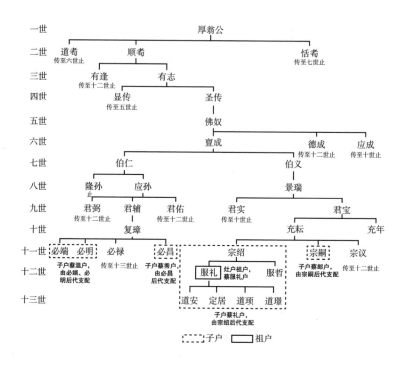

图5-3　蔡服礼户支配范围扩大示意

资料来源：据永和菌边修谱组编修《石狮大仑蔡氏族谱·大仑蔡氏厚翁公派下族谱宗支图》改绘。

通过析户，原本应该由蔡服礼后人承担的灶役，演变成由必端、必明、必昌、宗绍、宗嗣的后裔分别承担，而服礼后人仅支配其中一个户，而该户还有服礼的弟弟服哲的后人共同支配。对服礼后人而言，通过策略性扩大蔡服礼户的支配群体，再析户，自身灶役负担大大降低。而其他族人获得一个灶籍的支配权，具体灶役如何分工、户籍如何分配，特别是何以必端、必明两支共同支配一个灶籍，必然要通过协商及交易来解决。

析户之后，大仑蔡氏登记为四个灶籍，灶役分别由四户承办，各户设户长负责，"盐随户亦有户长之设"。[1] 各户户长负责的人丁、土地较民户、军户少，管理成本相对较低。

2. 沙堤龚氏

据石狮沙堤龚氏族谱载，嘉靖、万历年间，共同承办淮安卫军蔡奴仔军户的人，散居于晋江县南塘、沙堤、西偏、观下及安溪县等地方，[2] 且实际上以龚为姓。在这些人中，龚廷晖的儿子们（厚斋、易斋、笃斋、和斋）早在洪武七年就登记了浔美场灶籍，因厚斋讳坤，且为防止子孙忘记本姓，而取户名为"蔡龚坤"，谱载"自以龚氏宗孙恐违本姓，（厚斋）乃与弟告复姓，盐场则立籍曰蔡龚坤，时洪武七年"，[3] 其在晋江二十都四图浔美场南埕当差。[4]

嘉万年间，南塘、沙堤各派龚氏连中科举。南塘龚时应于嘉靖三十一年中举，[5] 其子龚云致于万历十年（1582）中举，次年登进士，后巡视长芦盐政，任湖广按察司副使。龚云致倡建南塘龚氏宗族，修南塘龚氏大宗祠。[6] 所建宗族仅限南塘派，然而不久就开始联宗，组建了一个包括蔡奴仔户各派，且以沙堤为大宗，以南塘、安溪等派为小宗的宗族，改南塘大宗祠为小宗祠，并在沙堤建立龚氏大宗祠。[7]

1　蔡一含：《晋江大仑蔡氏族谱附录卷全》，永和菌边修谱祖编修《石狮大仑蔡氏族谱》。

2　陈碧、陈邦英编修《沙堤龚氏族谱·沙堤龚氏源流纪实·第二世·治公》。

3　一善斋编修《西偏西房龚氏家乘·世系支图·第六世·用方》。

4　陈碧、陈邦英编修《沙堤龚氏族谱·沙堤龚氏源流纪实·第二世·治公》。

5　万历《泉州府志》卷15《人物志上之中·国朝科目志·嘉靖三十一年》，第12页b。

6　崇祯《闽书》卷83《英旧志·缙绅·泉州府·晋江县三·皇朝科第》，《四库全书存目丛书》史部第206册，第191页下栏；乾隆《泉州府志》卷49《循绩·明循绩十·龚云致》，《中国地方志集成·福建府县志辑》第23册，第609页下栏；庄际昌：《修浈田塘记》，郑振满、丁荷生编《福建宗教碑铭汇编（泉州府分册）》（上），福建人民出版社，2008，第192页。

7　龚维琚：《重修南塘龚氏小宗碑记》，郑振满、丁荷生编《福建宗教碑铭汇编（泉州府分册）》（上），第356页。

此联宗之举可能与沙堤派龚廷宾和龚云致同年，都是万历十一年进士有直接关系，[1] 强强联合能提高龚氏在地方上的势力及威信，而改籍、减轻赋役负担亦是其重要的目的。《沙堤龚氏族谱》载：

> 淮安卫军蔡奴仔即户军。至南塘西斋公修谱，始复龚姓。至厚斋公洪武七年立蔡龚坤当差。至万历九年充当盐折，四十三年因蔡姓无人，丕诚公具状巡按御史，告复本姓，将户折〔析〕籍分作三户。原籍在晋江县二十都四图浔尾〔美〕塘〔场〕南埕。一户龚坤，观下、南塘、西偏当差；一户龚嗣，沙堤当差；一户龚训，安溪当差，户内并无升合，仅存盐丁三丁，每年输银一两一钱四分五厘官。[2]

据此，万历四十三年，龚丕诚以蔡姓无人为由，具状于巡按御史，告复本姓，同时将蔡龚坤祖户析为龚坤、龚嗣、龚训三子户。龚坤等三户是析分蔡龚坤祖户而来，按规定应由廷晖公子孙分别支配，然只有子户一龚坤户由廷晖公子孙，即易斋（观下、南塘之祖）和笃斋（西偏之祖）两派拥有，而子户二龚嗣户变成由居住在沙堤的龚姓（廷晖公之叔龚嗣卿派）支配，子户三龚训户则由安溪龚氏（廷晖公祖叔龚忠逊的孙子龚训派）支配。经过此操作，以蔡龚坤为祖户的支配群体大大扩大。

上述策略需要注意以下几点。

其一，原本仅由廷晖公子孙支配的蔡龚坤户，在策略性扩大支配群体范围后再析户，将原本由一个户承担的赋役分为数个子户负

1　崇祯《闽书》卷 83《英旧志·缙绅·泉州府·晋江县三·皇朝科第》，《四库全书存目丛书》史部第 206 册，第 191 页下栏。

2　陈碧、陈邦英编修《沙堤龚氏族谱·沙堤龚氏源流纪实·第二世·治公》。

担，原籍者负担降低。

其二，何以将蔡龚坤祖户析为龚坤、龚嗣、龚训三子户？对比各子户支配群体可以发现，各子户支配群体聚居，而三个子户支配群体之间居住距离相对遥远，特别是晋江、安溪之间距离遥远，若仅由一个户的户长管理和催征，则该户长不管是居住在晋江，还是居住在安溪，都极为不便。故他们析户后根据宗派及居住地分配子户，各子户分别管理户下实际丁产，成本降低，且新立三户都在居住地当差，应役成本亦减少。漳州南靖张氏族谱就将此中道理详细记录。明初时张氏子孙入籍"以户名张世聪隶籍永一图九甲，世应门户，唯渠是问"，此后，族人迁居不同地方，导致管理赋役成本高，最终分户，"盖因住居星散，里役拖累，乃各分户石桥长南，分户万南坑，分户万河桥溪"。[1]

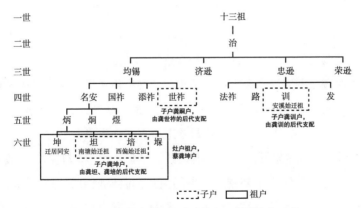

图5-4　蔡龚坤户析户后子户支配范围扩大示意

资料来源：据陈碧、陈邦英编修《沙堤龚氏族谱·世系》和一善斋编修《西偏西房龚氏家乘·世系支图》改绘。

1　南靖《和溪张氏族谱》，转引自陈支平《民间文书与明清赋役史研究》，第27页。

析户的同时，丕诚公还通过抚养、蔡姓无人等故事情节削去军籍。关于龚、蔡之关系，谱载元末龚氏二世祖因父母早亡而由母舅蔡守拙抚养长大，蔡守拙所立户籍由龚氏承役。如元末"适港据场抽盐丁，不得已立蔡仲永户籍备数"，[1] 三世祖龚月窗"应港据盐场役，为场官所敬重"。[2] 至明初，蔡仲永户被转嫁给义男谢长仔。此故事是否属实已不得而知，不过拥有龚廷宾、龚云致等进士的龚氏族人则充分利用这些故事复姓。此亦有制度可循。《诸司职掌》载："凡官吏人等或年幼过房乞养，欲复本姓者，经由本部移文原籍官司体勘是实，及官幼名改讳，具奏改正贴黄，仍行知会移咨户部改附籍册，吏员人等幼名改讳者，移文本部准改。"[3] 又载："凡军官或年幼过房乞养，今将本姓或幼名到部更改，必须明着缘由奏闻，准改，仍将改换缘由续附贴黄。"[4] 可见，官吏人"年幼过房乞养"及"幼名改讳"者可复姓、改名。明中叶龚氏所叙述故事虽非"过房"，但属"乞养"改姓，故而可以合法复姓。不仅如此，龚氏族人还强调蔡仲永无后，故原本属于蔡姓的户军——蔡奴仔户——理应销掉，而不应当由龚氏族人承担。此亦有例可循。张本《为条例事》就载："义男、女婿替义父、妻父之家当军死亡，止许于义父、妻父之家勾补，若系在逃，通行责限根捉，如是义父、妻父之家户绝，转达兵部复勘开豁，不许于义男、女婿之家一概勾扰。"[5] 在故事中，龚氏与蔡仲永是外甥和舅舅的关系，但外甥由舅舅抚养成人，类似于义男与义父的关系，据上述条例，义父家户绝应由兵部开豁

1　陈碧、陈邦英编修《沙堤龚氏族谱·沙堤龚氏源流纪实·第二世·治公》。

2　陈碧、陈邦英编修《沙堤龚氏族谱·沙堤龚氏源流纪实·第三世·月窗公》。港据场到元末归并浔美场。

3　《诸司职掌·吏部·贴黄·更名复姓》，《续修四库全书》第748册，第610页下栏。

4　《诸司职掌·兵部·贴黄·更名复姓》，《续修四库全书》第748册，第715页下栏。

5　张本：《为条例事》，陈九德辑《皇明名臣经济录》卷17《兵部四》，第40页b~41页a。

该军役，而"不许于义男、女婿之家一概勾扰"，故龚氏合理地要求去掉军役。最终，龚氏成功复姓，既去掉军籍，又将灶籍一分为三，沙堤、安溪等处的龚氏获得新籍。

通过析户、去军籍，沙堤龚氏实现多维度的损失控制，族人赋役负担极低。万历年间沙堤龚氏各派人丁兴盛、连中科举，建宗族，修族谱，砌大小宗祠，可见其人力、物力和财力都不小，但各子户应纳役银却很少，安溪派龚训户"户内并无升合，仅存盐丁三丁，每年输银一两一钱四分五厘＜官＞"。[1] 南塘、沙堤二派各有获得进士功名、在朝当官的子弟，其赋役负担不可能比龚训户重。由此可知析户过程有所规避。

（二）通过析户降低赋役潜在负担

综合上述两个案例，明中后期普通民众通过析户可以在以下几个方面降低赋役负担。

首先，明中后期的析户与合户一样，都是控制赋役损失的一种策略，且都在实际上扩大户籍的支配群体，降低了赋役负担。明中叶的析户并非简单地分析户下丁产，而是常与私下合户并行，先私下合户，再析户，故析户同样伴随着合作各方对户籍赋役权利义务分配的协商，并最终达到对合作者都有利的效果。

实际上，上述两个案例中通过造假来析户的操作在明中后期的泉州盐场地区极为普遍。明中后期的析户掺杂民间户籍信息、群体关系造假，人们与既有户籍支配者合户，通过建宗族、析户，重新分配户籍。在析户过程中造假的操作极为普遍。嘉靖年间，南安县知县唐爱就发现"则盐户之异籍、分房、花分多于祖户，

1　陈碧、陈邦英编修《沙堤龚氏族谱·沙堤龚氏源流纪实·第二世·治公》。

而添捏躲闪情状昭然"。[1] 崇祯五年（1632）户部尚书毕自严称："曰花分者，捏出鬼名，分立子户。"[2] "鬼名"即亡故者之名，民间捏造亡故者之名来花分子户。在泉州，这些"鬼名"往往是族谱中记载的祖先。

其次，析户的目的是降低管理户下人丁、土地、户内赋役任务摊派和征收等方面的成本。明中叶的户头对应的社会群体往往比较庞大，合户后的户头对应的社会群体更为庞杂，故民间需要一定的组织管理实际丁产、催征赋役。在泉州，这种组织常以宗族形式出现，由族长或户长管理，管理难度、催征成本随应役群体及居住范围扩大而提高。户长之责可从大仑蔡氏的记载窥知。明中叶，大仑蔡氏民户设一户长，由户长管理丁产，催征赋役。为更好催征赋役，户长需要清楚掌握族人田地占有、买卖情况，各房人丁数额及优免人员，以及各人分派的丁米额、应纳银两等信息，这些信息时有变更，需要及时更新。[3] 另外，户长还需要催征族人完纳课银，对不按时完纳者及诡寄行为进行处理。随着族人增加、族人迁徙他地、田地分散，户长对族内土地人丁等的掌握难度提高，催征成本也提高。而析户可根据应役群体的构成、居住地重新分配户籍赋役责任，形成多个应役群体。

再次，操纵析户还能隐匿丁产。不管是大仑蔡氏还是沙堤龚氏，析户后每个子户的实际支配范围比原祖户的还大，然而每个子户的负担都较祖户低，人丁、土地都被隐匿。通过析户隐匿丁产成为明中后期控制赋役损失的主要办法之　，进而成为时人眼中的破

1　万历《泉州府志》卷7《版籍志下·盐课》，第14页b。

2　毕自严：《度支奏议·四川司》卷5《复御史刘兴秀条陈江南六款疏》，《续修四库全书》第488册，第501页下栏。

3　蔡一含：《晋江大仑蔡氏族谱附录卷全》，永和菌边修谱祖编修《石狮大仑蔡氏族谱》。

坏赋役征收的主要办法之一。松江士绅黄廷鹄就认为析户和诡寄共同构成江南地区的两大弊病，其言："然花分之弊正在愈拆〔析〕愈细耳，既开之以隙，而奸民遂薮匿其中。百亩之家分为五户、十户，而一区隐百亩之田矣；如是者十，而一区隐千亩之田矣；如是者百，而概县隐万亩之田矣。奸黠巧为躲闪，豪猾公为买放，而胥史恣为出入，于是花分之弊仍如故焉。"[1] 毕自严亦将花分子户与诡寄视为"江南佥审不平，多致逃亡破荡"的两大弊病。[2]

正是因为有诸多降低赋役负担的操作空间，所以民间积极析户。析户是前文指出的嘉靖末年经历倭盗之乱的泉州户口损失百分之六七十，而晋江、惠安、同安等县户数增加的最主要的原因。史载"时兵荒口耗，帝悯元元，损之，贫门未减，富户多析……"[3] 在析户的过程中，民间还能根据优免政策安排户下丁产，最大幅度享受优免政策。如根据军户免一丁民差的规定，在军户下登记一丁，以获取该优免。根据灶户丁米免民差的规定，尽可能将户下田产登记到灶户户下，以得到最大限度的优免。这也是灶户、军户户数增加的不可忽视的原因。

综合上述，顶户、合户、析户都是泉州盐场地区常见的户籍策略，通过顶户、合户、析户，人们不仅在此过程中规避赋役，控制赋役损失，而且更改了户籍名色，获得灶籍等自己喜欢的户籍名色。经过操作，南浔粘氏有盐、民二籍，大仑蔡氏、东埔邱氏、岱阳吴氏、浔海施氏等都有军、盐、民三籍，而浯州吴氏有军、盐、民、渔四籍。理论上，民间选择合户的对象是随机的，上述案例则

1 黄廷鹄：《役法原疏（松江赋役）》，陈子龙等选辑《明经世文编》卷503《希声馆集·疏》，第5536页下栏~5537页上栏。
2 毕自严：《度支奏议·四川司》卷5《复御史刘兴秀条陈江南六款疏》，《续修四库全书》第488册，第501页下栏。
3 叶春及：《惠安政书》卷3《版籍考》，第40页。

说明人们往往选择共承军役的群体作为合户对象，故军役共同体常发展为军、民、灶三役共同体。除泉州外，上述策略在东南沿海其他盐区亦流行，如通过义男、赘婿名色（合户）而捏认子户（析户），这种改籍办法在两浙盐区常见，[1] 而顶户在各地常有。

第三节　利用多籍多维度降低赋役支出

经过顶户、合户、析户，明中后期泉州盐场百姓普遍拥有多重户籍，值得思考的是，既然灶役轻，民间亦能获取灶籍，为何不销掉役重的民、军等籍？

首先，销户不易实现。销户要经过官府，涉及官府之财政利益。官府要考虑被销之户应承赋役由谁承担。此问题难解决，故官府不易同意销户。夏言、张敏、龚丕诚能销掉家族军籍，是特权人物权力运作的结果，非普通百姓所能办到。

其次，泉州盐场人群乐于拥有多重户籍。民间乐于支配多籍。通过皇帝削掉五个军役的张敏却主动保留了该家族族人登记的其他户籍，包括浯州场灶籍、[2] 同安县民籍和泉州永宁卫军籍。成化二年（1466），张敏奏请废张太常军役时就称"乞敕兵部，将兄太常开豁军伍，放回原籍当差"，获得批允。据此文献，张太常回原籍当何差，其原籍为何名色亦不知，不过根据明代文献记载规律，一般灶

1　庞尚鹏：《题为厘宿弊以均赋役事（均民灶徭役）》，陈子龙等选辑《明经世文编》卷 357《庞中丞摘稿·奏议》，第 3832 页下栏 ~3833 页上栏。

2　万历《泉州府志》卷 7《版籍志下·盐课》，第 13 页 b。

役、军役等会特别指出,没有特别指明的"差",一般是民差。成化四年,张敏上疏奏请废除张太翊军户时,称"乞敕兵部,将臣兄张太翊优免前项发充军役,复回原籍,应当本户民差",获得皇帝批准。由"复回原籍,应当本户民差"一句可知张太翊原籍为同安县民户。成化十五年,张敏奏请废除三位叔叔军役,"臣有叔张益昭、张益弘、张益赞,正统年间为事将益昭发南京横海卫,益弘发南京和阳卫,益赞发南京应天卫,俱充止终本身军。近年益昭、益弘病故,益赞老疾在伍,例应开除,乞敕兵部准行开豁,令子孙应当民差,听继永宁卫祖军"。[1] 据此可知张敏三位叔叔及其子孙除当民差,还有永宁卫的军役。此后,张敏没再要求改籍,上述户籍都保留下来。浔海粘氏顶替灶籍后,又主动顶替民籍;大仑蔡氏、岱阳吴氏、东埔邱氏中的灶籍支派也积极与民户支派合户为民。

泉州盐场人群之所以乐于拥有多籍,是因为能利用多重户籍控制赋役损失,与都有赋役征发职能的州县、盐场立场不同密切相关。由于州县、盐场立场不同,泉州盐场人群得以同时与各机构进行多维度的互动,同时利用民、灶、军各色户籍人群在赋役上的优惠,从而降低赋役支出。

一 有司、盐司立场有别

明王朝国家资源征调管理体制、户籍管理在地方层面的运作是分散的,资源征调、使用、调拨等由有司、盐司等多套机构分别完

---

1 张敏:《御马监太监臣张敏谨题为乞恩事》,张荣强等修《金门青屿社张氏重恩堂集及族系谱图等专辑·重恩堂部分·疏》,第71页。

成，而在黄册、盐册的编纂和管理上，有司、盐司各有职责，互不干涉。此为泉州盐场人群多维度利用民、灶、军等优惠政策提供了空间。

在泉州盐场地区，有司、盐司都有财政征发权。[1] 二司互不统摄，分别向户部负责。有司征收夏税秋粮，征调里甲正杂诸役，盐司则征调灶役，并分别按规定处理所征资源。里甲正役及盐场职役等劳役的征调和支出属同一过程；而州县征收的实物、白银等则按国家规定，由有司负责或起解中央，或调拨其他仓库，或存留地方。盐课由盐司系统征收，并根据户部要求处理，本色盐课通过开中法为边方筹集军饷，折色盐课或起解户部济边，或运到卫所仓库、府库充当地方军饷。户部分别考核二司财政职责的完成情况。

此财政责任的分散性导致二司在处理民间赋役策略上态度不同。二司为完成自身财政职责，都希望所征调赋役的摊派客体——丁米至少保持原额。然而，民间更改丁米户籍属性之举常同时改变二司对丁米的掌控。正统以降，泉州盐田役轻，民间将大量的民田变成盐田。[2] 对此，盐官表面上表示要加以禁止，称编造盐册时"惟计通场实在总数，如田亩过多，革回民籍当差"，"如至田亩过额，即务清出还民当差"，[3] 实则采取欢迎态度，对民田变盐田的行为不加制止，亦不将超额田亩清出，"故历轮之田（盐田）有

1　正统以降，福建都司卫所无军饷征调权及卫所仓管理权。

2　光绪《金门志》卷3《赋税考·盐法》，周宪文、杨亮功等编《台湾文献史料丛刊》第2辑第38册，第40页。

3　童蒙正、林大有纂修《福建运司志》卷2《都转运使何思赞呈造盐册事宜》，虞浩旭主编《天一阁藏明代政书珍本丛刊》第10册，第341页。

增无减"。[1]

民田变盐田意味着州县摊派役银的客体减少，"盐户之粮既增，民户之粮必减"，[2]故有司不满于此，却因无法有效牵制灶户而无可奈何。为了不影响灶户制盐纳课，国家规定遇到一般词讼，有司不得擅自下场勾拘灶户——即便灶户拖欠税粮。故州县对灶户占买民田、借优免政策不当差的情况一筹莫展。[3]

有司和盐司的不同立场还体现在户籍管理上。明代与赋役征调相关的册籍多，这些册籍在地方层面的编纂和管理与赋役征调一样具有分散性。黄册由布政司系统编纂、管理，登记辖境内民、灶、军等各色户籍信息，是州县征调赋役的依据。[4]而在黄册基础上由运司系统编纂、管理的盐册仅登记灶籍信息，是盐课司征调盐课的凭据。黄、盐二册共存使灶籍管理具有二重性，看似严密，然二司在册籍编纂、管理上的分工及利益的不同使灶籍管理出现较大的漏洞。

盐册的形成程序为：先由各县编审户籍，造黄册，送到布政司，再由运司"着令书手揭查，将原系灶户册款抄出，备将各户丁产照例派盐，类造盐册"。[5]灶籍编审、黄册编纂由州县负责，盐司不参与，而攒造盐册则由盐司负责，有司不参与。这种运作中的分权状况方便了二司官吏分别操作，修改户籍信息。

1　童蒙正、林大有纂修《福建运司志》卷 2《都转运使何思赞呈造盐册事宜》，虞浩旭主编《天一阁藏明代政书珍本丛刊》第 10 册，第 325 页。

2　万历《泉州府志》卷 7《版籍志下·盐课》，第 16 页 a。

3　详见徐靖捷《盐场与州县——明代中后期泰州灶户的赋役管理》，《历史人类学学刊》（香港）第 10 卷第 2 期，2012 年 10 月。

4　栾成显：《明代黄册研究》，第 36~37 页。

5　童蒙正、林大有纂修《福建运司志》卷 2《都转运使何思赞呈造盐册事宜》，虞浩旭主编《天一阁藏明代政书珍本丛刊》第 10 册，第 324 页。

有司常受民间贿赂，更改黄册信息。嘉靖帝对此有深入了解，曾下诏指出大造黄册时"各府州县掌印管册官员多有通同纵容吏胥里书人等受财那移里甲、更改户籍、飞洒诡寄、税粮亏折、粮总负累、粮里包赔，致起丈量之议，深为民害"，要求"即今正当攒造黄册之年，各该抚按官严督布政司管册及府州县掌印管册官，各要持廉秉公用心督造，禁革奸弊，册完之日，设法查对"。[1]

盐司无权约束有司更改户籍，即便可能涉及灶户丁产。有司也无权干涉盐司编纂盐册。虽然制度规定盐册抄自民册，盐册"内田产一以民册实在为据，查对相同，分毫无容加损，或有诡寄，查明改正，其丁口亦照民册收除，□或民册欺隐，致数减少，逐一清审，量行报增，以足原额"，[2]但实际上盐司官吏不依黄册，而依旧盐册登记灶户信息是福建盐册编纂之常规，"则以本司前轮盐册为据，应增应减仍参酌，有产者量增，消乏者则已，通算每场实在，虽丁有增减，而原额丁盐亦匀补足数，其田产听其收除民户不等，虽产有增减，而原额产盐亦匀补足数……此历年之常规也"。[3]

二司在财政上及册籍编纂、管理上的职责分工既有利于民田变盐田，又便于民间改籍。盐场势要可通过抚按官、布政司管册官、府州县掌印管册官及吏胥里书等管理、编造黄册人员，来更改户籍名色及户下丁产信息。上引嘉靖帝之诏文说明此现象之普遍。盐场势要还能勾结盐司系统的官员、胥吏、书手、总催等攒造盐册人员，改动灶籍及其丁产信息。盐司官吏与民间勾结，随意更改灶籍

1　《皇明诏制》卷8，嘉靖二十年四月二十日，《续修四库全书》第458册，第321页上栏。

2　童蒙正、林大有纂修《福建运司志》卷2《都转运使何思赞呈造盐册事宜》，虞浩旭主编《天一阁藏明代政书珍本丛刊》第10册，第324~325页。

3　童蒙正、林大有纂修《福建运司志》卷2《都转运使何思赞呈造盐册事宜》，虞浩旭主编《天一阁藏明代政书珍本丛刊》第10册，第325~326页。

信息亦极为常见，这使明中叶福建盐册混乱不堪，"如旧管之数不合前轮实在，其新收开除之数不依民册开收，以至盐册实在间有与民册不同者，又有一户之撒〔散〕数不合一户总数，一团之撒〔散〕数不合一团总数，以至一场总数虽称与原额相同，而派分各团至不相合者，其弊不止一端，盖亦因袭已久，难以追究"。[1]

二　利用多籍进行多维度损失控制

国家财政资源征调、户籍管理在地方层面的分散运行，则为泉州盐场人群分别与州县、盐场等系统的官吏博弈，多层次控制赋役损失提供了操作空间。

在此管理体制下，泉州盐场人群可以单独利用民、灶、军各类户籍的各种优惠政策降低赋役负担，也可以利用诡寄田产、篡改册籍等其他人群能用的策略对赋役进行损失控制。此外，拥有多重户籍的人们，还可利用多籍身份灵活安排丁产的户籍属性，以最大限度获取军、灶二籍之优免。如鉴于盐米轻于民米，将田产登记为灶籍，减轻米粮役银；鉴于原籍军户能优免一二丁州县杂役，登记一二丁于军户下以获取优免，并将其他人丁登记在灶户下，以避免被勾军。泉州盐场人群甚至主动标榜多籍身份，不仅在族谱中明确记载多籍，而且创造、使用"军盐户""军灶户"等新户名，以利用军、灶二籍规避赋役。[2]

拥有民、灶、军多重户籍者，可以通过"买卖"实现原本登记

---

[1]　童蒙正、林大有纂修《福建运司志》卷2《都转运使何思赞呈造盐册事宜》，虞浩旭主编《天一阁藏明代政书珍本丛刊》第10册，第326页。

[2]　详见饶伟新《明代"军灶籍"考论》，《"中央研究院"历史语言研究所集刊》第85本第3分，2014年9月。

在民、军户下的土地合法转移到灶户户下。明初以降，朝廷允许土地买卖，并要求土地交易之后进行赋役推收过割，以保证官府对该土地及其对应赋役的掌控。所谓推收过割，是指卖主推出田地和田地上的差粮，买主收入田地和田地上的差粮。洪武十九年（1386）太祖作续诰，告诫"买田不过割的，教过割了"。[1] 洪武二十四年，户部奏准攒造黄册格式，规定："其田地等项，买者从其增添，卖者准令过割，务不失原额。"又规定："若官吏里甲通同人户隐瞒作弊，及将原报在官田地（即原额田地——引者注）不行明白推收过割，一概影射，减除粮额者，一体处死。"[2] 不同籍别的人之间亦可进行土地交易、赋役过割。在洪武朝"应缴给政府的地租和普通的田赋通过私下的协定同样可以转让，而不必顾及购买或出卖的土地的性质"。[3] 王毓铨在《户役田述略》一文中引用了徽州文书的一份地契——祁门县谢芳卖地赤契，该地契记载的是洪武二十五年"十西都军户谢芳"把两块土地卖给了民户"十西都十保民户谢续祖名下为业"，赋役过割，"所是〔有〕税粮役官事，推收过割之日，一听买人收割入户，随产供解"。[4] 此契为红契，是经过县衙查验明白、于契书上钤盖县印的、官府所认可的契约。在晋江，洪武以降，三十七都的潘姓军户为了供应军贴，多次将鹿园内田产、树木、房屋卖与陈埭丁氏。[5]

1　《御制大诰续编·粮长妄奏水灾第四十六》，《续修四库全书》第 862 册，第 286 页下栏。

2　万历《大明会典》卷 20《户部七·户口二·黄册》，《续修四库全书》第 789 册，第 337 页上栏。

3　牟复礼、崔瑞德编《剑桥中国明代史（1368~1644 年）》下卷，第 97 页。

4　《户役田述略》，《王毓铨史论集》下册，第 838 页。

5　参见《潘粪扫立卖坟山文契》《潘沙万立情愿卖屋及地文契》《潘润生立情愿卖荒山及荔枝树文契》《潘得人立典荔枝园文契》《潘润生告卖地帖》，庄景辉编校《陈埭丁氏回族宗谱》卷 7《契约文书》，第 246~249 页。

灶户购买民户、军户户下土地，并通过赋役过割，该土地需要供应的赋役银随之变化。如泉州盐场地区灶户购买民田后，该田地应纳役银由上供物料料银、均徭银、机兵工食银、驿传银改为盐折银，由向州县负责变为向运司负责。具体缴纳时，该地米粮每石应纳役银得以减少二钱二分五厘。

在上述规定之下，民、灶、军多重户籍者可以在虚假的土地买卖——土地从属于自己的民户、军户"卖给"属于自己的灶户——"交易"之后，再到官府进行登记，要求赋役过割，进而将民、军土地变为盐田，降低应纳役银。[1]

多籍势要还可利用有司、盐司分征财政资源、分管册籍的体制，以及役以籍异的制度，进行双向规避——向有司宣称自己是灶户，户下丁产已应灶役，民差应免，同时向盐司号称自己是民户，户下丁产已承办民差，灶役应免。结果是人们在多籍标签的掩盖下，实现了户虽在册实则脱漏版籍、丁粮在册而不需要承办赋役的效果。明中叶，削掉五个军籍的青屿张氏家族虽还有军、盐等户籍，但不需要承担徭役。成化十五年（1479）户部郎中林文山称张敏家族"阖门数百，指业书农，安饱暖，无徭役之劳、呻吟愁苦之叹，非食中贵诸公之惠，何以臻此"。[2]

1　胡铁球指出明中后期江浙、福建一带出现通过"假"交易再赋役过割的方式诡寄田产。见　胡铁球《明清百姓避役避比的主要手段及其影响》，《华中师范大学学报》（人文社会科学版）　2021 年第 6 期。

2　林同：《重恩堂记》，张荣强等修《金门青屿社张氏重恩堂集及族系谱图等专辑·重恩堂部　分·记》，第 51 页。

小　结

明中后期，随着赋役风险降低，泉州盐场人群管控赋役风险的办法从明初规避徭役风险演变为在保留赋役风险的基础上降低赋役负担。更改户籍身份，获得灶籍，拥有多籍，是明中后期泉州盐场人群降低赋役负担的主要办法。

明中后期的户籍策略有以下特点。其一，交易是其中的本质。不管是顶户、合户还是析户，背后都涉及部分户籍支配权、户籍附带义务权利的转移，都是户籍支配者与户籍需求者之间就户籍及其附带权利义务相协商，达成一致意见，在此基础上进行交易。其二，以建构宗族为外衣。虽然部分的户籍交易得到官府的认可，但毕竟违反国家制度，且在户籍交易出现纠纷时，官府仍坚持户籍世袭原则，故泉州盐场人群往往通过建构宗族、追溯祖先户籍故事，使户籍交易合法化。民间户籍策略使黄册上登记的明初以降流传下来的户头、对应的社会群体发生变化（非明初登记户籍者的子孙）。"籍为世籍"仅体现在册籍登记中，"役为世役"也仅是制度逻辑推理的结果。灶、军、民各色户籍对应的人群可以是重叠的，也可以是流动的。登记于黄册的户成为"祖籍""祖户"，其是民间户籍策略的重要资源，不仅被用来交易，而且是划分户籍（析户）的依据。

明中后期泉州盐场人群往往利用顶户、合户和析户规避赋役，同时改变户籍身份，最终获得多重的户籍身份；又利用多重的户籍身份规避赋役，最终影响国家和地方财政资源的征调。即便从表面上看，泉州盐场人群的户籍策略有利于盐司征收盐课，实则不利。

万历初年，都御史刘尧诲指出，"浔、沥、浯三场负欠折征银两计逾万数"，[1] 天启年间巡按福建监察御史周昌晋亦言："若海口、浔美等场盐折，率多逋负，解给每致后时。"[2]

1　刘尧诲:《奏设漳泉分司》，江大鲲等修《福建运司志》，于浩辑《稀见明清经济史料丛刊》第1辑第28册，第432页。

2　周昌晋:《福建鹾政全书》上卷《盐敕·巡按福建监察御史周为盐弊日滋帮期日壅丞宜厘剔以裕课饷事》，《北京图书馆古籍珍本丛刊》第58册，第761页下栏。

第六章 地方官府的应对策略与户籍制度演化

泉州盐场人群管控赋役风险的策略影响着军役、赋役、盐课的征调，迫使福建相关机构设法应对。而明中后期福建官府在军役、赋役及盐课征发上，除需要面对平民户籍策略引发的既有赋役银征收难的困境，还需要解决中央及地方政府运作越来越依赖白银、财政压力越来越大的问题。

明中后期，中央王朝面临以下两个问题。其一，随着北边防御蒙古卫所兵制向镇戍体制转化，屯田、民运、开中法等旧有粮饷供应体制日见支绌，九边兵饷愈发依赖户部的京运年例银。嘉靖中期以降，北边军事危机加剧，边臣奏讨不断，户部面临的财政压力越来越大。[1] 其二，东南沿海倭寇、盗贼之乱频发，平定动乱所需军饷

---

1 参见黄壮钊《明嘉万财政与〈万历会计录〉之修撰——以边饷定额化为中心的考察》，刘志伟主编《读书不肯为人忙——中山大学历史学系本科生中国古代史论文选集》，中山大学出版社，2016，第248~270页。

剧增。因此，中央王朝需要增加白银收入，以解决财政压力。而福建地方除要应对来自国家的财政压力，还因辖境内倭盗之乱频发，而需自筹大量经费，以平定动乱。为解决财政困境，中央及地方都进行多方面的改革。中央的改革如隆万年间，皇帝、户部、工部等进行财权博弈，不仅改变王朝的货币制度，在事实上认可白银的合法地位，而且在明初实物劳力财政体制的基础上，逐步建立起白银财政管理体制，联动牵涉出上供物料的"召商买办"制度。[1] 福建地方的改革主要包括两大类，一类是在既有户籍赋役制度框架下，对原有徭役项目摊派方式、对象、手段及册籍管理等进行调整；另一类是在配户当差制度框架之外寻找税源，以增加财政收入。本章将分别探讨此二类改革的具体措施和实现方式，以回应明中后期福建官府如何应对民间户籍策略及其财政压力问题，在此基础上分析明中后期户籍赋役制度的演变。

第一节　盐场、州县保证既定赋税足额征收之法

与明初财政资源征调没有统一的计划和预算不同，明中后期随着一系列赋役改革的展开，大部分财政资源都定额化、白银化，向有预算、能会计的方向发展。在均徭法、纲银法推行，以及驿传、

---

[1]　李义琼：《折上折：明代隆万间的赋役折银与中央财政再分配》，《清华大学学报》（哲学社会科学版）2017 年第 3 期。

机兵折银的过程中，地方政府对其日常收支进行了预算、会计。因均徭、驿传、机兵、纲银等役银都由地方政府支配，故可以说一个有预算、有会计的地方财政体制逐渐形成。而随着各赋役项目折银并摊入丁、田（粮），特别是田（粮），土地在国家赋役征发中发挥的作用越来越重要，且官府掌握的丁米数额直接关系其能征收到的役银额。因此，国家及地方官府愈加重视对土地的控制。而泉州盐场地区民间多籍策略导致大量民田转变为盐田，州县各项役银征收不足，有司和运司该如何应对此问题呢？

民间户籍策略是对灶、军、民等各役轻重不一的利用，而国家财政资源征调体制、户籍管理体制在地方的运作情况为民间户籍策略提供空间。故从逻辑上看，欲从根本上杜绝民间通过更改户籍名色、多籍优势规避赋役，官府需要解决灶、军、民各役轻重不一，以及盐场地方赋役征调、户籍管理由多套机构分别负责的问题。换言之，均平各役户负担，统一赋役征调、户籍管理是解决问题的关键。明中叶的统治者对这两个问题有所认识。前文已经指出，统治者注意到有司和盐运司都只考虑自身利益从而引发诸多问题，户部曾要求"宜令州县，事干运司者，俱听取问追理，无得沮挠"，[1] 然而，中央很少从改变财政资源征发、户籍管理体制在地方的运作等角度提出解决方案。统治者更是深知优免引起赋役规避，庞尚鹏就指出："民间大患莫甚于赋役之不均，赋役不均实由于优免之大滥。"[2] 因而，不少官员试图从限制优免，特别是灶户优免的角度出发解决问题。成化年间广东佥事吴廷举等奏行在两广盐区限制灶户田产免差役的额数，规定"户内田产每办盐一丁，除民田一百亩不

1　《明武宗实录》卷114，正德九年七月戊辰，第2309页。

2　庞尚鹏：《题为厘宿弊以均赋役事（均民灶徭役）》，陈子龙等选辑《明经世文编》卷357《庞中丞摘稿·奏议》，第3832页上栏。

当差役，其余一体扣算当差"。[1]弘治年间，户部对灶户丁、田优免进行限制。《大明会典》载弘治二年（1489）朝廷"又令灶户除全课二十丁、三十丁以上通户优免，若殷实灶户止当灶丁数名，亦止照见当丁数贴灶，此外多余丁田俱发有司官差，其余该课盐丁亦照原议丁田津贴，免其差徭夫马。若奸民诡寄田粮，及豪强灶户全家影占差徭者，就将多余丁田照数收补逃故灶丁。诡寄不多者依律问罪，田粮改正"。[2]

　　然而，并非所有地区都遵循户部限制灶户优免的规定。广东地区仍按该盐区旧例优免。嘉靖十八年升任广东按察司佥事的林希元重申成化旧例，规定灶户"户内田产每办盐一丁，除民田一百亩不当差役，其余只令出钱雇役，不许编充民壮、水马、站夫等差役"。[3]不管是弘治二年户部的规定，还是广东盐区的优免，都试图限制灶户户下田产优免额度，但灶户往往利用优免规定，设法享受更多的福利，其他户籍人群亦利用灶户优免规避赋役。为此，明中叶两淮、两浙推行均平民差、灶役的改革，以及在盐场地区推行一条鞭法等办法解决民灶赋役不均的问题，限制灶户优免程度。[4]而福建就没有遵循弘治二年户部的规定，福建灶户不论其办盐丁额，户下田产杂役杂赋全部优免。嘉靖四十五年（1566），福建运使何思赞指

1　林希元：《同安林次崖先生文集》卷1《奏疏·陈民便以答明诏疏》，《四库全书存目丛书》集部第75册，第452页上栏。

2　万历《大明会典》卷34《户部二十一·课程三·盐法三·盐法通例·凡优处盐丁》，《续修四库全书》第789册，第604页上栏～下栏。

3　林希元：《同安林次崖先生文集》卷1《奏疏·陈民便以答明诏疏》，《四库全书存目丛书》集部第75册，第453页上栏。

4　详见徐靖捷《盐场与州县——明代中后期泰州灶户的赋役管理》，《历史人类学学刊》（香港）第10卷第2期，2012年10月；吴滔《从计丁办课到丁田各半——〈剂和悃诚〉所见西路场之一条鞭法改革》，《史林》2015年第6期。

出："今上里等场盐户，不论丁之多寡，概将田亩尽数优免。"[1] 与上述各盐区试图限制灶户田产优免数额不同，福建有司处理民米变盐米、州县民差编派不足等问题时，主要从调整民差相关役目应役摊派对象、方式以及盐册登记等方面展开。

一　民米拨补盐课免民差

正统以降，福建官府在解决地方盐政、军政所面临的具体问题时，拆东墙补西墙，更改地方性制度，对配户当差进行变通，改变了役户应当户役类别。

正统八年，福建布政司孙昇奏请将泉州四场盐课折米，盐折米缴纳盐场附近卫所官仓，最终，朝廷批准了浔美、氵师州二场每年应纳额盐的七成折米，三成继续征收本色盐课，浯州场盐课全部折米，惠安场依旧征收本色。正统十二年，浔、氵师二场三成的本色盐课也全部折米。两次盐课改折的折例一致，都是每盐一引折米一斗，改折后的盐课称盐折米或引米，由盐课司负责催征，由灶户解送盐场附近的卫所官仓交纳，具体而言，浔美场盐折米输纳于该场盐课司同在晋江二十都永宁的永宁卫，氵师州场盐课输纳于该场同在晋江围头湾东岸的福全守御千户所，浯州场盐课输纳于该场同在浯州岛的金门守御千户所。缴纳卫所官仓的盐折米成为卫所仓粮，由泉州府通判，晋江县、同安县县丞等负责提调、发放给相应卫所官兵，充当月粮。[2]

1　童蒙正、林大有纂修《福建运司志》卷2《都转运使何思赞呈造盐册事宜》，虞浩旭主编《天一阁藏明代政书珍本丛刊》第10册，第328页。

2　关于正统年间泉州盐课折米的具体过程请参见叶锦花《盐利、官员考核与地方军饷——正统年间福建泉州盐课折米机制研究》，《社会科学研究》2014年第1期。

福建布政司将浔、汭、浯三场盐课改折的同时，还在确定纳课主体方面进行了努力。浔、汭二场盐课仍由各场灶户承办，而浯州场盐课除灶户应办外，布政司还令同安县盐场地区以外的民户缴纳。究其原因是浯州场灶户无法提供足额盐折米。一方面，明初以降，浯州场灶户逃亡，办纳盐课的丁、产不足；另一方面，该场所在的浯州岛、烈屿岛不适宜种植水稻等粮食作物，岛上所产粮食难以满足岛民日常所需，遑论用以缴纳盐课。福建布政司令同安县民户代为缴纳，史载"又因浯州丁粮不敷分受，将上都粮户拨补，凑足受盐之额"；[1] 又载"又将折米，每丁受三斗六升，田粮每石科受二斗五升。其原额有不足数者，将上都拨补，以足其数。此正统九年之法"。[2]

在明代同安县相关文献中，"上都"一词常与浯州或浯州场相对，当是浯州、烈屿等岛屿之外的同安县大陆地区的都图，"上都粮户"则是在户籍上登记为民籍且承担同安县民差的人。根据配户当差制的规定，上都粮户只向泉州府县负责，承应府县里甲正杂诸役，不需要办纳盐课。福建布政司令其拨补引米，实质上是让他们办纳盐课，若不减免其民差，必然加重其赋役负担，引起不满和反抗，甚至引发社会不稳定。且配户当差制下缴纳盐课的灶户不需要承担民差，因此，福建布政司综合考虑各种因素后，免去他们在州县方面的杂役。这部分民户丁产成为"不编差"即不编民差的丁产。[3]

1　康熙《同安县志》卷2《官守志·浯洲场盐课司》，方宝川、陈旭东主编《福建师范大学图书馆藏稀见方志丛刊》第10册，第206页。

2　洪受著，吴岛校释《沧海纪遗校释·本业之纪第六》，第117~118页。

3　关于正统年间泉州盐课折米后，浯州场令民户代为缴纳盐课的具体情况详见叶锦花《明代盐场制度变革与州县赋役调整——以福建同安县为中心》，《社会科学辑刊》2015年第5期。

此做法在不改变户籍登记的情况下，变更了役户应对役别，部分民户因此承办灶役而免民差。民户办纳盐课诚然不符合配户当差制，不过，福建布政司此举的目的不是反对配户当差制，具体操作也未违背配户当差制下的制度原则，而是在坚持该制度框架的前提下变通执行，在户役征调的具体操作中将部分民户等同于灶户，按照灶户的户役要求相应民户。令民户办纳盐课的做法说明，正统年间福建布政司仍以既有户籍登记为户役征调的依据，只是改变了部分编户应承的户役种类，而免民差之举则说明福建官员考虑户役征调时仍受配户当差制度框架影响，将灶役等同于民差，编户承担一种户役则免另一户役。是举从地方制度上改变盐课来自灶户、民户服里甲杂役的户籍赋役制度，使浯州场盐课既来自灶户，亦来自民户，而同安县民户应承户役也有民差和盐课之分，出现"迩年以来，以上都之米有编差不编差之异，而纷纷之议起焉"等问题。[1]

改革得以实现，源于以下几点。其一，布政司能够让民户承担盐课，盐课完纳方式改革是其中不可忽视的制度因素。盐课改折改变民间完纳盐课的方式，不管民间是否生产食盐，只要拥有粮食就可完成盐课，因此从制度逻辑上看，灶籍与灶役得以分离，灶户可以不制盐，而民户、军户等非灶户人群也能办纳盐课。由于只要民间缴纳米粮，盐课则可发挥其贡赋作用，因此灶籍与灶役可以分离，而福建布政司则是对此加以利用。其二，改革对运司、都司和布政司三套机构都有利。由于浔美等三场改折之后，盐折米由盐课司征收，并存留地方，输纳泉州沿海卫所官仓，充当盐场附近的永宁卫、福全守御千户所及金门守御千户所等卫所官兵月粮，因此让民户缴纳盐课，盐课司得以完成盐课，而金门守御千户所也有

1　洪受著，吴岛校释《沧海纪遗校释·本业之纪第六》，第118页。

了稳定的军饷来源。改革对运司、都司系统都有利，相应官府必然
支持。让部分民户缴纳盐课免民差，直接导致同安县部分民差无着
落，从这个层面看改革对同安县不利；然而改革却在另外一个层面
上对其有利，即布政司、泉州府、同安县有管理金门所粮仓、为金
门所官兵发放月粮的职责，为金门所寻找稳定军饷来源对其有利。
特别是在朝廷努力重整福建沿海卫所，并派遣大员前来整顿的情况
下，刚获得都司卫所管理权的布政司，为沿海卫所寻找稳定军粮是
其政绩的重要表现，因而福建布政司积极促进此改革。[1]

　　上述在不改变户籍登记的情况下，让役户承担非本分户役的
做法，是为了在既有配户当差体制下，拆东墙补西墙，以满足某种
户役需求。此做法在明中期各地较为普遍。明中期，各盐区多有盐
课征收不足的问题，明初以后统治者惯用的措施是让罪犯生产盐
来补足盐课，[2]然而盐课征收不足的问题仍时常发生，各盐区因而设
法令非灶户承办盐课，而这些做法甚至获得朝廷的赞同。弘治七
年（1494），朝廷有条件地准许从盐场附近的民户金补灶丁，“灶户
死绝充军者，即以本场新增出幼空闲人丁拨补，如无，方许于附近
民户金补”。[3]正德三年（1508），两浙盐区直接让民户缴纳部分盐
课，“正德三年，沿海富家言水乡荡价内白涂银无征，遂割民间已
入黄册科钞分补不足，再加县粮耗米包补，谓之白涂荡价，自是民
户岁代各场补纳盐课矣”。[4]正德至嘉靖年间，山东都转运盐使司所

1　关于正统年间盐课改折后的流向请参见叶锦花《盐利、官员考核与地方军饷——正统年间福
　　建泉州盐课折米机制研究》，《社会科学研究》2014 年第 1 期。

2　徐泓：《明代前期的食盐生产组织》，《台大文史哲学报》第 24 期，1975 年 10 月。

3　万历《大明会典》卷 34《户部二十一·课程三·盐法三·盐法通例·凡优处盐丁》，《续修四
　　库全书》第 789 册，第 604 页下栏。

4　顾炎武：《天下郡国利病书·第六册·苏松·松江府志·盐法》，《续修四库全书》第 595 册，
　　第 762 页下栏。

辖富国、永阜、丰国、宁海等场灶户逃亡，灶田由民户承佃，故官府让承佃的民户缴纳盐课。如嘉靖元年，御史郑光琬题"丰国场逃亡灶户遗下盐课灶地坐落山东武定州利津等县，民户承佃，该盐课八百四十八引二百三十四斤零，乞照永阜等场事例，将各州县佃地人户办纳折色银两解部。尚书孙交复准"。[1] 属于河东都转运使司的山西蒲州府临晋县也有类似的情况，河南按察司副使史邦直知临晋县，设法解决民、灶赋役不均的问题，史载"民户与盐户半，而盐户苦重役，佃盐户地者身受二役。核而均之比要，至今为律"。[2]

除让民户承担灶役，配户当差制度框架下拆东墙补西墙的做法还体现在其他方面，如让灶户承担民差。在两浙盐区，盐课全面折银后，除荡课仍由盐课司征收外，水乡灶户原需要向盐课司缴纳的盐课，由松江府知府樊莹于成化二十二年（1486）建议，改由州县催征，再缴纳运司，与此相应，水乡灶户"还入民伍当差"。[3]

简言之，明初以降许多盐区面临盐课征收不足的问题，而在不改变户籍名色等户籍登记的前提下，改变部分役户的户役内容成为各盐区普遍采用的解决现实问题的办法。此办法并没有放弃配户当差制，只是在配户当差的制度框架下进行变通，但户役的征调在客观上不再依据配户当差制。

二　州县向灶户摊派民差

明初以后，地方有司有多种办法应对编差不足的问题。比如，

1　张学颜等：《万历会计录》卷 39《山东盐运司·沿革事例》，《北京图书馆古籍珍本丛刊》第 53 册，第 1279 页上栏～下栏。

2　李维桢：《大泌山房集》卷 81《河南按察司副使史公墓志铭》，《四库全书存目丛书》集部第 152 册，第 415 页上栏。

3　吴滔：《明代浦东荡地归属与盐场管理之争》，《经济社会史评论》2016 年第 4 期。

将无征之额摊入现存编户中，而向灶户科派杂役则是盐场所在州县常采用的手段。明代，泉州灶户的户籍由地方有司编审，人丁、事产信息掌握于盐场县，灶户还与民户一同被编入里甲组织，向盐场县服里甲正役，这些因素为盐场县向灶户摊派杂役提供了条件与方便。

正统年间，福建布政司令同安县"上都粮户"纳盐课免民差，致使同安县差役无征。同安县则将无编之额摊入现存编户中（包括灶户）。正统年间，盐场向民户摊派引米后，同安县以推行均徭法为契机，向灶户征调均徭，以处理编差对象减少的问题。从来源上看，均徭是里甲正役之外的杂役，灶户不需要承担，崇祯《闽书》也明确记载盐户是均徭的"免役者"。不过，同安县无视该规定，将浯州场灶户编派均徭，与民户一同承担，史载："景泰以后……有司又（将灶户）编入均徭。"[1] 此外，同安县还向灶户摊派杂泛差役。[2] 至正德八年（1513），同安县"将盐米抽编驿传差役"。[3]

盐场县向灶户摊派杂役杂办的现象极为普遍。泉州其他盐场也如此。嘉靖九年，浔美场灶户士绅、官至南京道监察御史的粘灿上奏要求浔美场改革盐政时，就指出："民（灶户——引者注）命既已不堪，复于里甲之内又办杂料等项，民又何以堪命耶？"[4] 其他地方灶户也常被盐场县摊派杂役。如正德年间上里场原被优免的、不需缴纳盐课的官租也被编派均徭，当地士绅黄华上书奏准罢免，然

1　《沧浯琐录》，转引自光绪《金门志》卷 3《赋税考·盐法》，周宪文、杨亮功等编《台湾文献史料丛刊》第 2 辑第 38 册，第 38 页。

2　康熙《同安县志》卷 2《官守志·浯洲场盐课司》，方宝川、陈旭东主编《福建师范大学图书馆藏稀见方志丛刊》第 10 册，第 206~207 页。

3　民国《金门县志》卷 7《赋税·历代盐法》，《中国地方志集成·福建府县志辑》第 28 册，第 526 页下栏。

4　童蒙正、林大有纂修《福建运司志》卷 2《南京山西道御史粘灿题请纳价略节》，虞浩旭主编《天一阁藏明代政书珍本丛刊》第 10 册，第 203 页。

而嘉靖九年莆田县知县再次向官租编派均徭，御史朱湘和参政王凤灵上书巡按要求废除，但没有成功。康太和指出："国初立法悯念人穷，立碑各场，免其杂泛差徭，而滨海斥卤田地受米最多者名曰'官租'，旧制在盐户者准免受盐，亦以少纾煎办之苦耳。正德年间，本县将盐户不受盐官租与民间一体编排均徭申详院司，时邑人佥事黄华上书巡按饶榶，力说其苦，批下罢免。当时各团求太守林和撰文，立碑上里场，以颂饶、黄二公之德。嘉靖九年，知县王钜不察民隐，复将官租编差徭役，御史朱湘、参政王凤灵上书巡按施山，竟不报。"[1] 此外，上里场灶户还需要承担民兵之役并协办驿传，史载："又本县递年丁料、军饷、民兵、落纲等差，不分军、民、盐、匠，诸役未尝稍有分别，俱各一概编差。"[2] 又载："民户细行开拆，而盐户法难分籍。户丁田产积少成多，解户重差，未尝饶免，驿传更变，半出落纲，复与民家协办，其事独有斥卤田地受米最多，旧例在盐户者准免受盐，国初至今一百八十来年，遵行一体。"[3]

简言之，向灶户摊派各种差役，是盐场县解决编差不足问题、增加财政收入的重要途径之一。

三　改变民差摊派方式：弓兵、驿传从各县分派到泉州府七县共摊

随着泉州盐场县大量的民田变为盐田，民差役银摊派客体减

1　康太和：《兴化府盐课记》，江大鲲等修《福建运司志》卷15《文翰志·记叙》，于浩辑《稀见明清经济史料丛刊》第1辑第29册，第187~188页。

2　康太和：《兴化府盐课记》，江大鲲等修《福建运司志》卷15《文翰志·记叙》，于浩辑《稀见明清经济史料丛刊》第1辑第29册，第184页。

3　朱湘：《天马山房遗稿》卷5《书·盐户新编均徭事理揭帖》，《景印文渊阁四库全书》总第1273册，集部第212册，第501页下栏。

少，编派不足，地方财政的获取受到影响。明中期的福建地方政府在既有户籍赋役管理体制下多次试图通过改变民差的摊派对象、摊派方式来解决问题。下文以同安县为例加以说明。该县处理无征役银的办法不仅影响本县编户，还涉及泉州府其他县，包括晋江、惠安等盐场县，以及南安、安溪等非盐场县。

（一）灶户优免与同安县弓兵、驿传"他县代编"

明初以降，同安县向灶户摊派的各种杂办、杂役，至成化、弘治年间，被以太监张敏及其家族为首的盐场势力奏准优免，同安县再次面临编差不足的问题。在张敏的努力之下，该县将部分弓兵、驿传转嫁给泉州府其他县。

在成化朝保护皇子朱祐樘有功的太监张敏，除促进族人在成化、弘治两朝为官，注重加强张氏在浯州本地的发展，建构宗族，建立重恩堂彰显皇帝的荣宠外，还多次促成浯州场灶户优免差役。

成化年间，张敏族人张益胄和张敏之兄张大翊"赴京陈状"，免去浯州场灶户均徭之役。光绪《金门志》载：

> 景泰以后，一例盐课折纳本色，有司又编入均徭。成化间，大户张益胄率侄大翊赴京陈状，诏准宽免。[1]

与上文分析相印证，张益胄和张大翊能够从同安浯州出发"赴京陈状"，说明张氏家族势力不可小觑。而优免浯州场灶户均徭的目的最终获得皇帝的"诏准"，主要原因有二。一是从制度角度看，灶户本就免均徭。明初制度规定灶户可免州县杂役，而均徭从杂役

1　《沧浯琐录》，转引自光绪《金门志》卷3《赋税考·盐法》，周宪文、杨亮功等编《台湾文献史料丛刊》第2辑第38册，第38页。

分离出来，属于优免范围。二是张敏在其中发挥了重要作用，否则张益胄等灶户的意见难以上达天听。

除奏免均徭，成化年间张益胄还同浯州场其他灶户奏准免去了该场灶户办纳上供物料及其他杂泛差役的任务，史载：

> 成化八年，本县误将弓箭、缎匹并杂泛混派，有李弘谦、张益胄奏准照例优免。[1]

据载，明中期，同安县向灶户征调弓箭、缎匹，派杂泛差役。杂泛差役属于杂役，制度上灶户无须承担。弓箭、缎匹则是福建地方给朝廷的"上供物料"。明初，福建的上供物料种类和数量少，其后不断增加，出现了额办、岁办、杂办之分，弓箭、缎匹属于额办，由现年里甲筹办。[2]据此，充当现年里甲的灶户与民户一样需要承应。然而该项毕竟不是自明初以来灶户就需提供的赋役内容，因此灶户将之优免的要求确也有制可循。由此，灶户将上供物料、杂泛差役奏免。

景泰以后，盐丁、盐田为数不少，仅盐田一项而言，弘治五年，浯州场土地共539顷有零，[3]约占明中期同安县田地总额2596顷有零的21%，[4]这么大比例的丁、田供应的均徭和给朝廷的上供物料亦多，被优免后同安县相应差役的摊派对象和纳课主体大幅减少。此外，灶户优免盐田役轻，盐场人群将土地诡寄灶户，免民差。

1　康熙《同安县志》卷2《官守志·浯洲场盐课司》，方宝川、陈旭东主编《福建师范大学图书馆藏稀见方志丛刊》第10册，第206~207页。

2　嘉靖《惠安县志》卷7《上供》，第6页b~7页a。

3　江大鲲等修《福建运司志》卷8《课程志·额派·浯州场》，于浩辑《稀见明清经济史料丛刊》第1辑第28册，第264页。

4　万历《泉州府志》卷6《版籍志上·田土》，第8页b。

　　同安县如何解决因灶丁、盐田优免及民田减少而引起的均徭、上供物料摊派客体减少呢？该县习惯于首先将差役摊派给灶户，在成化八年张益胄奏免灶户办纳上供物料后不久，官府又将上供物料摊派给浯州场灶户。[1] 不过，太监张敏不能容忍同安县的做法，于成化十三年"复奏准优免"。[2] 此亦说明向灶户摊派差役并非长久之计，同安县只能另寻他法。而太监张敏等人也不希望地方有司一而再再而三地向灶户摊派差役，他们清楚灶户优免造成该县编差困难，因此积极为该县寻求新的差役科派主、客体，最终将同安县部分差役转移到他县。万历《泉州府志》称："一遇差役不支，乃至借编外县以千余金。"[3] 下文以巡检司弓兵和驿传两项为例进行探讨。

　　明代的弓兵主要负责盘诘往来奸细及贩卖私盐者、犯人、逃军、逃囚、无引者、面目可疑之人等。明初同安县设 7 个巡检司，每个巡检司编 100 名弓兵，[4] 共 700 名，由本县民户充当，"其始籍民为弓兵也"。[5] 弓兵主要佥自巡检司附近地区，因而得以往返于巡检司与家之间，"往役者复其家"。[6] 此制度下，浯州是同安县内部弓兵最多的地方，因为该县 7 个巡检司中浯州岛上即占了 4 个。[7] 明初"籍民为弓兵"，与灶户无涉，不过景泰以降弓兵被列入均徭，[8] 灶户被派

1　康熙《同安县志》卷 2《官守志·浯洲场盐课司》，方宝川、陈旭东主编《福建师范大学图书馆藏稀见方志丛刊》第 10 册，第 206~207 页。

2　康熙《同安县志》卷 2《官守志·浯洲场盐课司》，方宝川、陈旭东主编《福建师范大学图书馆藏稀见方志丛刊》第 10 册，第 207 页。

3　万历《泉州府志》卷 7《版籍志下·盐课》，第 16 页 a。

4　万历《泉州府志》卷 11《武卫志上·弓兵》，第 7 页 a~b。

5　崇祯《闽书》卷 40《扞圉志》，《四库全书存目丛书》史部第 205 册，第 13 页下栏。

6　崇祯《闽书》卷 40《扞圉志》，《四库全书存目丛书》史部第 205 册，第 13 页下栏。

7　洪受：《巡简不宜居县坊议》，光绪《金门志》卷 14《艺文志·奏议》，周宪文、杨亮功等编《台湾文献史料丛刊》第 2 辑第 38 册，第 372 页。

8　万历《泉州府志》卷 6《版籍志上·赋役》，第 14 页 a。

均徭，因而也需要承应弓兵之役。

　　与弓兵大体相似，明初福建驿传以县为单位征调。福建驿传不是向丁、产摊派，而是出自米粮，按照米粮多寡安排。明代，同安县有大轮、深青二驿，[1]"每驿上马三匹，每匹编米五百石；中马三匹，每匹编米四百石；下马三匹，每匹编米三百石；驴五头，每头编米五十石；夫首六十五名，每名编米三十名〔石〕；防夫二十五名，每名编米二十八石五斗"，[2]据此算得每驿共编米6512.5石，二驿共编米13025石。由于同安县是泉州府中驿传负担最重的县（该县驿站2个，而惠安、晋江和南安各有1个，安溪、德化、永春则无），因此永乐年间出现安溪县贴同安县驿传米的做法，嘉靖《安溪县志》载"安溪原无驿，永乐年间拨米五百余石贴同安县深青驿"，[3]占同安县驿传米的4%左右。

　　综上，泉州府弓兵、驿传二役明初时都以县为单位进行统筹、征调，各县独立承担本县的弓兵、驿传。永乐年间，安溪县代编了同安县部分驿传粮米，是为解决泉州府内部各县驿传负担不均而采取的措施，不过，当时的代编额度小，且非普遍做法。此现象在成化以降逐渐被扭转。成化、弘治之际，太监张敏等人积极寻求办法解决该县灶户优免、购买民田引发的同安县差役摊派对象及承担主体变化时，充分利用了代编之法，将弓兵、驿传转嫁给泉州府其他县。万历《泉州府志》载：

1　万历《大明会典》卷145《兵部二十八·驿传一·水马驿上·福建》，《续修四库全书》第791册，第487页下栏。

2　康熙《同安县志》卷3《赋役志·驿传》，方宝川、陈旭东主编《福建师范大学图书馆藏稀见方志丛刊》第10册，第331~332页。

3　嘉靖《安溪县志》卷3《官制类·驿传》，第37页a。

先是弘治中，同安有张太监者，故盐籍，以其县中徭差颇
重，将彼县弓兵移南安代编一百五十名。[1]

据此，张敏利用皇帝之宠信及其权力关系促成同安县弓兵转嫁到南
安县 150 名。

在驿传方面，嘉靖《安溪县志》载："成化年间，同安民米多诡
寄盐户优免，又增拨米三千六百石，分贴大轮、深青二驿。"[2]据此可
知，到成化年间，安溪县为同安县代编的驿传米增加了 7 倍多。

令他县代编驿传、弓兵等重役，在减轻同安县赋役负担的同
时，实际上也改变了同安县弓兵摊派对象，在一定程度上改变了明
初以降同安县本县承担差役的传统。

（二）民田诡寄灶户与泉州驿传"七县融编"

继太监张敏及其家族后，正德、嘉靖年间梧州场灶户士绅仍多
次促成该场灶户优免，致使盐田差役负担轻于民田，民田大量诡寄灶
户。而同安县令他县代编差役之法也出现问题，最终促成以泉州府为
单位的驿传编排法，即"七县融编"。

正德、嘉靖年间，梧州场灶户仍多次优免差役，只是在其中
发挥作用的已不是张敏家族，而是该场的灶户士绅。梧州场灶户与
民户一样，重视培养家族子弟读书，考取科举功名。到明中期，梧
州场文风鼎盛，出现许多士绅。灶户士绅多次为梧州场灶户谋求利
益。弘治、正德年间，福建上供物料数量不断增多，以同安县为
例，该县"成化间，岁杂二办不出十三件，弘治间增至二十三件，
正德间又增至三十二件，名数烦碎，虚派侵克，有司不能究诘"。[3]

1　万历《泉州府志》卷7《版籍志下·盐课》，第13页b。

2　嘉靖《安溪县志》卷3《官制类·驿传》，第37页a。

3　康熙《同安县志》卷3《赋役志·三办料价》，方宝川、陈旭东主编《福建师范大学图书馆
　　藏稀见方志丛刊》第10册，第292~293页。

正德十五年，御史沈焰将福建通省八府岁办物料通融合并编派，摊入八府丁、粮中征收，"令每年每人一丁粮一石各征银八分"，史称"八分料法"，[1] 后 "只征六分，谓之六分料"。[2] 不管是 "八分料法"，还是 "六分料法"，浯州场灶户丁、米都被编派。嘉靖元年，浯州场灶户梁瑄奏准将丁料银全部优免。[3] 同年，"同安省祭陈文援盐户旧制优免杂泛差役之文，将盐户丁米尽数奏免"。[4]

在浯州场灶户士绅力争之下，灶丁、田粮所需缴纳的赋役轻于民户。民丁每丁每年的役银超过灶丁一钱五分，民米每石每年役银比盐米多二钱二分五厘。随着盐田役轻于民田，同安县地区民田转移到灶户户下的现象更为严重。万历《泉州府志》就明确指出，嘉靖元年浯州场灶户优免之后，"诡寄日多"。[5]

正德、嘉靖年间，同安县没有清丈土地，所掌握的土地面积不变，因而民米演变为盐米意味着民米减少，万历《泉州府志》编纂者明言："盐户之粮既增，民户之粮必减。"[6] 随着土地户籍属性改变，原本由同安县承担的纳料银、驿传银、均徭银等都所收变少。

面对差役摊派对象愈发不足，同安县依旧采用"他县代编"法，将本县更多的弓兵、驿传转嫁到泉州府其他县。到嘉靖年间，同安县 700 名弓兵中，本县仅编 300 名，南安代编额由 150 名增加

1　朱淛：《天马山房遗稿》卷 4《记·八分料志》，《景印文渊阁四库全书》总第 1273 册，集部第 212 册，第 492 页上栏。

2　朱淛：《天马山房遗稿》卷 4《记·八分料志》，《景印文渊阁四库全书》总第 1273 册，集部第 212 册，第 492 页上栏。

3　康熙《同安县志》卷 2《官守志·浯洲场盐课司》，方宝川、陈旭东主编《福建师范大学图书馆藏稀见方志丛刊》第 10 册，第 207 页。

4　万历《泉州府志》卷 7《版籍志下·盐课》，第 13 页 b～14 页 a。

5　万历《泉州府志》卷 7《版籍志下·盐课》，第 14 页 a。

6　万历《泉州府志》卷 7《版籍志下·盐课》，第 16 页 a。

到334名，[1]此外，安溪代编30名，晋江代编20名，[2]另外16名可能由泉州府永春等县代编。

由他县代编差役减轻了同安县官府及编户的差役负担，因而该县官、民都乐于此，但这也加重了代编县的赋役负担，史载"同安丁米皆诡寄盐户，避重就轻，贻累邻邑"。[3]明中期，代编县多次试图减免、减少代编额度。在弓兵方面，同安县曾让他县代编400名，但在外县的努力下，又撤回了100名，即"后以外县代编者挈〔撤〕回，本县编至四百"。[4]在驿传方面，安溪与同安就代编额展开了激烈而反复的斗争。对于成化年间，安溪县增拨同安县驿传米3600石，安溪县官、民不满并设法减撤回。嘉靖《安溪县志》载：

> 弘治十五年，知县彭安顺差岁贡生员陈谦赍本具奏行布政司，查出诡寄盐户民米发驿，得减米二千余石回县，民困少苏。[5]

弘治十五年（1502），安溪县从该县增加贴驿传米数额的根源出发，令行布政司审查，最终查出同安县诡寄盐户的民米，向这些民米派驿传米，以此安溪县得以减少驿传米2000余石。据此事可知，当时泉州府地方有司对同安县民米转移到灶户户下有共同的认识，而将此部分查出也是解决问题的办法。而浯州场灶户于正德八

1　万历《泉州府志》卷10《官守志下·国朝·唐爱》，第37页b。
2　万历《泉州府志》卷6《版籍志上·赋役》载晋江县"协济同安县弓兵银一百四十四两，解司充饷"（第23页b），而每名银七两二钱，据此算得晋江县原代编同安县20名弓兵。
3　万历《泉州府志》卷10《官守志下·国朝·唐爱》，第37页b。
4　康熙《同安县志》卷3《赋役志·均徭》，方宝川、陈旭东主编《福建师范大学图书馆藏稀见方志丛刊》第10册，第357页。
5　嘉靖《安溪县志》卷3《官制类·驿传》，第37页a。

年宣称同安县"将盐米抽编驿传差役",[1] 再次奏准减免,于是安溪县减免的 2000 余石驿传米"又复尽数拨贴"。[2]

毫无疑问,"他县代编"差役之法引起了泉州府内部代编县与被代编县间的矛盾,也导致泉州府差役征调不稳定,加大其完成赋役的难度。而以更高一级行政范围——府为单位进行赋役统筹则可在一定程度上避免县与县之间关于赋役轻重及代编的矛盾和争论,于是嘉靖年间,泉州府推行了驿传等差役全府通融编派的办法,即"诡寄日多,编差不足,复议七县通融",[3] 嘉靖《安溪县志》亦载:"今蒙院司会议,将一府七县粮米融派五驿。"[4] 七县通融编派的方法取得成功,"即库子、驿站之徭差,旧时最为民所苦者,一概通融均派,供其入者民,司其出者官,而奸徒之抑勒需索无所借手,着为令甲,民甚以为便"。[5]

除因有利于泉州完成赋役责任、知府等支持外,全府能七县通融编派差役,还与其他因素相关。到嘉靖年间,驿传等差役已折银,且摊入田粮或者丁、田中,这不仅使各种差役在征调方面同质化,而且使以府作为一个单位进行差役的预算、结算变为可能。泉州府七县通融摊派差役后,安溪县民米带征解府驿传银 891 两有零,存留本县夫廪银 175 两有零,新添编贴深青驿夫保 3 名,共银 36 两。[6] 如何摊派呢? 安溪县民米每石征银一钱五分,有闰之年加银一

1　康熙《同安县志》卷 2《官守志·洒洲场盐课司》,方宝川、陈旭东主编《福建师范大学图书馆藏稀见方志丛刊》第 10 册,第 207 页。

2　嘉靖《安溪县志》卷 3《官制类·驿传》,第 37 页 a。

3　万历《泉州府志》卷 7《版籍志下·盐课》,第 14 页 a。

4　嘉靖《安溪县志》卷 3《官制类·驿传》,第 37 页 a。

5　万历《泉州府志》卷 6《版籍志上·赋役》,第 14 页 a。

6　嘉靖《安溪县志》卷 3《官制类·驿传》,第 37 页 a。

分，按月解府发给。[1]

"七县融编"中驿站银只摊入民米，与盐米无关，因而同安县民米转移到灶户户下仍会减少该县需承担弓兵、驿站银两的田地，而加重他县的赋役负担。嘉靖二十七年，南安县知县唐爱借着泉州府令其统编该府弓兵之际，清查泉州府盐场丁、米，把嘉靖年间比弘治年间增加的田产清出编差。并且禁止盐田增加，以防止民米再诡寄灶户。[2]

综上，明中期泉州府县官在应对民田等役银摊派对象减少所引发的州县编差不足问题时，将不足之差役摊派给小民、灶户，转移给本府非盐场县，并改变差役摊派方式。同安县利用控制了灶户的便利，习惯于向灶户摊派各种杂赋杂役，这在明初灶户势力弱时能实现，但明中期浯州场灶户兴起，有权有势的灶户多次要求按照明初制度优免其在州县方面的差役，并在明中期的博弈中胜出，最终浯州场灶户杂役得以优免，盐田赋役负担轻于民米。当地百姓在充分了解民田、盐田负担轻重的基础上，在灶、民之间进行"制度套利"，避重就轻，将大量的民田转变为盐田。不管是灶户优免杂役，还是民田演变为盐田，都造成同安县差役的承担主体、摊派客体减少，但该县差役总额不变，因而只能变更赋役制度，调整赋役摊派办法，以解决差役不足的问题。在浯州场灶户的争取下，同安县将弓兵、驿传等重役转移到泉州府其他县，由"他县代编"。但"他县代编"引起代编县的官、民不满，泉州府难以顺利完成全府的赋役征调，这迫使泉州府逐渐放弃明初以"县"为单位的差役摊派，以更高一级行政范围"府"为单位进行差役统筹和摊派，出现驿传

1　嘉靖《安溪县志》卷3《官制类·驿传》，第37页 a。

2　万历《泉州府志》卷7《版籍志下·盐课》，第15页 a~b。

等役"七县融编"。

正是因为成化、弘治年间泉州盐场地区出现张敏等权势灶户和灶户士绅，积极为灶户谋福利，所以弘治二年灶户盐田限额优免的制度才在泉州推行。

第二节　满足突发性财政需求与盐丘税征收

"拆东墙补西墙"的做法是为了维持原有财政资源征收，却难以满足新增财政需求，这是因为其一，从明初以降各赋役项目定额、折银过程可知，各项役银以"量出为入"为征收原则，支出方向明确，用于维持政府日常运作，而无法满足突发性财政需求；其二，既有户籍赋役体制下的改革仍需要面对滨海人群对户籍制度的利用。人们将户籍制度视为套利资源，娴熟地利用户籍制度规避赋役，致使各项役银摊派对象减少。另外，嘉靖中期以降，东南沿海地区倭寇、盗贼之乱频仍，人丁户口确有减少，泉州府"（嘉靖）季年，倭夷入寇，兵火疠疫之余，户口十损六七，有例并户除丁"。[1]嘉靖、隆庆年间惠安县士绅李恺《为惠安乞并图》亦云"以一图言之，百户之中死绝者已二四十户；以一县言之，三十六里之中不可以为里者殆居其半。一遇徭役则十室九逃，或该排年则流窜外郡。民之千苦万痛，所当优恤未有甚于此时者也……今版籍若依旧额攒

1　万历《泉州府志》卷6《版籍志上·户口》，第3页b。

写，则田亩既荒，粮差尚在，人丁消乏，鬼名在册”，[1]向人丁征收的役银亦应随之减少。可见，财政需求与既有财政资源征发之间存在难以调和的矛盾。

在配户当差制度框架之外寻找税源成为解决上述矛盾的主要办法。嘉靖以降，统治者逐渐将寻找税源的视角转向市场，认可市场机制对经济的调节，将在市场调节下繁荣发展的商品经济及相关产业列为财源，出现赋税“与其取之于农，不若取之于商”的观点。[2]在福建，原本没有被纳入专卖范围的食盐市场及场外盐[3]生产就被视为财源。

一方面，福建运司将专卖制度推广到近海地区。如嘉靖十五年（1536），在福宁州设黄崎分司，将福宁州纳入专卖区；[4]嘉靖二十六年建立南港分司，[5]将省城内外地方，包括柑揽、白石头、沙溪、芋原、洪塘、潭尾等地方纳入南港分司商人行盐地，[6]并且从嘉靖四十三年至万历二十六年（1598）逐渐将省城附近地方及福州府近海岛屿纳入专卖区；[7]嘉靖三十三年开始讨论如何管理漳泉二府食盐

1　李恺：《介山集》卷16《议·为惠安乞并图》，海峡书局，2016，第20页 a~21页 b。

2　童蒙正、林大有纂修《福建运司志》卷2《户部郎中钱嘉猷题为钦遵明命条陈盐法事宜以助边计缺乏之事疏》，虞浩旭主编《天一阁藏明代政书珍本丛刊》第10册，第221页。

3　明初以降滨海人群在既有盐埕以外砌筑的、官府没有登记在册的制盐场地，称“场外”，场外所产食盐为“场外盐”。与之相应，明初就登记在册籍的食盐生产地，称“场内”，场内所产食盐为“场盐”。

4　江大鲲等修《福建运司志》卷3《秩司志·公署·黄崎分司》，于浩辑《稀见明清经济史料丛刊》第1辑第28册，第8页。

5　江大鲲等修《福建运司志》卷7《征输志·事宜·南路官盐》，于浩辑《稀见明清经济史料丛刊》第1辑第28册，第234~235页。

6　周昌晋：《福建鹾政全书》卷上《盐界》，《北京图书馆古籍珍本丛刊》第58册，第811页下栏~812页上栏。

7　详见黄国信、叶锦花《食盐专卖与海域控制——以嘉万年间福州府沿海地区为例》，《厦门大学学报》（哲学社会科学版）2012年第3期。

运销，征收食盐运销税；万历三年设漳泉分司专管二府食盐运销。[1]

另一方面，嘉靖朝福建布政司、运司开始向民间私设的晒盐场地征收盐丘税、丘盘税。此二税都是向土地征收的税，但征收依据、会计环节等都超越配户当差的制度框架，是一种只根据土地用途征税，而与制盐者的户籍、赋役及其他经济活动无关的税，是与"役以籍异"不同的"以田定税"。

一　弥补虚粮、增加军饷与漳州征收盐丘税

在福建境内，最先对盐场以外的食盐征收生产税的是没有设置盐场的漳州府漳浦县。

漳州位于福建最南端、泉州府西南边，与泉州一样临海，产盐历史悠久，最迟到宋代已经有正规的食盐生产组织，绍兴年间（1131~1162）漳州知州廖刚指出："本州盐团五所，岁管煎盐一百八十万斤。"[2] "团"是宋代食盐生产的基层组织。廖刚所谓"盐团五所"，目前尚能考证出吴惯、沐渎、中栅等团。据廖刚言，宋代漳州食盐生产者被编入五个团中，五团盐民每年须产盐180万斤。入元以后，这些盐团似乎被继承，然不久之后似被裁撤。[3] 至明代，漳州府滨海地区依旧生产食盐。弘治《八闽通志》就记载了漳州府龙溪县生产食盐，[4] 而漳浦县的七都潮东、桥头、浦尾、竹屿，十五

1　详见叶锦化《区域经济发展与食盐运销制度变革——以明代福建漳州府为例》，《中国社会经济史研究》2012年第2期。

2　廖刚：《高峰文集》卷5《议盐法申省状》，《景印文渊阁四库全书》总第1142册，集部第81册，第367页。

3　参见杨培娜《生计与制度：明清闽粤滨海社会秩序》，第103~104页。

4　弘治《八闽通志》卷26《食货·物产·漳州府·货之属·盐》，《四库全书存目丛书》史部第177册，第698页下栏。

都盐墩，九都埭头，十七都积美，二十三都东板、径头、田中央、下尾关头等地方也都有食盐生产。[1]然而，可能由于这些地方食盐生产规模比较小，如漳浦县所产食盐只能满足本县消费，[2]对于国家财政而言并不重要，因此明初以降朝廷既未在漳州府设置盐场，管理当地食盐生产，亦未将当地所产食盐纳入专卖体制，而是听任其自产自销。简言之，明代漳州府食盐生产与泉州盐场不同，它没有被纳入国家盐政管理体系，没有被强加劳役属性，因而经济因素是刺激生产的最为主要的因素。

明初，福建运司在漳州府境内最大的河流——九龙江上设置柳营江批验盐引所，[3]掣验来自泉州盐场的官盐，而禁止漳州私盐运销。虽然民间仍会通过九龙江走私食盐，但需要应对柳营江批验盐引所的官吏，成本增加。因此，漳州本地所产食盐运输路径和销售范围受到一定限制，利润较低，生产规模也较小。而随着正统八年泉州浔美、𫗧州和㴹州三场大部分盐课改折，正统九年五月巡按监察御史郑颙言奏准将柳营江批验盐引所改为普通的巡检司，即柳营江巡检司，[4]不再专管食盐运销。此后，漳州府境内无专管食盐运销的机构，该府食盐运销路径不再受限制，食盐销售市场的范围得以扩大，人们可以沿着九龙江流域运盐到漳州府山区县、汀州府，甚至走私到福建省其他山区府县。

明中叶，漳州府食盐利润高。漳州府食盐生产与泉州四场一样采用晒盐法，食盐生产成本较煎盐低，且因食盐产销都没有进

1　童蒙正、林大有纂修《福建运司志》卷2《户部郎中钱嘉猷题为钦遵明命条陈盐法事宜以助边储缺乏事疏》，虞浩旭主编《天一阁藏明代政书珍本丛刊》第10册，第223页。

2　童蒙正、林大有纂修《福建运司志》卷2《户部郎中钱嘉猷题为钦遵明命条陈盐法事宜以助边储缺乏事疏》，虞浩旭主编《天一阁藏明代政书珍本丛刊》第10册，第225页。

3　《明英宗实录》卷116，正统九年五月癸酉，第2351页。

4　《明英宗实录》卷116，正统九年五月癸酉，第2351页。

入国家专卖体制，食盐运销无须执行开中法相关程序、缴纳相关税费，故而食盐成本低，市场价格亦低。史载漳州"盐直甚贱，盐以斗计可十五六斤，时贵直银四厘，贱止二厘而已"；[1] 亦载"大抵盐虽漳产，而直甚贱，计一石所售直不过二三分"。[2] 这些食盐通过九龙江运到龙岩、漳平、宁洋等山区县份，以及西路官盐区，还可进入属于淮盐区的江西省建昌等府，通过价格差，盐商可获得丰厚的利润，即"漳平、宁洋皆山邑穷僻，民间不能致食盐，而浯、沴民鬻盐者，辄用海舟载至海澄歇泊埠头，转剥小舟，溯西北二溪出华封，往龙岩诸邑散卖。又自宁洋而上，达马家山，越永安，蔓延建、邵所属行盐地，其徼利什倍"。[3] 在市场机制的作用下，追求盐利的漳州滨海人群纷纷扩大食盐生产规模。地方官府则采取默认态度，直到嘉靖年间开始对食盐生产征税。

嘉靖三十二年，为补虚粮，漳州府开始在漳浦县征收盐丘税。万历元年之前，漳浦县财政收入以田赋为大宗，田赋约折米15928石，其他各色课折米总量才大约400石，所占比例非常小，并且无商课。[4] 嘉靖二十三年至二十五年，漳浦县连续三年饥荒，[5] 势必影响税粮征收，出现虚粮问题。明清时期，官府弥补虚粮有多种办法，比如，在商业发达的大庾岭，行商坐贾常常成为官方弥补

---

1 康熙《漳浦县志》卷8《赋役志下·盐课》，康熙四十七年刻本，中国国家图书馆藏，第13页 b。

2 顾炎武：《天下郡国利病书·第廿六册·福建·盐法考》，《续修四库全书》第597册，第289页下栏。

3 顾炎武：《天下郡国利病书·第廿六册·福建·盐法考》，《续修四库全书》第597册，第289页下栏。

4 万历《漳州府志》卷19《漳浦县·财赋》，第45页 a~50页 b。

5 万历《漳州府志》卷12《漳州府·杂志·灾祥》，第9页 b；卷20《漳浦县·灾祥》，第55页 b。

虚粮的征派对象。[1]嘉靖年间，漳州府也正面应对市场，对市场刺激下繁荣的盐业生产征税。不过，在具体征税办法上，漳州府借鉴了征收田赋的思维和具体操作，不是向食盐本身收税，而是向用于生产食盐的土地——盐丘、盐埕——征税。嘉靖三十二年[2]，在巡按御史赵孔昭的指挥下，漳州府经历虞希范到漳浦县勘丈盐丘，并开始征收盐丘税。据载，虞希范踏勘过各盐地，"通计埭田有一万二千三百二十四丘，内方一丈一万一千二百六十七丘，每丘征银三分；方七八尺者一千五十七丘，每丘征银二分。每岁共征银三百五十九两一钱五分，内除补虚悬粮米银四十二两九钱四分五厘，实增课银三百一十六两二钱五厘"。[3]经过勘丈，产盐地每年需要向漳浦县缴纳白银 359 两有奇。此项税目被称为"盐丘税"，不仅弥补了漳浦县的虚粮银 42 两零外，还增加了白银 316 两零的额外收入。

盐丘税不是普通的土地税，而是根据土地用途征收的、与食盐生产相关的税目。盐丘税虽与食盐生产直接相关，但与明初以降征收的盐课不同。明初国家在食盐生产环节征调的是盐课，一般认为，国家令灶户制盐纳课是一种徭役的征发，[4]灶户完成此役的办法是获取食盐、将食盐输纳盐场官仓。正统朝以降，泉州各场盐课逐渐折米、折银，盐折米（银）摊入灶户丁米中征收，丁米有明确的

1　张素容：《大庾岭路与清代南雄州之虚粮》，《清史研究》2007 年第 2 期。

2　童蒙正、林大有纂修《福建运司志》卷 2《户部郎中钱嘉猷题为钦遵明命条陈盐法事宜以助边计缺乏事疏》（虞浩旭主编《天一阁藏明代政书珍本丛刊》第 10 册，第 223 页）中记载巡按御史赵孔昭指挥勘丈漳浦县盐丘并征收盐丘税，不过没有记载时间。而据孟昭涵纂《长乐县志》（卷 6《城市志》，1917 年铅印本，第 1 页 b），嘉靖三十二年巡按赵孔昭参与修筑县治城池，可知赵孔昭为嘉靖三十二年的福建巡按御史。

3　童蒙正、林大有纂修《福建运司志》卷 2《户部题为钦遵明命条陈盐法事宜以助边计缺乏事》，虞浩旭主编《天一阁藏明代政书珍本丛刊》第 10 册，第 233 页。

4　刘淼：《明朝灶户的户役》，《盐业史研究》1992 年第 2 期。

课税科则。虽然盐课折银化了，其缴纳手段、摊派科则也都发生了变化，但是盐课由灶户缴纳是不变的。而正统朝福建布政司为满足泉州地方卫所军饷需求，将同安县上都民米拨补盐课免民差，出现部分民户缴纳盐课的现象，则极为特殊，民户缴纳盐课仅限于当时被拨补的那一部分民米所对应之民户。质言之，盐丘税征收之前，国家在泉州食盐生产环节征调的盐课一般由灶户专供。然而，明代漳州无盐场之设，无灶户编佥，境内食盐生产者都不拥有灶籍。康熙《漳州府志》就载漳州"晒盐民原非灶户，以资直转佃盐埕，终日胼胝炎烈中"。[1]故盐丘税由非灶籍者缴纳。

从户籍、制盐与盐课的关系看，盐丘税的征收，一方面使福建食盐生产税征收客体，由灶户扩大到非灶户群体，由按户籍征收变为根据制盐行为征收；另一方面则意味着福建官吏对民间非灶者制盐的态度，从默认变为利用，在地方政策层面上将非灶户制盐的行为合法化，并从中获取赋税收入。嘉靖三十二年漳浦县盐丘税征收一事在巡按御史的支持下展开，福建运司官吏并不反对，此当与福建运司官吏对漳泉地区的盐政态度有关。正统年间泉州盐课改折之后，福建运司系统就不再管控泉州地方的食盐生产，同时放松了对漳、泉二府食盐运销的管理，而漳州府不设盐场，运司更是放任不管。

需要指出的是，嘉靖三十二年开始的盐丘税征收仅是漳州府的做法，在嘉靖三十三年之前，盐丘税既没有进入国家财政收入体系，也没有被纳入福建布政司、运司收支范畴。该项收入存留漳州府，而漳州府并没有对如何支出进行规范，应该说这是一项由该府机动支配的税目。因此，到万历时，《漳州府志》的编撰者已经不知道万历元年该项银两做何用处。

1　康熙《漳州府志》卷12《赋役下·盐法》，第33页a。

漳浦县征收盐丘税的做法在倭乱的背景下，被加以推广。为满足中央与地方的军饷需求，朝廷派户部郎中钱嘉猷前往福建、广东清厘盐法。嘉靖三十三年，钱嘉猷到达福建，试图对福建盐政进行全面整顿，提出清产盐之地、反私贩之盐、剔滞盐之弊、处牙税之银、明职守之分、立巡盐之职官等建议。[1] 其中，钱嘉猷对漳浦县征收盐丘税之举加以肯定，强调"将漳浦所属潮东等处盐地照前勘过丘数输纳课银，就委该县管粮官带征"，[2] 并将漳州府的做法上奏朝廷。经过一番讨论，户部要求进一步丈量漳州府盐丘数量及面积，以增加盐丘税收入，"仍将漳浦县埭田丘数，亦要委能干官二员，申详本司批定一员，前去重勘，实增银两"。[3] 在户部的要求之下，福建官府不仅再次勘丈漳浦县盐丘，盐丘税由每年 359 两零增加到 386 两零，而且清丈了漳州府诏安县的盐丘，确定该县每年征收盐丘银 129 两零。[4] 因漳州无盐课司，故盐丘税由盐丘所在县"随粮带征"。

至万历三年，福建运司奏准设置漳泉分司，派遣运同驻扎，专管漳泉二府盐政，漳州府"漳、诏二县盐丘税银，俱听运同督征、掣取、通关、缴报。各税银按季解赴运盐司（即盐运司——引者注）收贮，如兵兴则存留备饷，事宁解部济边"。[5]

1　童蒙正、林大有纂修《福建运司志》卷 2《户部题为钦遵明命条陈盐法事宜以助边计缺乏事》，虞浩旭主编《天一阁藏明代政书珍本丛刊》第 10 册，第 227~258 页。

2　童蒙正、林大有纂修《福建运司志》卷 2《户部郎中钱嘉猷题为钦遵明命条陈盐法事宜以助边计缺乏事疏》，虞浩旭主编《天一阁藏明代政书珍本丛刊》第 10 册，第 224~225 页。

3　童蒙正、林大有纂修《福建运司志》卷 2《户部题为钦遵明命条陈盐法事宜以助边计缺乏事》，虞浩旭主编《天一阁藏明代政书珍本丛刊》第 10 册，第 240 页。

4　刘尧诲：《奏设漳泉分司》，江大鲲等修《福建运司志》卷 13《奏议志·疏略》，于浩辑《稀见明清经济史料丛刊》第 1 辑第 28 册，第 437~438 页。

5　刘尧诲：《奏设漳泉分司》，江大鲲等修《福建运司志》卷 13《奏议志·疏略》，于浩辑《稀见明清经济史料丛刊》第 1 辑第 28 册，第 440 页。

二　泉州府各场征收丘盘税

在倭盗之乱频发、福建地方需要增加财政收入的背景下，漳州
府向食盐生产地征税的做法被推广到泉州盐场地区。

正统以降官府放任泉州食盐生产，嘉靖三十三年户部郎中钱
嘉猷到福建清厘盐法，泉州知府董汉臣、推官袁世荣就如何管理
本府食盐生产提出建议。针对明中期泉州境内"盐斤全在丘盘所
产，而丘盘比旧亦多损益"[1]"但各场所晒盐斤借以办课为名，散卖
贩徒，而泉、漳二府各属县人民概得私盐食用，以故灶户于旧额丘
盘之外，与非灶丁者私设开晒甚多，绝无课税归官"[2]的现象，董汉
臣等提议清查晒盐丘盘，区分"旧额"盐埕和非"旧额"盐埕。明
初已有的、已登记在册的盐埕为"旧额"盐埕，即盐场盐埕；"旧
额"之外的盐埕为私埕，"不系灶户额地，私自开晒者"，[3]即场外盐
埕。鉴于灶户在"旧额"盐埕上生产食盐已纳过盐课，[4]而在场外
盐埕上生产的食盐没有纳税，董汉臣等呈请向场外盐埕所产食盐
征税。

与漳州府由各县直接向用于生产食盐的土地征税不同，董
汉臣等建议清查场外盐埕，但不是对场外盐埕收税，而是对在场

1　童蒙正、林大有纂修《福建运司志》卷 2《户部郎中钱嘉猷题为钦遵明命条陈盐法事宜以助
　　边计缺乏事疏》，虞浩旭主编《天一阁藏明代政书珍本丛刊》第 10 册，第 217 页。

2　林大有纂修《福建运司续志·福建都转运盐使司同知伍典条议盐法事宜》，虞浩旭主编《天
　　一阁藏明代政书珍本丛刊》第 10 册，第 594 页。

3　刘尧诲：《奏设漳泉分司》，江大鲲等修《福建运司志》卷 13《奏议志·疏略》，于浩辑《稀
　　见明清经济史料丛刊》第 1 辑第 28 册，第 440 页。

4　从制度上看，"旧额"盐埕是明初以降灶户用于生产食盐的盐埕，所产食盐纳税，明初时即
　　灶户缴纳官府之本色盐，随着盐课改折，在"旧额"盐埕所产食盐应纳盐课摊入灶户户下丁
　　米征收。

外盐埕上生产的食盐收税，"其各场私设盐埕不在旧额内，亦宜尽数查出，一例纳课，每盐一引比照折米事例，加倍起科"。[1] 所谓"每盐一引比照折米事例，加倍起科"，指在私设盐埕上生产的食盐按照浔、沴、浯三场盐一引折米一斗、每斗折银五分的则例征收盐课。结合泉州地方盐政事务归盐课司专管、盐课由盐课司专征的体制，董汉臣等建议各场盐课司负责登记场外盐埕，征收场外盐埕所产食盐税，若滨海人群按规定缴纳了赋税则允许生产，不纳税则不得生产，"该场籍记征纳，以增课程，庶得适均。如有不愿输办，就行掘毁，不许开晒，庶使正余二课无妨"。[2] 户部允准，并要求泉州府各盐课司将新增税银解部，"其各场私设盐埕起科纳课，每年所增课银，同上里等场课银一并依期解部，接济边储"。[3]

此外，董汉臣等还倡议将泉州各场场内外食盐都纳入食盐专卖体制，向盐商征收食盐运销税。其言：

> 行盐地方有附近沴州、浯州二场者，有附近浔美、惠安二场者，宜就产盐之地，以重招商之法，以严私贩之科。不必设立盐厂，只就四场之中，严行官吏各照所辖盐场埕团立为十冬，催办分旧课、新税两项，各自催征，编定充商姓名，打造

1　童蒙正、林大有纂修《福建运司志》卷2《户部郎中钱嘉猷题为钦遵明命条陈盐法事宜以助边计缺乏之事疏》，虞浩旭主编《天一阁藏明代政书珍本丛刊》第10册，第219页。

2　童蒙正、林大有纂修《福建运司志》卷2《户部郎中钱嘉猷题为钦遵明命条陈盐法事宜以助边计缺乏之事疏》，虞浩旭主编《天一阁藏明代政书珍本丛刊》第10册，第219页。

3　童蒙正、林大有纂修《福建运司志》卷2《户部题为钦遵明命条陈盐法事宜以助边计缺乏事》，虞浩旭主编《天一阁藏明代政书珍本丛刊》第10册，第230页。

> 一式船只，听其就场告引，但宽税引之银，每盐一引四百斤，
> 止税银二分，先纳在场，方行给引。[1]

据此引文，董汉臣等提出的专卖制度是对在司纳银开中法的变通。明代开中法有"在边纳粟"和"在司纳银"两种，大体而言，前者推行于明初，商人按照国家规定将粮草运到指定粮仓，换取食盐运销资格；弘治以降在司纳银开中法逐渐在各运司推行，商人只要到运司缴纳相关税费则可获得运销食盐的资格。[2]董氏的建议不是商人到运司纳银，而是泉州各盐课司在食盐生产地招商，商人到各盐课司告引、纳税，拿到盐引之后支盐。然而，此规定不具有实际操作性，因为其一，它提高商人运销购买场外盐埕所产食盐的成本。盐商若运销场外盐，只有提高市场价才能保障盐利获取，而提高盐价必然降低市场竞争力，因此商人不乐意报中。其二，各场盐课司征收白银形式的折色盐课，而没有征收本色盐，民间所产食盐不归盐课司管制，因此盐课司也无盐供盐商支取。最终该专卖法没能有效推行，史载"今在场无盐，即召有商人，何从支给，其事理委多窒碍，是以泥而莫行"。[3]另外，泉州灶户士绅也反对董汉臣等对场外盐场所产食盐收税的改革，"邑人御史吴从宪言诸当道，悉尼〔泥〕不行"。[4]嘉靖三十五年（1556），董汉臣的下一任泉州知府熊汝达上任，废除该法，林希元说："初言利之臣建盐丘、抽分之议，公欲

1　童蒙正、林大有纂修《福建运司志》卷 2《户部郎中钱嘉猷题为钦遵明命条陈盐法事宜以助边计缺乏之事疏》，虞浩旭主编《天一阁藏明代政书珍本丛刊》第 10 册，第 218 页。

2　藤井宏「明代塩場の研究」（上）『北海道大学文学部紀要』1 号、1952 年。

3　刘尧海：《奏设漳泉分司》，江大鲲等修《福建运司志》卷 13《奏议志·疏略》，于浩辑《稀见明清经济史料丛刊》第 1 辑第 28 册，第 433 页。

4　万历《泉州府志》卷 7《版籍志下·盐课》，第 15 页 b。

藏富于民，府檄一下，议者惶愧阁手。"[1] 因此，不管是对泉州盐进行专卖，还是对场外盐征收盐税，都以失败告终。

　　自嘉靖三十三年至万历初年，中央及福建就漳泉二府食盐该如何管理、征税等问题进行多次讨论、博弈。[2] 万历初年，南倭北虏问题依然严峻，国家财政仍然吃紧，急需增加白银收入。而福建地方倭寇、海盗、山贼之乱依旧频繁，当时的福建巡抚刘尧诲既要满足朝廷的财政需索，更要平定福建动乱、为平定动乱寻找军饷。他一方面上奏要求继续招募客兵，另一方面多方筹措军饷，于万历元年十一月奏请"留今年税契银一万，并暂借明年济边盐折银二万二千二百"，[3] 于万历二年十二月将漳州府海澄等县船货商税，福州府竹崎所木税，闽、侯、怀三县牛河渔荡税，福清、连江等县绸税，古田县炉税，福州南台商税，泉州府船税等充作军饷，[4] 于万历三年奏准设置漳泉分司，派遣运同驻扎，职掌泉州、漳州二府盐政，[5] 以加强对漳泉二府盐政的控制，增加盐税。同时规定漳泉二府实行"招商抽税"法，商人获得分司发给的盐票后到泉州盐场买盐，运到漳州，在柳营江抽税后散卖，泉州则在新桥地方抽税。[6]

　　与此同时，刘尧诲建议仿照漳州漳浦、诏安的做法，要求勘

1　林希元：《同安林次崖先生文集》卷8《序·送郡侯熊北潭考绩序》，《四库全书存目丛书》集部第75册，第598页下栏。

2　刘尧诲：《奏设漳泉分司》，江大鲲等修《福建运司志》卷13《奏议志·疏略》，于浩辑《稀见明清经济史料丛刊》第1辑第28册，第428~436页。

3　《明神宗实录》卷19，万历元年十一月戊寅，第530页。

4　《明神宗实录》卷32，万历二年十二月甲子，第764~765页。

5　刘尧诲：《奏设漳泉分司》，江大鲲等修《福建运司志》卷13《奏议志·疏略》，于浩辑《稀见明清经济史料丛刊》第1辑第28册，第453页。

6　叶锦花：《区域经济发展与食盐运销制度变革——以明代福建漳州府为例》，《中国社会经济史研究》2012年第2期。

察、丈量泉州晒盐丘盘，向场外盐埕征收土地税。其曰："（泉州四场丘盘）或系新涨海滩及民粮田亩，应合委勘，分别照依漳、诏二县事体，一例征课。"[1] 与漳州府盐丘税由知县征收不同，泉州府因设有盐场，盐政事务由盐课司专管，故食盐生产税由盐场负责。泉州四场按要求清丈晒盐丘盘并确定征收则例，其中，浯州场"将晒盐丘盘分则清丈，每方一丈，上则六厘，中则五厘，下则四厘，共征税银八十六两"；[2] 泉州丘盘税与盐课一样都由盐课司负责，由总催催征，"贽之以场官，重之以总催"。[3] 所征税银"与各场额课，漳、诏二县盐丘税银，俱听运同督征、掣取、通关、缴报。各税银按季解赴运盐司收贮，如兵兴则存留备饷，事宁解部济边"。[4]

晒盐场地在漳州府称为盐丘，所征税目称"盐丘税"；而在泉州府的晒盐场地称为"丘盘"，故所征税目称为"丘盘税"。[5] 本质上并没有区别。

万历八年（1580），漳泉分司因"课税无几，实为烦赘"而被裁革，原本由漳泉分司征收的税银，包括泉州四场丘盘税，"行令泉漳各海防同知带征"。[6] 四场丘盘税仍由盐场征收，成为四场"办盐场额"，[7] 被视为盐课的组成部分，"丘折即灶课也，盐田所纳钱粮谓

1　刘尧诲：《奏设漳泉分司》，江大鲲等修《福建运司志》卷13《奏议志·疏略》，于浩辑《稀见明清经济史料丛刊》第1辑第28册，第438页。

2　康熙《同安县志》卷2《官守志·浯洲场盐课司》，方宝川、陈旭东主编《福建师范大学图书馆藏稀见方志丛刊》第10册，第207页。

3　蔡献臣：《清白堂稿》卷3《时务·下四场裁盐场官议（丙寅）》，《四库未收书辑刊》第6辑第22册，第51页上栏。

4　刘尧诲：《奏设漳泉分司》，江大鲲等修《福建运司志》卷13《奏议志·疏略》，于浩辑《稀见明清经济史料丛刊》第1辑第28册，第440页。

5　万历《泉州府志》卷7《版籍志下·盐课》，第16页b。

6　劳堪：《奏裁漳泉分司不设》，江大鲲等修《福建运司志》卷13《奏议志·疏略》，于浩辑《稀见明清经济史料丛刊》第1辑第28册，第457页。

7　万历《泉州府志》卷7《版籍志下·盐课》，第16页b~第17页a。

之盐折，埕埔所纳钱粮谓之盐丘"。[1]

丘盘税与嘉靖三十三年董汉臣等的改革一样，都是对泉州场外盐生产行为征收盐课，不同的是后者对产品征税，而前者对土地征税。二者也有相似之处，都放弃配户当差制按照户籍名色摊派户役的原则，而在配户当差制之外扩大税源。丘盘税虽是对土地征收的税，看似与役无关，却透露出明代赋役制度的某些变化。

第三节　明中后期的户与役

明初以降，中央王朝视配户当差为祖制，而没有自上而下对其进行改革，因此，配户当差制直到明末都是中央认可的户籍制度，甚至在明清鼎革之后被清廷继承。不过，这并不代表有明一代推行的户籍制度没有变化。明初以降，泉州盐场人群利用配户当差制规避赋役，迫使地方官府灵活运用配户当差制，甚至绕开配户当差户籍制寻找新税源。需要指出的是，明初以降泉州盐场地区官府对配户当差制的改革，往往是在特定环境下解决特定问题，仅改变相关丁产的户籍赋役状况，而没有从整体上取消户籍赋役旧制，故而历次改革成果被延续下来的同时，仍有部分旧制也延续。这就导致到了明末，泉州盐场地区呈现不同时期改革成果共存的局面，既有明初延续下来的配户当差制，又有正统年间民户承役灶役免民

1　王守基：《福建盐务议略》，《盐法议略》，中华书局，1991，第56页。

差，还有嘉靖以降盐丘税系统下民、灶、军等各色人群缴纳盐税，等等。当地户籍与户役的关系，乃至户籍、户役与土地的关系复杂多样。

一　是否配户当差——地方官府征发赋役时对籍别的考虑

明朝地方官府征发赋役时对籍别的考虑经历了从根据籍别征调徭役，向各户役征调本分户役，到考虑籍别和不考虑籍别并存的变化。征收既有赋役项目仍考虑籍别，而寻找新税源时则绕开配户当差制，不再考虑籍与役的对应关系。

明初国家推行配户当差制，役因籍异，官府对徭役的征发需要考虑户籍名色，对民户征调民差，对灶户征收盐课，让军户服军役，等等。虽然洪武年间配户当差制在泉州盐场地区推行有所偏离，出现民－军、灶－军、军－军等双重户籍的现象，但各类官府坚持向役户征发本分户役。

明初以降，福建地方有司为解决州县赋役征发及财政、盐政问题，而灵活变通配户当差制在地方上的运作，改变向役户佥派本分户役的原则，州县向灶户摊派民差，而布政司将同安县上都民粮拨补盐课。此类"拆东墙补西墙"的操作，坚持了配户当差的制度框架，故福建官府根据灶户优免杂役的规定，免去拨补盐课的民粮原本应该承担的民差；而向灶户摊派民差不符合制度规定，故灶户多次要求优免，并取得成功——虽此后又被摊派。

不过，配户当差制并非明王朝一以贯之的户役制。嘉靖朝，中央与地方财政压力越来越大，所需白银大量增加，福建地方官府甚至绕开配户当差制度框架及土地从属人户的制度逻辑，根据土地用途征收土地税，即"以田定税"，以增加财政收入。漳州府

盐丘税、泉州府丘盘税的征收是其中很有代表性的例子。这说明
漳泉二府向用于生产"私盐"的土地征税的做法，突破明初以降
户籍、土地、户役三者之间的密切关系，其不考虑户籍、只问土
地用途而征税的做法，使民、军等任何名色的户籍人群都可能要
缴纳盐课。

明代泉州赋役摊派的变化过程，实际上经历了从考虑户籍到考
虑户籍与不考虑户籍并存的演变，经历了从重视籍别与户役对应关
系，根据户籍名色征调不同的户役，到不问籍别征调户役的演变。

促使地方官府在配户当差制下"拆东墙补西墙"的直接原因是
福建官府面临盐课、军饷或州县赋役等方面的不足，他们通过重新
确定盐课、军饷或州县赋役的纳课主客体来获取所需。而促使地方
官府绕开配户当差制寻找新财源的直接原因是既有财政体制下的白
银收入难以满足中央和福建地方突发性财政需求。

这些演变背后的深层次机制则是配户当差制本身及其运作中出
现的矛盾。在配户当差的制度设计中，人户以籍为定，役因籍异，
国家和地方官府需要什么户役则编佥相应的役户，且户籍不得随便
变更，户役世袭。在实践中，此规定导致国家及地方官府难以满足
不断变动的徭役需求。在泉州，不管是正统年间令民户缴纳盐课免
民差，还是万历年间在既有户籍赋役制外寻找税源，都是对此矛盾
调适的结果。

另外，明初以降，配户当差制下各役逐渐定额化、折银化，国
家和地方官府在既有户籍赋役体制中的收入也逐渐固定，且这些收
入都有明确的支出方向，都用于官府的日常开支，因而难以满足因
动乱引发的突发性财政支出。与此同时，民间的户籍策略致使黄册
登记与现实脱离，官府能掌握到的有效丁产减少。在这种局面下，
绕开配户当差制，向土地征税是较优选择。

当然，这并不是说既有的户籍及配户当差制不重要了，相反，黄册、盐册仍是官吏征调既有赋役项目的依据，而既有赋役项目仍属配户当差制，仍受配户当差的影响，仍占国家财政资源之来源的绝大部分。而绕开配户当差制的财政资源征收仅是明中后期出现的一些新的赋役项目。盐丘税、丘盘税等以田定税现象的出现，并没有否定配户当差体制的重要性，只是说明在此体制外出现了新的赋役征收逻辑。明中后期，"役以籍异"和"以田定税"并存，配户当差与非配户当差并行。

盐丘税、丘盘税的征收还说明了土地在国家财政资源征调中的作用越来越重要。这是明中后期国家财政征调的总体特征，且不管是盐司还是州县都出现相同的趋势。在福建的州县赋役方面，由明初里甲正杂诸役演化而来的均徭、纲银、民壮、驿传等各役役银摊入丁、米，米在徭役摊派中发挥重要作用，而一条鞭法的推行是对此现象的认可。在盐税方面，除盐课摊入灶户丁米中及征收盐丘税、丘盘税外，嘉靖四十五年（1566）福建运使何思赞为了解决福建盐场人群利用滨海倭盗之乱频发要求减少盐丁额，以减少盐课负责的问题，要求各场"就田匀丁"，更是体现了对土地的重视。最终，上里场增加了 800 多丁。不过除了盐丘税、丘盘税的征收，不管是各役银摊派丁米，还是"就田匀丁"，土地仍从属于人户，有户籍属性。

简言之，到明中后期，官府向人丁、土地征调赋役的依据多种多样，配户当差与非配户当差并存。配户当差制虽然在形式、性质等方面都发生质的变化，但仍是国家赋役征发的主要制度框架；此外，灵活变通配户当差制以便更好获取赋税，绕开配户当差制以增加财政收入，也是明中后期常用的策略。经过上述改革，到明末，福建盐课征收依据及纳课主体的户籍名色都具有多样性，配户当差与非配户当差并存。既有明初确定的籍与役之间的对应，即灶户承办灶役，也有正统朝以降出现的籍与役之间的不对应，即非灶户群体承担盐课。后者有民户缴纳盐课免民差，也有民户缴纳盐课不免民差之分。而民与民差、灶与灶役、军与军役之间并非单线的简单对应，而是多线的复杂对应。

二　籍役多重关系

明末，泉州盐场地区籍役复杂对应，是明初以降不同时期制度及其变通的集合。

洪武朝，国家在继承元代诸色户计的基础上，形成配户当差户籍制，从制度设计的角度上看，国家需要什么类型的役，就将能控制到的百姓登记为相应的户籍名色。各地因经济结构不同，国家能从其中获取的财政资源不一，故国家也在一定程度上考虑地方经济，亦即百姓职业。这里的考虑并非指根据人们的职业登记户籍，而是户籍登记时受当地经济结构影响，比如某地产盐，且产盐规模大，国家在当地设盐场，征收盐课，为了保证盐课征收，州县官将当地部分百姓登记为灶户。简言之，某地有盐场，需要为国家缴纳盐课，当地一般就有灶户。但是当地被登记为灶籍的人在户籍登记之前不一定从事制盐业，他们被登记为灶户之后，也不一定生产食盐。不产盐的灶户可以通过向制盐者购盐纳课。随着盐课折米、折银，盐课与食盐脱离关系，灶户与制盐关系进一步脱离。

不过，从制度上看，洪武十七年至正统八年泉州盐课折米之前，当地灶户都必须缴纳盐课，民户承担民差而无须办纳盐课。当然，在实际运作中，州县掌握灶户丁产信息，不可避免地向其摊派民差，但盐课司并没有向民户征收盐课。

至正统八年，泉州地方出现部分民户缴纳盐课免民差的情况。为解决泉州各场盐课积压和当地卫所缺粮的问题，福建布政使促进浔美场、洌州场和浯州场盐课折米，在重新确定各场盐课缴纳主体时，要求同安县部分民户缴纳盐课免民差，致使同安县民户出现缴纳盐课与否的差别。该改革在后续的改革中被认可，在是次改革中被要求缴纳盐课免民差的人们，至明末仍如此。正统八年以后，泉州盐课的改革适用于这部分人。

至嘉靖年间，在丘盘税的征收中，盐课征收与户籍完全脱离关系。不管是民户、军户还是原本无籍之徒，只要利用滨海滩涂晒制食盐（丘盘不在明初登记的土地灶田范围内），就需要缴纳丘盘税。只要缴纳丘盘税则可合法生产食盐。

当然，这并不是说到明末泉州盐场地区的盐课征收就完全脱离户籍。实际上，明初的规定、正统八年的改革及嘉靖朝丘盘税的征收结果都在明末泉州盐场地区并存。明末泉州盐场地区既有明初时登记为灶籍缴纳盐课者，又有正统八年纳入盐课缴纳体系的民户，这部分人缴纳的盐课已经演变为盐折银。此外，还有缴纳丘盘税的民户、军户等各色户籍人群。

籍役关系多样化是历次改革叠加的结果。多样化的背后是民灶各役的趋同，而实现机制则是地方官府在应对民间户籍策略与满足国家财政需求时采取的应对策略，它是对配户当差制的灵活运用（或绕开）。泉州地方的改革虽然没有改变中央层面的配户当差户籍制，有些改革甚至仅在泉州某些地区推行，但相关改革却从地方制度层面改变了配户当差制，使泉州地方的户籍与户役有着丰富的内涵，甚至突破了配户当差制。

三　从"役以籍定"到"以田定税"：户籍、土地、户役关系之演变

不管是盐课改折还是正统年间同安县民户办纳盐课免民差，抑或嘉靖朝改变弓兵等民差摊派方式，更改盐册登记方式等改革都是在配户当差的体制下展开，是对配户当差制的灵活运用。其从运作层面改变了籍与役的对应关系，使籍与役关系复杂化。

与之不同，盐丘税和丘盘税的征收是对明代配户当差制的一种突破。配户当差是根据户籍名色决定户役种类（即"役以籍定"）的赋役征发体制，不管是人丁还是土地，其应当差役都由所属人户户籍属性（籍别）决定，籍别不同则应承差役种类不同。明初以降，各役逐渐折银化，然编户应纳役银项目仍由籍别决定，单位户下丁米应纳役银多少仍因籍别不同而异。而盐丘税、丘盘税则是与户籍、户籍名色无关的新逻辑下的赋税，是仅凭土地用途征收的、与配户当差无关的一种税，属"以田定税"，其征收突破了明代既有户籍赋役体制下户籍、土地、户役三者之间的关系。

明初以降，国家向土地征发的财政资源并非简单的如我们今天所理解的土地税，而是与户籍、户役密切相关。具体体现在以下几点。

一方面，土地附属于人户，需要供应户役。王毓铨指出土地与户籍、籍别不可分割，土地是为役户执行本分差役而给予或允许其"管业"的，一般的土地叫"当差田""行差地"。具体而言，民籍的土地叫民田，军籍的土地是军田，灶籍的土地为灶田。不同籍别的土地用于供应不同的役，民田当民差（里甲正役和杂役），军田当守御之差，灶田承担灶役，不同户籍田土上的差役轻

重有别。[1]

另一方面，赋与役不是互相独立的，而是役中有赋、赋中有役。梁方仲指出："若从明政府方面来说，初时所定的等级丁税，原非纯粹对丁所课之税，因为它也以田来作课税的标准的，我们可以说它是役中有赋；及行一条鞭以后，田赋也就不再是纯粹对田所科之赋，因为必须承受役的负担，所以是赋中有役。"[2]

明初以降泉州的户籍、土地、户役亦如此。泉州不同籍别下的土地应当户役项目不同，嘉靖年间盐田应纳盐课银，而民田则须承办均徭银、机兵银、料银。盐课作为灶役的一部分，明初以降就带有赋的成分，起初灶户应纳盐课额由户下丁产共同决定，后来盐课改折，盐折米、盐折银都摊入灶户户下丁、田征收，灶户每户应纳盐课额由丁、田分别决定。灶户田产应纳白银中包括盐课之役的役银。

而盐丘税和丘盘税的征收在实际上突破了上述户籍、土地、户役之间的关系。

其一，盐丘税和丘盘税只问土地用途，而完全不管土地所有者或土地利用者的户籍属性。漳州府无盐场设置，故无灶户登记，砌筑盐丘的人和利用盐丘晒盐的人肯定不是灶户，而可能是民户、军户、渔户等其他户籍人群。泉州"私设盐埕"的人和利用"私设盐埕"晒盐的人除了灶户，还有军户、民户、无籍者等非灶籍人群。福建有司及运司相关官吏对此十分了解，连户部郎中钱嘉猷都清楚，他指出"其非灶丁者又皆晒有私盐"。[3] 而用丁私晒的土地户籍

1　《封建社会的土地具有主人的身份》，《王毓铨史论集》下册，第780~782页。

2　梁方仲：《明代一条鞭法年表》，《明代赋役制度》，第261页。

3　童蒙正、林大有纂修《福建运司志》卷2《户部郎中钱嘉猷题为钦遵明命条陈盐法事宜以助边计缺乏之事疏》，虞浩旭主编《天一阁藏明代政书珍本丛刊》第10册，第220页。

属性亦复杂，"或系新涨海滩及民粮田亩"。[1]"新涨海滩"是尚未登记入籍的、无户籍属性的海边滩涂；而"民粮田亩"则是已登记在民户或军户户下承担民粮的土地。然而，不管土地占有者或使用者拥有何种户籍身份，或者根本无户籍，只要"私设盐埕"晒盐就被要求缴纳丘盘税，成为盐课纳税主体，"私设"的"盐埕"则是盐课纳税客体。

其二，虽然盐丘税和丘盘税与明初的赋役项目一样，在征收环节上都与地方人户发生关系（最终都由地方人户来承担），但是在计税环节与人户无关。明初赋役是问"户"求赋，"户"是课税主体也是课税客体，户下人丁、事产共同决定了赋役轻重，而盐丘税和丘盘税在计税环节并不考虑盐埕、盐丘所有者及经营者的人丁状况。盐丘税和丘盘税的课税客体不是"户"，也不是人丁、田粮之和，而是土地本身，课额直接与土地挂钩，由盐丘、丘盘的面积、等则决定。因而，二税的缴纳者除灶户，还包括民户、军户等其他户籍人群，被要求缴纳丘盘税的盐埕的户籍属性也复杂多样。而福建官府也没有免去盐丘税、丘盘税缴纳者其他户役，因而，有史料记载"况漳泉晒丁不同江浙，江浙之灶户，凡灶丁灶田俱免差徭，闽之晒丁与民一例当差，方丈之丘而征银至三分，后且增至数钱"。[2]

简言之，盐丘税和丘盘税的征收原则和逻辑与之前赋役征调完全不同，可以说盐丘税和丘盘税是根据土地的使用方式来确定的赋税，属于配户当差之外的以田定税，这也说明了嘉万年间的统治者扩大税源的思路超越配户当差，试图在既有体制外，不考虑户籍，

1　刘尧诲：《奏设漳泉分司》，江大鲲等修《福建运司志》卷13《奏议志·疏略》，于浩辑《稀见明清经济史料丛刊》第1辑第28册，第438页。

2　康熙《漳浦县志》卷8《赋役志下·盐课》，第21页b。

单纯对土地用途征税。统治者不再考虑户籍因素，主要有以下几个原因。

首先，在明初亲身应役和实物财政中，不管是国家还是地方都无财政预算，官府根据需求（不管是日常所需还是突发性需求）随意向民间摊派，而随着各种赋役项目的定额化、折银化，官府难以在既有户籍户役体制中获取更多财政收入以满足突发性财政需求。因而，地方官府只能转向体制外，在体制外寻找新财源。

其次，官府征调户役所依赖的黄册、盐册登记，到明中期与实际不相符合，"版籍久阙"，[1] 按照册籍征调赋役容易在社会上引起争执和骚动。[2]

再次，民间利用既有户籍体制套利，除运用役轻之籍避重就轻，还利用多籍策略，多角度、多层次规避赋役。因此，在既有户籍体制下的赋役征调，容易出现征调对象不足的问题。

在此局面下，地方有司等负有增加财政收入任务的官员在既有体制外寻找财源，这样可以避免既有体制的束缚。而盐丘税、丘盘税的征收都获得朝廷批准，说明明中期朝廷也接受盐课不出自灶户的做法，由此可知役因籍异，灶役出自灶户的观念到明中期已然淡化，在既有财政收入体制之外寻找新财源成为统治者认可的做法。

当然，从整体的角度看，役以籍定在整个明代一直存在，且役、役银是财政资源的最为主要的来源，人丁、土地绝大部分仍看户籍及户籍属性，由户籍属性决定土地应承赋役项目，不过盐丘税、丘盘税的征收是对这种状况的突破，是土地独立于户籍的一个

1　叶春及：《惠安政书》卷1《图籍问》，第15页。
2　韦庆远：《明代黄册制度》，第194~199页。

体现。土地脱离户籍，在国家财政资源之来源中占据越来越重要的
位置。

小　结

　　综合上述，明中叶地方官府不仅面临民间改变户籍策略致使定
额赋税难以足额征收的问题，而且需要设法满足国家及地方突发性
财政需求。地方相关官府在解决问题时，方法多样。一般而言，解
决前面的问题，往往是在既有赋役征发及配户当差体制下进行调整；
处理后面的问题，则要设法增加新财源。不管是哪种办法，地方官
府都考虑到民间户籍策略、丁难控而土地容易管制的情况，进而采
取相应对策。

　　首先，在配户当差体制下改革，以确保既定赋税足额征收。改
变受影响较大的徭役项目的摊派方式、摊派对象，是维持既有赋役
额度征收的重要途径。面对灶户逃亡、灶课无征，正统年间福建地
方官府令同安县民户承担灶役免民差。面对大量民田变盐田，泉州
官府在不改变户籍名色、赋役项目的前提下，或将减少的民差摊给
包括灶户在内的其他编户，或转移给非盐场县，或以府为单位通融
摊派。这些改革没有改变民、军、灶各役户丁米役银之差距。因
此，改革之后各役户应纳役银轻重仍不同，盐田应纳役银仍轻于民
田，故民田仍大量流入灶户成为盐田，民差编派客体依旧面临不足
的问题。两淮、两浙、两广等盐区的解决办法虽也不涉及财政和户

籍管理体制，但都设法限制灶户优免。福建之所以没有对灶户优免进行限制，是因为成化朝泉州出现司礼监太监张敏这样的具有特权的人物为灶户谋取福利。张敏不仅促进浯州场灶户优免，而且减轻同安县赋役责任，促成驿传等役由他县代编。该策略影响着此后泉州盐政、赋役相关制度的变革，此后泉州盐场士绅多次为灶户争取更多的优免，促成以府为单位的徭役摊派。

其次，绕开配户当差制，寻找新税源，以满足突发性财政需求。

洪武朝确定的配户当差制虽然在此后的运作中逐渐发生变化，不仅各役折银化，而且籍与役对应关系复杂化，但是直至明末都是王朝国家赋役征调最为主要的依据，国家和地方官府解决民间户籍策略时，仍在该制度框架下调整民差征调对象、改变盐册登记，不仅坚持了役以籍异，而且保持了灶役专征的体制。不过，在急需白银收入以满足突发性财政需求的情况下，地方官府绕开配户当差制，在既有户籍体制外寻找新税源。

丘盘税正是泉州地方官府在配户当差体制外征收的土地税。丘盘税的出现是泉州地方官府解决以下尴尬局面所采取的措施。一是民间通过多籍赋役策略多重规避赋役，致使既有赋役项目都难以足额征收，地方官府为获取既有赋役项目赋税征收，从多角度设法改革。二是"南倭北虏"引发的中央及福建地方财政需求增加，特别是泉州地方倭乱频仍，平定倭乱所需军费落在地方官头上。面对此尴尬局面，泉州地方官府将寻找财源的目光瞄准了盐业，对泉州盐业经济进行整顿，最终采取了向新增丘盘征收丘盘税的办法。这种办法。绕开了既有户籍赋役制，避开民间复杂的赋役策略，同时使盐税与市场不发生关系，保证其稳定性。

丘盘税是一种全新逻辑下的土地税。明初虽也对土地征收赋役，但土地从属于人户，土地因所属人户户籍属性不同而应承徭役项目不同，而丘盘税则是一种根据土地使用方式征收的税目，与土地所有者、使用者的户籍名色无关。丘盘税的征收在很大程度上改变了户籍、土地与户役的关系。

总之，在应对民间户籍策略及国家急需财政资金的过程中，福建地方官府对盐课、赋役征收进行改革，在改革的过程中逐渐绕开配户当差原则，也促使泉州盐场地区户、役与土地关系的转变。

第七章　明末盐场管理的简化与民众管控赋役风险的新方向

盐政、州县赋役改革促进各役赋税化的同时，也改变了官府对民户、灶户管理，以及对整个盐场地方管理的认识。为进一步管控赋役风险，降低灶户赋役负担，泉州盐场士绅与官府博弈，最终促成浔美等四场盐课司废除，盐课由盐场县兼征。随着盐课司撤废，总催等盐场职役撤销，灶户受到盐场官吏剥削勒索的可能也不复存在。新的户籍赋役及管理环境下，泉州盐场人群管控赋役风险的办法依旧是在接受赋役风险的同时控制损失，而在实践上除延续原来的更改户籍之法，还出现更改土地在册籍上的用途等新办法。

第一节 盐课司废除与盐场属地管理

户籍与户役关系的复杂化说明配户当差户籍制虽然在中央层面被保留，但实际上已经被突破，明末我们看到的籍与役的对应情况，已经与明初的规定有了质的改变。明中后期不管是各役的表现形式、摊派对象，还是地方各机构征调各役的方式，抑或民间完成各役责任的方式，大多一致。不管是盐场还是州县，在管理地方及征调赋役等方面的方式也趋同。这种状况使明中后期统治者及普通百姓对民灶管理的观念由应分管转为应合并管理，对民灶二役征调方式的看法亦由应分别征收转为应合并征收。新观念、新认识在官民博弈中得以实现，天启朝泉州地区就实现盐课司废除，盐场归县兼管，盐课由县征收。至此，泉州盐场地区的财政资源征发集中化，而不管是在管理上还是在赋役征调系统上，灶与民、原籍军户无差别。

一 明中后期场务简化与民灶二役征调观念转变

盐场垂直管理与配户当差户役制叠加，制造了民灶在管理上二分的格局：盐课司统治灶户、征收盐课，灶户制盐纳课免杂役，而民户服民差免盐课，民差由州县征调，盐课司与州县各自为政，民户与灶户二分。史载"灶有灶产，民有民产，民、灶各不相关，县、场各自为政"，"昔也，场自场，县自县，民、灶分而为二"。[1]

1　杨鹤：《酌议天赐场事宜疏》，李卫总纂《敕修两浙盐法志》卷16上《艺文上·疏》，台湾学生书局，1966，第45页 b、48页 a。

在此二分体制下，从管理的角度看，食盐生产与灶户、盐课司相配套，不可分离。这在正统八年浯州场是否裁撤盐课司一事中充分体现。

正统八年，福建布政使孙昇奏请将惠安、浔美和浯州三场盐课折米时，还要求将孤悬海外、盐课积压最为严重的浯州场盐课司废除。[1] 经过福建三司及户部的讨论，朝廷最终否定孙昇关于废除浯州场盐课司的建议，而令浯州场盐课全部折米，盐课司保留。

之所以要保留浯州场，是因为在当时的民灶二分管理体制和观念下，盐课司裁撤必将牵引出诸多问题。比如，没有盐场专管机构，浯州岛还能继续生产食盐吗？该场灶户还能存在吗？此类问题在当时无法绕开，故孙昇提出了解决办法，即：

> 今后岁办额盐合令住办，将晒盐丘盘平夷，灶户归还有司办纳本等税粮，盐额除豁，盐课司革去。[2]

此建议充分体现了灶户由盐课司专管、民户归州县管的逻辑，在此逻辑下，盐场废除，灶户则不能存在，故应改灶户为民户，改纳盐课为承办民差，制盐行为也要停止。

然而，孙昇之建议没有考虑浯州场的环境，也没有为该场灶户生计着想。受自然条件影响，明代浯州、烈屿二岛宜制盐而不宜种植农作物，制盐是岛上的支柱产业，"夫浯、烈皆海中地，飞沙走石，耕种不足糊口，惟于海滨积沙潮到之处，砌石为丘，以晒盐营

1　童蒙正、林大有纂修《福建运司志》卷 2《布政使孙昇等奏为停积盐课略节（正统八年）》，虞浩旭主编《天一阁藏明代政书珍本丛刊》第 10 册，第 193 页。

2　童蒙正、林大有纂修《福建运司志》卷 2《布政使孙昇等奏为停积盐课略节（正统八年）》，虞浩旭主编《天一阁藏明代政书珍本丛刊》第 10 册，第 193 页。

生，故盐直最贱"。[1] 在此状况下，若将盐场裁撤，不允许民间制盐，将影响岛民生计，甚至引发地方动乱。

另外，孙昇的建议也说明了，裁撤盐课司一事不是单纯的盐政系统内部改革，还与州县的利益及责任相关联。改革若成功，浯州场灶户变民户、改纳民差，同安县除征调既有赋役，还需要征调灶改民部分差役。那么，应征多少民差？民间又是否乐意？有诸多此类问题需要考虑。

各种问题叠加，浯州场盐课司最终没被裁撤，只是盐课由本色改折色，其他依旧，即该场灶户仍为灶户，可自由生产食盐，仍旧缴纳盐课。

浯州场盐课司废除失败一事充分体现了在盐场垂直管理体制和配户当差制下，该事情牵涉问题多，不易解决。简言之，废除盐课司成本高。故明中期福建许多解决州县与盐政系统管理问题的办法是在遵循盐民二分管理框架的前提下提出的。如因为明中叶盐田役轻于民田，泉州府民田大量变为盐田，影响州县编差。为制止盐田变民田，嘉靖二十七年泉州府南安县知县唐爱清查泉州府盐、民二册，清出诡寄灶户之民田，呈准以后泉州各场盐册以嘉靖二十一年为实在，不准丁产信息变化。而嘉靖四十四年福建运使何思赞则指出唐爱的改革导致盐册攒造混乱，民间田产买卖后赋役推收混乱，呈准盐册根据民灶田产买卖开收。[2] 此二次改革都没有改变盐民二分的管理体制。而面对盐场管理"事无统摄"，统治者也在盐民二

1　光绪《金门志》卷3《赋役考·盐法》，周宪文、杨亮功等编《台湾文献史料丛刊》第2辑第38册，第41页。

2　童蒙正、林大有纂修《福建运司志》卷2《都转运使何思赞呈造盐册事宜》，虞浩旭主编《天一阁藏明代政书珍本丛刊》第10册，第341~348页。何思赞认为唐爱蒙委编各县弓兵是在嘉靖二十七年，然实则在嘉靖二十一年。见万历《泉州府志》卷7《版籍志下·盐课》，第14页a。

分管理的体制下讨论如何统一事权，户部称"宜令州县，事干运司者，俱听取问追理，无得沮挠"。[1]

不过，民灶二分管理、民灶二役分征的必要性及观念随着对灶户所征盐课改折、对盐商所征盐税定额化、场务简化而逐渐发生变化。

随着盐课改折，泉州各盐课司的职责大大简化。首先，盐课由征收食盐改为征收白银，不管是征收还是保管，盐课司的工作量都大为降低。其次，改折的盐课不再专卖，盐课司无须再配合户部、运司将相应食盐支配给盐商。全部改折的各场也不再监管、督促地方生产食盐及运销食盐。[2]盐课全部折银的泉州四场场大使的职责简化为征收定额白银。这就为州县兼管盐场提供了客观条件。

而明中期全国各地由州县系统征调的各赋役项目的合并改革逐渐深入和普遍，特别是一条鞭法的推行，说明原本属于不同项目的赋役合并不仅在地方有群众基础，而且获得高级官员的认可与支持。

随着盐务简化及赋役合并征收改革的深化，统治者对如何管理民户、灶户，如何征调盐课、民差的认知也发生变化，盐、民合二为一管理、二役合一征调成为一种新呼声。万历四十一年（1613）两浙巡盐御史杨鹤称："今也县即场，场即县，民灶合而为一，但令国课有归，此课出于场可也，出于县亦可也，纳课有人，则以灶产与民可也，谓民产即灶亦可也。"[3]

1　《明武宗实录》卷114，正德九年七月戊辰，第2309页。

2　叶锦花：《亦商亦盗：灶户管理模式转变与明中期泉州沿海地方动乱》，《学术研究》2014年第5期；叶锦花：《盐利、官员考核与地方军饷——正统年间福建泉州盐课折米机制研究》，《社会科学研究》2014年第1期。

3　杨鹤：《酌议天赐场事宜疏》，李卫总纂《敕修两浙盐法志》卷16上《艺文上·疏》，第48页a。

　　在场务简化的客观条件和民灶二役合并征调的新观念的共同作用下，明中后期部分地方出现盐课归并州县征收，甚至裁撤盐场、运司或提举司的做法。如成化、弘治年间属于两浙盐区的浙江永嘉盐场盐课折银后，盐场士绅促成折色盐课均派到永嘉县田赋中，随粮征收。[1] 而同样属于两浙盐区的崇明天赐场因盐场所在沙洲孕育不稳定，且面临灶荡坍没、灶丁不足的困境，而于隆庆元年（1567）废除，原本由盐课司征收的灶产荡课改由崇明县带收。[2] 因灶户大量逃亡，运盐成本太高，海北盐课提举司食盐生产与销售全面萎缩，税课额逐渐减少，于万历二十五年被裁革，不过，该司所辖盐课司被保留，盐课由各场征收后转解各场所在府。[3] 泉州各场盐课司的废除亦在此背景下出现。

二　天启朝盐场士绅管控灶役风险与泉州四场盐课司废除

　　正是在场务已简化及民灶二役可合并征调的认知下，天启年间泉州盐场士绅为了更好管控灶役风险，在与官府展开多次博弈之后，促成泉州四场盐课司废除，盐课归盐场所在州县兼征。乾隆《晋江县志》载："天启间，泉州盐民赴京沥疏，以盐户既有粮差，又有盐折。粮差征诸县，盐折征诸场官，转解防厅。两衙门分征，凡经承催差保歇之需索，重叠苦累。请裁去盐场官，将盐折归县并征。"灶户的要求最终得以实现，泉州场官被裁撤，盐场属地管理，场务归州县负责。[4]

1　杨锐彬、谢湜：《明代浙江永嘉盐场的赋役改革与地方变迁》，《安徽史学》2015 年第 2 期。

2　吴滔：《海外之变体：明清时期崇明盐场兴废与区域发展》，《学术研究》2012 年第 5 期。

3　张江华：《明代海北盐课提举司的兴废及其原因》，《中国历史地理论丛》1997 年第 3 期。

4　乾隆《晋江县志》卷 3《版籍志·盐法》，第 84 页上栏。

　　据上引文所载，泉州四场盐官被裁是灶户"赴京沥疏"的结果。蔡献臣是在此次改革中发挥重要作用的浯州场灶户，他是万历十七年（1589）进士，曾任湖广按察司按察使，万历四十六年升光禄寺少卿，此后多次上疏告假。[1] 居家期间，蔡献臣积极参与浯州地方公共事务建设，[2] 为灶户牟取利益，如反对泉州四场增课、[3] 支持盐折银归县征收，并促成泉州四场场官裁革。

　　泉州灶户要求盐折银归县征的目的是降低灶役风险及灶户负担，理由是他们比民户多一差。蔡献臣声称："乃里甲十年一编，盐既与民同，而总催十年一编又民户之所无，是民籍役一，而盐籍役两也。"[4] 这是明初以降州县赋役、盐课改革后的结果。明初，国家为保证灶户制盐纳课，规定灶户承办灶役，优免州县杂役。虽在实际操作中，杂役与灶役的承役负担和风险难以一致，但无"民籍役一""盐籍役两"之说。然随着州县赋役改革、盐课改折，特别是一条鞭法实行之后，民户亲自向州县提供的劳役仅里甲正役一项，其他役逐渐摊入丁、粮中，成为丁银、地银；灶户则除与民户一样服里甲正役，还要充当总催、秤子等盐场职役，故在形式上"民籍役一""盐籍役两"。[5] 为进一步管控赋役风险，特别是降低承办赋

1　蔡献臣：《清白堂稿》卷 2《奏疏·赴任就道凤疾陡发恳乞天恩允放以安愚分疏（庚申）》《奏疏·微臣叩窃逾涯乞赐休致以安愚分疏（癸亥）》《奏疏·微臣因言贾罪再恳天恩特赐罢斥以谢言路以明素节疏（癸亥）》《奏疏·海氛未戢亲闻系思恳恩予假以便归省疏（癸亥）》，《四库未收书辑刊》第 6 辑第 22 册，第 37 页上栏 ~40 页上栏。

2　蔡献臣：《清白堂稿》卷 3《浯洲建料岁城及二铳城议（丙寅）》，《四库未收书辑刊》第 6 辑第 22 册，第 48 页上栏 ~49 页下栏。

3　蔡献臣：《清白堂稿》卷 3《下四场增课议（代何二守）》，《四库未收书辑刊》第 6 辑第 22 册，第 49 页下栏 ~51 页上栏。

4　蔡献臣：《清白堂稿》卷 3《下四场裁盐场官议（丙寅）》，《四库未收书辑刊》第 6 辑第 22 册，第 51 页上栏。

5　万历《泉州府志》卷 7《版籍志下·盐课》，第 14 页 a。

役的成本，蔡献臣等灶户士绅通过"民籍役一""盐籍役两"的说辞突出灶户徭役负担之重，且以编造册籍一事为证据。在福建，黄册和盐册都是十年一次攒造，黄册由县官负责，灶户和民户都要参与，盐册编造则"民户所无，而盐户所独苦"，且编造盐册"其费更倍"。[1] 因为编造黄册时"里役只赴本县清审，朝往夕归"，编造盐册灶户"则往省赴运司（位于福州——引者注）候审，来往旬日，动费甚艰"。[2]

灶户希望减"役两"为"役一"，即去掉总催、秤子之役，免去编造盐册之役，而去此役则在于改变盐课征收机构。对泉州盐场人群而言，最为简便的缴纳盐课的办法是将盐课缴纳于盐场县，因为他们只要户下有土地就需要在州县缴纳夏税秋粮，而且已经被编入里甲组织，承担里甲正役。故在盐、民二役可合并征收的认知下，泉州灶户士绅要求将盐课并入盐场县征收。该要求引发了各官员之间及其与灶户之间的博弈，过程的复杂程度远高于上引乾隆《晋江县志》的记载。蔡献臣于天启六年（1626）记载道：

> 即以浯洲一场而论，岁课不过七百四十八两耳，万历初复益以丘船税二百有奇耳，而赘之以场官，重之以总催，其为分例杂费已鞭系不可堪，后又督以海防，真不啻九羊而十牧之矣！使当年并归县官，第谨别其户籍，而时征其课入，不尤径省乎哉？何必另编役？为顷，该乡绅建议，盐民苦诉，已蒙院道允行……至丘船二税则责令邑幕追解，而要在裁场官，省总

1　蔡献臣：《清白堂稿》卷3《下四场增课议（代何二守）》，《四库未收书辑刊》第6辑第22册，第50页下栏。

2　康太和：《兴化府盐课记》，江大鲲等修《福建运司志》卷15《文翰志·记叙》，于浩辑《稀见明清经济史料丛刊》第1辑第29册，第183页。

催，以少舒盐民增编之苦，甚盛心也。今县已征课，而场官仍
复下场以图朘削，法无画一，民谁适从？此辈钻营，究不仍归
盐司不止。则裁革场官之疏不可不早题，即捧檄至者或留司别
委，或送部改铨可也。[1]

据蔡氏言，灶户的要求经历了从盐课归县征到废场官的变化。灶户
起初仅要求盐课归县征，以便结束在盐场和州县两边承差的状况。
该要求得到巡按福建监察御史、福建盐道[2]同意，开始实行，然遭到
场大使反对。

　　场大使之所以反对，与当时泉州盐课运作密切相关。正统朝盐
课改折后，浔、洄、浯三场盐课由盐课司征收，由运司监督，由泉
州府负责发放给永宁等卫所官军充当月粮。在此分工下，场大使催
征盐课压力小，而操纵盐课空间大。负有督征职责的运司因该三场
盐课征收情况与自身政绩关系不大而督征不力，而具体负责该款项
分配的泉州府又无权监督。浔、洄、浯三场场大使不仅利用催征之
便向灶户寻租，中饱私囊，还挪用盐课，不及时解给泉州府。而盐
课归县征的改革剥夺了场大使的权力，侵犯了其利益，故场大使在
巡按福建监察御史、盐法道同意盐课归县征后仍向灶户征收盐课，
并试图收回盐折银征收权，"此辈钻营，究不仍归盐司不止"。

　　于是，蔡献臣题请裁撤泉州四场场官，并给福建巡抚朱钦相写
信，云："敝同（同安县——引者注）有利当兴，则料罗建城是也；
有害当除，则浯洲场官是也。同安盐民田地差税与里甲同，就中复

1　蔡献臣：《清白堂稿》卷3《下四场裁盐场官议（丙寅）》，《四库未收书辑刊》第6辑第22册，
　第51页上栏～下栏。
2　福建盐道始设于万历六年，见江大鲲等修《福建运司志》卷5《宪令志·臬宪》，于浩辑《稀
　见明清经济史料丛刊》第1辑第28册，第65页。

苦以场官，编以总催，则视里甲倍之。老公祖一旦罢场官而征盐课
于本县，此百世利也，则不肖既受台台之赐矣。"[1] 福建巡抚支持之，
不仅兴建料罗城，而且裁撤盐课司。

　　福建巡抚等官之所以支持盐场裁撤，除其与蔡献臣之关系外，
还因为上述泉州盐课征收、督征及支配职责分工对州县及军费军政
都不利。在该分工模式下，场大使不管是不积极催征盐折银，还是
催征之后挪用、干没，或是迟缓解纳，都影响永宁卫等卫所官兵月
粮的发放，也影响泉州府官员完成该任务。然而，在该模式下，泉
州府无权督征，难以有效制约。若盐课归县征，作为其上司的泉州
府则可直接管制、监督，减少永宁等卫所军饷获取的阻力。

　　由专官管理盐场可以说是洪武二十五年后之国策，何以中央最
后也同意泉州四场盐课司废除？答曰，因为该四场盐课与中央财政
直接收入关系不大。盐课折银后，国家仅向该四场灶户征收定额盐
折银，所征收盐折银仅惠安场一场 514 两零解部，由户部支配，其
他三场共 2894 两零虽然名义上是中央财政收入的一部分，但实际上
存留地方，充作地方卫所军饷，中央无法对其进行灵活支配。

　　盐课司裁撤后，泉州四场场课归县征，用途不变。浔、洑二
场盐折银由晋江县征收，浯州场盐折银由同安县征收，所征"系存
留，解泉州府清军厅充给永宁、福全、金门各卫所官军月粮"，[2] 惠
安场盐折银由惠安县征收，解纳运司，由运司"解赴户部，以备边
用"。[3] 盐场县获得直接征收盐折银的权力，而泉州府有权对其进行
监督、管理，进而掌握了此项银两征收的主动权。

1　蔡献臣：《清白堂稿》卷 10《与朱如容抚台（丙寅）》，《四库未收书辑刊》第 6 辑第 22 册，
　　第 283 页下栏。

2　佚名：《盐法考》卷 15《福建·场课额例》，清抄本，中国国家图书馆藏，第 23 页 a。

3　周昌晋：《福建鹾政全书》卷下《盐疏·奏豁惠安一场积盐疏略》，《北京图书馆古籍珍本丛
　　刊》第 58 册，第 874 页上栏。

值得注意的是，正统八年影响浯州场盐课司废除的灶户户籍、赋役及制盐等问题，已不在天启年间改革者的讨论范围内。可见当时的人们不再关心此类问题。盐课司废除后，灶户户籍依旧，且仍可自由决定是否生产食盐。灶户仅需向盐场县缴纳定额白银则可完成盐课任务。盐场县并没有因袭盐课司催征盐课的组织，而是利用各县既有的征收地亩钱粮的组织收取盐折银。总催、秤子、团首等头目失去存在的意义，故而被裁撤，灶户得以免去总催、秤子等职役，无须在勾摄州县地亩钱粮之外催征盐课，也不用前往运司编造盐册。故方志记载改革后"百姓称便"。[1]

随着盐课司裁撤，除征收场课外，其他原本由场大使负责处理的场务，也都归盐场县负责。盐场县成为盐场的实际且唯一的管理者。而州县官之任命、考满依旧由布政司系统上报，由吏部负责。盐课不管是催征还是实际分配操作，都由州县系统负责。

简言之，在盐场事务简化及盐民二役可合一征收的新认知下，天启年间，泉州府灶户为降低其赋役风险和负担，与官府博弈，促成泉州四场盐课司废除，形成盐场无盐政机构、场务归县管的属地管理制。

三　资源征收机构的统一及其影响

明初，盐场地区的财政征发具有分散性，盐课由运司系统专门征发，夏税秋粮和里甲正杂诸役则由州县征发。随着盐折银并入州县征收，盐场地区征发国家财政资源的机构得以集中。地方上征收财政资源由分散向集中化发展，是明末至清初国家财政体制演变

1　乾隆《晋江县志》卷3《版籍志·盐法》，第84页上栏。

的一大趋势。此趋势以明初以降各项赋役项目的折银化、简化为前提，也解决了因财政分散征收引发的各种问题。

盐课司废除、盐折银并入州县征收的改革对盐场地区的影响是多方面的。

首先，盐场地方管理体制转变，由多轨管理向州县单轨管理演变。随着盐课司废除，盐场地方的管理及赋役催征体系都简化了。盐场地方、灶户都归州县统一管理，盐课亦由州县征收。州县催征盐课并没有利用盐场内部的埕-甲组织或团组织，而是运用各县既有的催征体系——里甲组织。

灶户则摆脱州县和盐课司的双重管理，只向州县负责即可，在承担州县相关赋役的同时，将盐课缴纳州县。因盐场县利用里甲组织催征盐课，故不再需要总催、秤子、团首等盐场职役，故盐场不再编佥盐场职役。普通灶户为维持盐场运作所供应的其他差役亦随之废除，同时消除场大使对灶户的剥削勒索。场大使容易将诸如祭祀、宴飨、造作、馈送等事宜的费用以各种名目巧妙地强加给前来应役的灶户，[1] 场大使的裁撤则彻底断绝了此剥削、勒索的途径。因而，泉州地方人户对改革相当满意，史载改革后"百姓称便"。[2]

其次，从户籍赋役的角度看，天启六年的改革进一步缩小灶、民二役户应承户役之差异。此后，灶户与民户一样只需在州县输粮当差，灶户与民户承担之赋役不仅在性质、形式上取得一致，而且征收机构、组织也统一，仍存在的区别在于单位丁米征收科则不

1　福建兴化府灶户士绅康太和就指出："至见当之年与民中相同，正差之外，凡盐司过往公差、牌票下场及该场官吏在官人役等费，输月接替支应，其赔贩需索之苦，且过于民中矣。盖郡邑有司以名节自持，稍加节省，民即受贶。场官位卑禄薄，白首穷途，势须取给当年盐户。官既倡，而吏胥、门隶即不可制。"见康太和《兴化府盐课记》，江大鲲等修《福建运司志》卷15《文翰志·记叙》，于浩辑《稀见明清经济史料丛刊》第1辑第29册，第183~184页。

2　乾隆《晋江县志》卷3《版籍志·盐法》，第84页上栏。

一。灶役在形式上"消失"了。

最后，从财政资源征调在地方上运行的角度看，盐课并入州县征收亦有重要意义，那就是盐折银和民差征调机构合一，明初以降，国家财政资源征调在地方上运行，从分散趋于集中化。这种集中解决了分散运作中的诸多问题，有利于国家、地方财政资源征收。

国家财政资源在地方上的分散征收，虽然表面上有利于中央王朝对专项资源征收的管制，然而，在垂直管理与属地管理并存的地方，负有征发财政资源责任的各机构虽然在制度上看互相独立，但是在运作中因为统治对象、赋役来源互相交叉，而在赋役征调、人群管理中互相牵涉，并且出现诸多问题。就共处一地的布政司和运司而言，相关问题在本书前几章都有所涉及，主要包括以下三点。其一，二司在地方户籍赋役土地问题上有着不同的利益取向。二司各有赋役征发责任，分别向户部负责，因而都希望自身徭役摊派对象——丁米至少保持原额，而不顾对方的情况。面对泉州盐场地方盐米增多、民米减少的事实，运司采取默认甚至欢迎的态度，而有司则无可奈何。其二，二司互相推卸责任，导致管理上无序，"盐灶虽统于运司，而钱粮半输于州县，事无统摄，掣肘难行"。[1] 其三，二司在财政职能上的分工影响地方卫所官兵月粮的获取与发放。正统八年以降，浔美、㳽州和涍州三场盐折米及盐折银都存留地方，充当泉州永宁卫、福全所、金门所卫所官兵月粮。而将盐折米（银）发放给各卫所官兵充当月粮的是泉州府官吏。然而，府县和盐课司互不统摄，府县即便关心盐课征收情况，也无权过问；盐课司因为没有统治地方权力，催征存在困难，亦因运司放松对其管控、考

---

[1] 《明武宗实录》卷114，正德九年七月戊辰，第2309页。

核，而无催征动力。盐课催征困难、解运不及时，泉州府县就难以按时按量发放卫所官兵月粮。

这些问题不仅左右盐场地方治理，而且影响二司赋役征发，二司特别是布政司多次设法改革。然而，明中期官府主要在坚持二司各自财政职责的前提下解决问题，效果有限。不管是泉州府改革驿传、弓兵等役的摊派对象，还是南安县知县唐爱限制盐册中关于灶户丁产变动等，都是在盐课专征的体制下展开的。另外，二司都重视自身赋役征调，而不关心民间赋役负担。灶户负担重的问题常由盐场大户或灶户士绅提出改革要求，而不是二司，如同安县浯州灶户张敏及其族人，御史粘灿（浔美场灶户）、吴从宪（浔美场灶户）等都曾为降低灶户负担而努力。在福建其他盐场亦如此。如正德年间，上里场原本无须缴纳盐课的"官租"被编派均徭，士绅黄华上书奏准罢免，然而嘉靖九年该部分官租再次被编派均徭，御史朱澜（上里场灶户）和参政王凤灵上书福建巡按要求废除，但问题仍没有解决。[1] 灶户要求优免虽时有成效，但在二司财政分权的体制下，难以彻底解决问题。明中期的官员对此亦有清晰认识。正德元年，沈淮就指出："有司与盐司分为两家，盐司曰吾之灶也，知督盐课而已；有司曰吾之民也，知征赋税而已。其督盐课者，虽百方棰楚，有司不问也；其征赋税者，虽百端取索，盐司不知也。"[2] 统治者也曾设法解决二司职权不统一的问题，如就盐场管理"事无统摄"，讨论如何统一事权，户部指出："宜令州县，事干运司者，俱听取问追理，无得沮挠。"[3]

1　朱澜：《天马山房遗稿》卷5《书·与王笔峰大参凤灵上巡按施山侍御论盐法事书》,《景印文渊阁四库全书》总第 1273 册，集部第 212 册，第 500 页上栏 ~501 页上栏。

2　沈淮：《条盐政疏》，李卫总纂《敕修两浙盐法志》卷16上《艺文上·疏》，第29页 b~30页a。

3　《明武宗实录》卷114，正德九年七月戊辰，第 2309 页。

分散引发了地方上有赋役征发职能的各机构产生不同的利益取向，它们都只考虑自身赋役职能的完成，而忽略地方或国家整体财政收入。盐课司废除、盐折银归县征的改革，解决了上述问题。不仅如此，随着跨机构征调的赋役项目的合并，财政资源在地方上的征调进一步简化，相关程序、手续及涉及的机构、组织、职役等都简化，财政资源征发成本随之降低，而且国家也简化对地方财政管理，所以国家财政资源征发的集中化改革是明末清初改革的一个大趋势。

明初的户籍赋役制度使各项赋役形式各异，征收科则、来源不同，决定了各项赋役分开征收、分别会计，而国家对食盐资源的重视及实物财政下通过以物换物的方式令食盐资源发挥财政作用的制度设计，都使盐政需要专管，故而户部垂直管理盐课征收。随着定额化、折银化改革，各赋役项目在性质、形式上逐渐趋同，乃至合并。赋役项目合并是明中后期赋役改革的重要内容，一条鞭法是对地方赋役项目合并的认可与推广。然一条鞭法主要针对布政司系统征调的赋役项目。《明史》云："一条鞭法者，总括一州县之赋役，量地计丁，丁粮毕输于官。"[1] 从梁方仲所列 287 条一条鞭法相关材料里可见，当时合并的项目绝大部分是地方有司的职掌，甚少涉及互不统摄的多套机构分别催征的赋役项目。[2] 因此，研究者集中讨论了布政司系统征调的赋役项目的合并，[3] 而很少关注到由不同机构分别征调的赋役项目的合并或者说各色差役户户役的合并。梁方仲虽然

1　张廷玉等：《明史》卷 78《志第五十四·食货二·赋役》，第 1902 页。

2　梁方仲：《明代一条鞭法年表》，《明代赋役制度》，第 180~245 页。

3　梁方仲、刘志伟、唐文基等学者都探讨了明代不同赋役项目的合并，所涉及的赋役项目主要是布政系统负责的项目，参见梁方仲《一条鞭法》，《明代赋役制度》，第 10~61 页；唐文基《明代赋役制度史》，第 228~288 页；刘志伟《在国家与社会之间：明清广东地区里甲赋役制度与乡村社会》，第 94~135 页。

做了一条鞭法年表并进行深入分析，但没有从不同户籍名色对应的差役制度及征调方式演变的关系角度进行探讨，[1]其后亦鲜有学者从这个角度进行分析。

而不同户籍名色对应之赋役项目的合并，特别是原本由运司系统等机构专门催征的赋役项目并入州县征收的改革，是一条鞭法之后明末清初赋役改革的主要趋势。该趋势是明中期以后简化赋役征调思想的进一步推广，由一个行政机构（往往是州县）征调原本由不同机构征调的赋役的目的得以实现。此改革以各差役户应承差役在性质、形式上的趋同为前提，是一条鞭法后国家财政体制演变的一个重要趋势。除泉州盐课归县征收外，明中后期原非州县征调之赋役项目并入州县征收的改革还发生在其他地方，且包括渔课、匠役等差役项目。例如，万历元年（1573）浙江湖州府乌程县的渔户额征课程归入民户，篡入条鞭银，随粮带征；万历五年南直隶镇江府通州编一条鞭法，被编入一条鞭法的除均徭、里甲、驿传经费、民壮等州县负责的项目外，还包括了匠班，"皆审定银两，即闰月银亦摊审靡遗，而又预备杂用之银，每年第征赋于民，凡百皆官自料理"。[2]可见，明中后期部分地区渔户、匠户对应的差役都并入州县赋役，由州县征收。跨机构项目的合并征调，在明中期已在部分地方推行，更是明末至清代赋役改革的主要内容，此可从清代的户籍制度中窥见一斑。

明清鼎革之后，清朝继承了明代诸色户籍制度，《大清律例》载

1　虽然梁方仲提及广东梅州地区有民户、军户、各色匠户等，不过"自万历初年摊派徭役于田粮以后，此等户别皆空有其名，并非审定赋役时的实际的根据"，但他只是据此说明明中后期部分地区在面对社会经济变化、商业发展、流民起义不绝等社会现实时，放弃职业与户籍挂钩的制度，而没有分析不同户籍人群差役之间的关系。参见梁方仲《明代一条鞭法年表》，《明代赋役制度》，第 259~261 页。

2　梁方仲：《明代一条鞭法年表》，《明代赋役制度》，第 204、213 页。

清代户籍制度：

> 人户以籍为定。凡军、民、驿、灶、医、卜、工、乐诸色
> 人户，并以（原报册）籍为定。若诈（军作民）、冒（民）、脱
> （匠）、免，避己重就人轻者，杖八十。其官司妄准脱免及变乱
> （改军为民，改民为匠）版籍者罪同（军民人等各改正当差）。
> 若诈称各卫军人，不当军民差役者，杖一百，发边远充军。[1]

据此，清代户籍制度与明代一致，都是"人户以籍为定""役以籍
异"，且籍别具有世袭性，民间不得随便更改。然而，清代的户籍
名色种类明显少于明代，在许多地方，军、驿、医、卜、工等户籍
"消失"，仅剩灶与民。例如，根据乾隆《晋江县志》的记载，乾隆
三十年（1765），晋江县人户丁口记载仅分民户男子成丁、盐户男
子成丁、食盐课并不成丁，另外附泉州卫永宁卫改归县征屯丁。[2]

　　部分役户"消失"，除了与军役和清初国家军政政策直接相关
者外，[3]并非相关赋役项目被取消或减免，而是折银化后与其他赋役
项目合并征调，特别是被并入州县地丁钱粮中，成为地丁钱粮的附
加税，相关籍别存在的意义不大。可以说，籍别种类的减少是不同
赋役项目合并征调的结果。原本由不同机构征调的赋役项目合并起
来，意味着国家财政资源征发在地方上的分散运作逐渐集中。

1　《大清律例》卷8《户律·户役·人户以籍为定》，《景印文渊阁四库全书》总第672册，史部
　　第430册，第522页上栏。

2　参见乾隆《晋江县志》卷3《版籍志·户口》，第74页下栏~75页上栏。

3　在制度上，直到明末，卫所仍需要军户提供军丁应役，而没有改折。入清以后，清廷逐渐推
　　行八旗军、绿营军与募军制，废除卫所制。卫所废除，军户也无须存在。因而，除江西等地
　　因为漕运问题而保留了军户，其他地方的军户基本被废除。参见于志嘉《卫所、军户与军
　　役——以明清江西地区为中心的研究》。

与之相应，国家管理地方的模式也逐渐简化。清初国家逐渐把明代朝廷利用多套行政系统、分类管理地方的管理模式，改成由州县全面管理地方。如顺治到康熙年间废除部分地区的卫所，将屯丁、屯田归州县管理，将部分明代卫所和州县并存的地方改由州县管理。这些改革与废除盐课司的改革一样，都是废除明代以后将人们系于不同类型的户籍下，以民政、军政、盐政等不同管理体系分类管辖的治理模式，而将明代的军户、屯田还有灶户等统一并入州县，由州县进行管理。这些改革使州县在管理地方上越来越重要。

第二节　明末民众管控赋役风险的新方向

在新的赋税征收逻辑和财政征收模式下，明末清初泉州盐场人群降低赋役负担的办法，依旧是利用民、灶、军各色户籍在赋役上的优免政策，而具体的操作除继续更改户籍名色，还出现直接通过州县官吏"更改"土地用途，进而改变应纳赋税项目的新方法。

随着盐课征调方式改变，盐场地方管理模式、国家与滨海人群之间的关系也发生变化。盐课专征时，盐场地区盐课司、州县等多套财政、行政机构并存，国家对灶户、民户的管理标准不同，盐课司废除、盐课并入州县征收后，盐场地区行政机构减少，灶户与民户一样都只受州县统治。滨海人群与国家的互动原本可通过有司、运司等多套系统，与各机构官吏博弈，盐课司废除后，滨海人群则通过有司与国家互动。随着管理模式简化，团和埕等盐课征调组织废除，盐场地区以州县赋役催征组织为基层组织。与此同时，民间利用制度套利的手段也有新的变化。

明末，国家财政进一步紧张，对白银的需求增加，并在地方上进行各种加派，民间赋役负担加重。[1] 泉州灶户被要求增加课银和纲银，天启六年（1626），"而郡太守复议四场各加课银若干两、纲银若干两，即浯洲一场共加银二百四十六两四钱，已不啻四分之一，计三场亦犹此矣"。不过，明末泉州拥有大量在朝及在野的灶户士绅，他们积极为灶户谋求福利，在官府试图对灶户加派时，设法奏免。如明末增派辽饷，灶户一开始与民一样被加派，"且此盐民非尽灶丁也，乃民丁也，其真晒卖者不能十之二三也。所纳非第盐课也，乃民粮也，十七供差税，十二三供课也。产米一石，派粮料银若干与民同，今加辽饷与民同，旧例概免杂办，而今酌量派差与民同，十年里甲大造与民同，而十年总催、秤子、团首大造其费更倍，则民户所无，而盐户所独苦"。蔡献臣极力阻止。[2]

因此，明末灶户的负担仍比民、军低，至清初仍如此。乾隆《晋江县志》记载雍正初年摊丁入地前，晋江田产应纳地银科则为："晋邑惟水田独多，旱田次之，池塘、山荡又次之，而池塘则仅三顷有奇。其隶于官者向来征银每亩九分四厘八毫零，隶于民者有每亩八分五厘五毫零，科则不等。"而灶户田产地银科则较低，在晋江县，"其隶于盐者向来征粮有每亩五分六厘九毫零，有每亩四分九

1　对明末三饷及其对民间负担的研究，请参见郭松义《明末三饷加派》，中国社会科学院历史研究所明史研究室编《明史研究论丛》第二辑，江苏人民出版社，1983，第220~245页。

2　蔡献臣：《清白堂稿》卷3《下四场增课议（代何二守）》，《四库未收书辑刊》第6辑第22册，第50页下栏~51页上栏。

厘八毫零，科则亦异"。[1]

在民、灶、军户下丁产应纳役银科则不一的情况下，民间仍设法通过更改户籍、冒籍等办法规避赋役，直到康熙年间这种现象一直存在。据光绪《金门志》载，虽然随着迁界、复界，灶户田产出现"一业四赋"的问题，但是因为盐丁应纳丁银科则较民户低，故出现民户"窜入盐籍"的现象。其载：

> 查盐米原属盐籍，产业在金门一带飞沙走石之地，业不甚堪。又有配丁、盐灶以及盐折、盐米等项，一业四赋，故旧例盐丁一丁只征银四分九毫九丝六忽三微四纤，而县内地奸豪利例轻窜入盐籍，使民米独受苦累。今为清出米归民籍，照民丁口起科，盐米归盐籍，照盐丁口起科，庶民米不杂。查通邑盐米二千四百五十六石四斗二升六合九勺，每盐米一石带盐丁口银三分五厘一毫一丝五忽五微四纤九沙一尘二埃二秒〔渺〕六漠；共〔其〕官米一项，每三石折为一石，在民、盐等户内照例带征丁口银，永为定例。因清革金沙镇盐渡杂派陋规，令民勒石永禁。[2]

不过，由于盐课司废除，故民间获取多籍的策略也与之前有所不同，没办法再通过盐课司官吏，而只能通过有司官吏更改户籍。

除了利用户籍规避赋役，以田定税的推行以及盐课司废除，盐折银、丘盘税由州县征收，晚明泉州滨海人群也有了新的赋役策略，那就是"更改滨海滩地的用途"以改变应纳赋税。

1　乾隆《晋江县志》卷3《版籍志·赋役》，第79页上栏。
2　光绪《金门志》卷3《赋税考·盐法》，周宪文、杨亮功等编《台湾文献史料丛刊》第2辑第38册，第44页。

　　盐折银并入盐场县征收以后，盐场地方的财政资源征收和运作极为灵活，县官可更改辖区内土地的户籍属性、纳课项目，而地方可以通过县官"更改"土地用途及应纳赋役项目。立于崇祯二年（1629）、至今仍保存于晋江市龙湖镇中山街灵溪殿（在埭头村阳溪溪畔）前的《晋邑姚父母爱民仁德碑》记载了浔美场埭头地区的人们变通土地的经营方式，并成功更改赋役项目的过程，碑文为：

　　　　姚父母按临何后九十六丘八十余亩，祖系盐漏受税，又复后请产垦瘦，经爷蹄勘丈实无漏。输将出耕凿之余，乐利享膏腴之厚。累数世而又荒，经一丈而即德，册造鱼鳞，丘分经界。戴天高，履地厚，食德无疆。事我父，养我母，帝力何有。甘棠系思，青石铭镂，□鲁未易比，杜召难为俦，立碑岁享，儿童歌讴。

　　　　崇祯二年正月日十七八都沐恩县民吴日□等五十七家全立。[1]

　　埭头为浔美场重要的晒盐地之一，当地居民于明中后期在一片被称为"何后"的土地上修筑盐漏晒盐，并于万历二年的改革中被要求缴纳盐丘税。[2] 不过，至迟在崇祯二年，当地居民又将何后盐漏改为农田，于崇祯二年向晋江县知县姚孙榘呈准豁免盐丘税。何后一地的利用方式得以在制盐与农田耕作之间转换，是以正统以降，以泉州盐课改折、盐课与食盐脱离关系为前提，应纳赋役项目得以顺利更改，此当与盐课、地亩钱粮都归州县征收，赋税项目变更不

1　粘良图选注《晋江碑刻选》，厦门大学出版社，2002，第116页。
2　明初以降，埭头的百姓就晒制食盐，不过，明初被官府认可的晒盐盐埕、盐漏（即"旧额"盐埕）无须缴纳盐丘税、丘盘税或盐漏税。何后的盐漏需要纳税，说明不在"旧额"范围内，是明中期民间私自设立的。

再涉及不同机构利益的格局密切相关。

还需注意的是，何后更改赋役项目一事涉及的赋役承办者的户籍身份复杂。明代埭头是一个多种户籍人群杂居共处的地方，聚族于埭头的岱阳吴氏拥有军、民、灶三种户籍。据《岱阳吴氏宗谱》载，始祖观志公于明初定居埭头并登记户籍，"洪武三年，应诏充盐。九年，充留守南京右卫军。夫以匹夫之身，而当三事之后，可谓烈丈夫矣"。[1]"当三事"即承担灶、军、民三差。该族九世孙亦指出"当国家定鼎之初，（观志公）卜居岱阳，充军、民、盐三籍，遂肇百千年不刊之绪"。[2]何后土地的所有者、修筑盐漏的57家以及土地的经营者可能是灶户，也可能是民户或军户，乃至无籍之徒。然而，不管是官府还是立碑者都未提及户籍。

可见，明末泉州地区的人，不管登记为何种户籍，只要有能力就可筑盐漏、盐埕晒盐，也可改盐漏、盐埕为民田，并通过官府更改土地赋役项目。此案例反映出的土地用途、应纳赋税种类的灵活更改，以及赋税与户籍名色无关等信息，是明中后期户籍赋役、财政征发在地方运作方式改变的结果。

实际上，新形势下，不管土地做何用途，只要能够通过州县官吏认可该土地用于晒盐，则可改纳丘盘税，通过州县官吏认可该土地用于农耕，则可改纳田赋。故民间可以利用此法变更土地应纳赋税项目，进而达到降低赋税负担的目的。

1　黄允铭、庄征澈、吴起谤等修《岱阳吴氏宗谱》第1本《岱阳吴氏大宗谱·第一世·观志公》。

2　黄允铭、庄征澈、吴起谤等修《岱阳吴氏宗谱》第1本《岱阳吴氏大宗谱·第一世·观志公》。

小　结

　　明末，在对盐课、赋役征发有新认识的情况下，泉州盐场士绅为降低灶户赋役风险和负担，多次与官府博弈，最终促成盐课司废除、盐折银并入州县征收。废除盐课司的改革改变盐场地区的管理模式和财政资源征发模式，洪武二十五年以降由盐课司专征的盐课归州县催征，进而对灶户及盐场地方管理产生不可忽视的影响。

　　对灶户的影响是降低了灶户的赋役风险和负担。盐课司废除后，灶户不再需要承担盐课司系统的差役，不再有被盐课司系统官吏剥削勒索的可能，也不需要再到布政司衙门编撰盐册，相关的人力、财力等方面的支出一并取消。

　　盐课司废除之后，盐场地方的管理模式演变为州县系统征收赋役和盐课，同时管理灶户和民户等，方便有司系统监督盐课征发，也避免了盐课司、州县分别处理盐课、民差进而影响赋役征调。在册籍管理上，明初以降灶户在有司和运司双重管理下，丁产既登记在黄册中，又登记在盐册中，看似严密，实则管理漏洞很大。盐课司废除后，灶户都归有司管理，盐册随之废除，灶户和民户在户籍管理上统一。

　　盐课由州县征收的改革是明清财政体制演变的重要方面。不同赋役项目的合并是明中期赋役改革的一个重要内容，嘉靖至万历年间一条鞭法合并的赋役项目大多由布政司系统征调，甚少涉及不同征调系统。本章的研究则说明在一条鞭法之后，简化赋役征调的改革扩大到不同机构征调的赋役项目的合并上。由盐课司征调的泉州盐课归并入州县征收仅是其中一个个案，渔课、匠役等也有类似的改革。不同机构征调的各役的合并，或说其他机构征调的赋役项目并入州县征收的改革，在入清以后获得进一步发展，因而许多差役户之赋役成为田赋附加税，对应之户籍没有存在之必要，这是清初多种户籍名色"消失"的原因。非州县征调的赋役项目并入州县征调意味着财政获取方式的结构性转变，征收机构的统一化，有利于不同赋役项目的合并编派和统一会计。

结　语

　　明代户籍制度运作的历史就是一部普通民众"用脚投票"的历史。虽然拥有户籍能成为国之良民，但在明代以义务为本位的户籍制度下，登记户籍往往意味着需要完成赋役任务。承担赋役有风险，且因籍而异，故变更户籍身份成为明代普通民众管控赋役风险的重要途径。人们因赋役风险而对各类役户产生不同的偏好，并且在国家禁止民众变更户籍名色的制度下设法改变户籍身份，以实现对赋役风险的管控。赋役风险随着赋役、盐政及军政制度演变而动态演化，普通民众管控赋役风险的办法及户籍偏好也随之变化，由此引发的户籍策略及其实践方式也因时而异。泉州盐场人群为管控赋役风险而展开的户籍策略不仅改变行为主体的赋役风险、家族命

运，而且促进盐场人群关系、社会组织变化，推动明代户籍制度和
国家征发财政资源、管理地方体制的变迁。

赋役风险管控与民众在户籍系统内"用脚投票"

赋役风险是影响普通民众户籍偏好，进而在户籍系统内"用脚
投票"的关键因素。赋役风险的动态演化，决定了人们管控赋役风
险的办法、户籍偏好，以及户籍策略的动态演变。

（一）赋役风险影响户籍偏好

明代配户当差户籍制是一种以义务为本位的户籍制度，普通民
众只要登记了户籍且户下登记了人丁、土地，就需要完成国家指定
的纳粮当差的任务。不管是缴纳赋税还是承应徭役，都存在风险，
即赋役风险。赋役风险由各类赋税、徭役任务范围的不确定性，赋
役任务可能超出人们的承受能力，负责征发赋役官员、胥吏可能的
剥削勒索行为等引发。明代的赋役风险不仅可能导致编户在完成赋
役任务的过程中多支出人力、物力和财力，而且可能危及编户家族
生存。因此，民众需要设法管控赋役风险，或规避风险，或接受部
分风险，同时设法降低风险，为家族生存和发展谋求更大的空间。

明代普通民众管控赋役风险的办法很多。其中，摆脱户籍系
统，不承担赋役任务，可完全规避赋役风险。然而，没有户籍就没
有资格参与科举，与他人发生有关土地等的纠纷时也得不到官府的
保护。就泉州盐场地区而言，在州县、卫所和盐场等管理体系并存
的多轨管理环境下，脱离户籍系统则很难继续在原地生存，往往只
能全家迁徙他地。而全家迁徙他地风险亦极大。故泉州盐场人群不
乏摆脱户籍系统者，但更多的是留在户籍系统内，同时设法管控赋
役风险。

那么，如何在户籍系统内管控赋役风险？只要拥有户籍，且承担政府指定的赋役任务，不管是民户、军户还是灶户，就是国之良民。换言之，成为良民的途径具有可替代性。而各役户应承徭役项目不同，在完成徭役过程中可能遇到的不确定性及需要为此支付的人力、物力和财力不同，而所负责的赋役征发机构、官吏不同，各官吏的品性、需求不同，这些都决定了各役户完成徭役任务面临的风险有别。泉州盐场地区民、灶、军各类役户杂居共处，甚至有些人早在明初就登记了两种户籍，因此对各类役户的赋役风险有比较清楚的认识，故泉州盐场人群常通过变更役户种类的办法，实现对赋役风险的管控。

（二）赋役风险及民众管控赋役风险办法的动态演化

除因籍而异，赋役风险的具体表现、等级高低亦动态演化。各役户之赋役风险随着户籍、盐政及军政制度变化而变化，赋役风险变化，则民众管控赋役风险的办法、对户籍的偏好及相关的户籍策略都随之改变。

1. 明初以规避高徭役风险为主的赋役风险管控

明初，不管是民户还是军户、灶户，完成国家指定赋役任务的总体风险都高。对泉州盐场人群而言，其徭役风险往往比单一户籍的军户、民户和灶户高，因为他们登记了民－军、灶－军、军－军等多个户籍。

明初王朝国家推行实物财政和编户亲身应役的劳役制度，且国家财政没有计划、没有预算，国家及地方各政府所需各种人力、物力和财力都随时由相应的户籍人群供应。在这种财政体制下，编户完成国家徭役任务需要做的事情、可能的付出，都存在极大的不确定性。这种不确定性受到国家及各地方当时面临的局势及需要解决的问题，乃至官吏个人品性等因素影响。由于国家及各地方面临的局势、需要应对的事情、解决的问题因时而异，因此需要承役者做的事情，为承役而需要提供的人力、财力和物力，可能遇到的困难等，都是动态的，不仅每年不同，而且可能每天都不同。编户难以预估承役所需，遑论为承役做好准备。国家无预算，编户需完成的任务不固定，还大大方便了地方官吏剥削勒索编户。在此制度环境下，明初各类编户完成国家赋役任务的风险高，甚至可能因承役而家破人亡。因此，如何管控徭役风险以扩大家族生存空间，成为明初民众迫切需要考虑的问题，而徭役风险高低也成为影响人们户籍偏好的因素。毕竟在事关生死的情况下，活着往往是人们最为根本的追求。

在总体徭役风险高的情况下，明初徭役风险因籍而异。

民户的徭役风险包括里甲正杂诸役的风险。由于里甲正杂诸役的内容具有不确定性，编户被多派差役的风险极大，而里甲正杂诸役的内容越来越多也证明这一点。官员、胥吏、职役等差役派差人员很容易以国家或地方公共事务需求为理由，要求编户多提供各种服务，以此满足私人欲望。而户等高低划分的不明确性，以及明初杂泛差役由胥吏编金的操作，都为胥吏、地方大户操作制度提供宽松的环境。以低为高，以高为低，差贫放富等操作，导致贫穷小户承担重役的可能性极高，徭役任务超出人们承担能力的可能性极大。因此，普通民众承役风险高，且很可能因承役而家破人亡。

灶户的徭役风险包括在州县承担徭役的风险和承担灶役的风险。灶户与民户一样在州县承担里甲徭役。洪武十七年（1384）前，灶户向州县承担的徭役与民户一样，包括里甲正杂诸役。该年国家免掉灶户里甲杂役，但里甲正役没有优免。因此，灶户需要向州县承应里甲正役，承应该役所面临的风险与民户所面临的一样。此外，灶户需要向盐场服灶役。灶役包括缴纳盐课和充当盐场职役两部分内容。完成这些任务除存在与民户在州县承差一样的风险外，还有一些独特的风险，主要包括：无法生产或购买到足够多的食盐作为盐课缴纳官府，食盐生产过程中遇到天气变化产生的损失，食盐贮存、运输过程中遇水消融，以及缴纳时总催、秤子等职役克扣，等等。充当盐场职役有因催征不力、普通灶户无法完纳盐课带来连带责任等风险。因此，明初灶户总体徭役风险不比民户低，甚至高于民户。

军户的徭役任务包括在州县和卫所当差两部分，其徭役风险亦可分为两部分。明初的军户需要在户籍所在州县承担里甲正杂诸役，不过有优免。一般而言，军户有一丁当军，则可优免在州县一丁正役，其他的与民户一样。其承役风险与民户一样。此外，军户还有承担军役的义务。军役又可分为两部分，一部分是派成丁到卫所当兵，或当营兵，或当屯兵，另一部分是留在原籍的军户成员需要为去卫所当兵的人员提供军装盘缠等费用。此两项都有很高的风险，包括以下两点。（1）派成丁到卫所当兵，若卫所在原籍附近，风险小，除非有战事出征。而泉州盐场人群有很多被派到陕西、云南、湖广等遥远的卫所承担军役。远赴卫所有诸多风险，包括可能在漫长的旅途中去世、不适应卫所的自然环境而去世、一个人在遥远卫所面临各种不确定性及被军官和其他士兵剥削勒索。（2）承担军费盘缠。从泉州出发前往陕西、云南等遥远卫所当兵，路上距离遥远，充满不确定性。为了让家族成员愿意前往卫所，留在原籍的人们往往需要提供丰厚的经费支持。总之，军户的风险既包括民户的风险，还包括承担军役的风险，综合而言，风险极高。

就灶户和军户比较而言，灶户承役风险虽然也较高，但毕竟不需要出远门，所面临的不确定性较军户低。故在明初泉州盐场人群眼里，军户的徭役风险较民户、灶户高，军籍成为人们最不喜欢的户籍。

明初，许多泉州盐场人群面临的徭役风险，还不仅仅是民户或灶户、军户的，而是同时来自民－军或灶－军，甚至是两个军户，其风险之高不言而喻。故而早在明初，泉州盐场人群就纷纷设法控制之。

在高徭役风险且良民身份可替代的情况下，明初泉州盐场人群管控赋役风险的办法是直接规避高徭役风险，即规避军役风险，通过户籍策略摆脱军籍，双重户籍者去掉军籍，同时保留民户、灶户等徭役风险较低的户籍，只有军籍者（双籍或单籍）则设法改军为民，换军役为民差，以此回避军役。

2. 明中后期低负担为主的赋役风险管控

明中后期，随着州县赋役改革、盐课折银及军政制度调整，民、灶、军各役户承应徭役的风险等级降低，主要赋役风险演变为编户可能多交赋役银。泉州盐场人群管控赋役风险的办法则从规避高徭役风险转为在接受徭役风险的同时努力降低赋役负担。

促使赋役风险动态演化的是赋役、盐政、军政制度改革。明初以降，由州县负责的各赋役项目逐渐定额化、折银化及合并征收，至明中后期泉州盐场人群往往可通过支付白银完成各种赋役项目。而在制度上仍为编户亲身承应的里甲正役不仅任务简化，而且在实际操作中往往由固定的户承应，甚至可出钱雇人代役。与之类似，由盐课司向灶户征收的盐课在明初以降也逐渐折银，灶户缴纳白银则可完成盐课任务。盐场总催、秤子等职役虽然仍轮役，但盐场大户乐于充当，并借此挪移、私吞盐课。由军户派成丁到卫所充当营兵的制度虽然没有改变，但是寄操、卫所军户附籍州县等制度的推行，以及泉州盐场人群的不断摸索，使低风险应对军役的办法趋于成熟。其中让部分人固定在卫所承担营兵之役，由原籍军户支应军费盘缠，成为泉州盐场人群低风险应对军役的主要办法。

总之，不管是民户还是灶户、军户，到明中后期，向国家承应的绝大部分赋役项目都演变为比例赋税，都能通过支付白银的方式完成，即便没有赋税化的一些役，也能通过支付白银完成。随着赋役比例赋税化，各户的赋役任务清晰明了，民众能为完成赋役任务做好准备，降低乃至避免没有完成任务的风险，官吏加派、剥削勒索、差贫放富的空间大大减小。民、灶、军等各色户籍人群完成赋役任务的风险级别随之降低，赋役风险不再威胁家庭存亡。

当然，明中后期的泉州盐场人群完成赋役任务仍有风险，赋役风险主要体现在多支出，包括缴纳赋役银、盐折银时可能遭到来自官员、胥吏、职役的克扣、刁难，也包括因为人丁、土地登记为民、军籍，而需要缴纳比灶户更多的赋役银，还包括没有充分利用国家赋役优免政策等。

随着徭役风险等级降低，明中后期泉州盐场人群管控赋役风险的办法转变成在保留赋役风险的同时，控制完成赋役时可能存在的损失，最大程度降低赋役负担。降低赋役负担的办法极多，泉州盐场人群除利用其他地方常用的办法，还运用灶户、军户等役户的优免政策，跨籍控制损失，或变更户籍身份，或获取多重户籍身份，同时与盐场、州县等机构展开多维的互动，多角度降低赋役支出。

（三）对"用脚投票"理论的修正

"用脚投票"理论由蒂伯特提出之后，被广泛运用于地方公共产品、辖区竞争、证券市场、民主选举、跨国移民等领域的分析。本书所考察泉州盐场人群的户籍行为，在以下四个方面推动了该理论的发展。

其一，扩展"用脚投票"理论的应用范围。本书的论证说明"用脚投票"理论适用于对中国传统时期民众户籍策略的分析。

其二，修正"用脚投票"的理论前提。经济学学者已经对该理论的前提进行多次修正，但都坚守消费者和投票者能充分流动的前提。当充分流动的前提无法满足时，"用脚投票"理论难以成立。然而在明王朝禁止民众更改户籍的制度环境下，泉州盐场人群仍在户籍系统内"用脚投票"，实现户籍身份更改。这说明了在流动受限的情况下，仍会发生"用脚投票"的情况。另外，信息完备是用脚投票另一重要前提条件。而即便是在明初各役负担、风险难以预知的情况下，人们只要意识到负担与风险的高低有别，就会设法回避高徭役风险，选择低徭役风险。可见，只要知道有差异，人们就会根据自己的判断"用脚投票"。

其三，在流动受限的情况下，民众实现"用脚投票"需要策略，以便突破限制条件。而具体策略的采取是民众根据所处制度环境、社会经济条件及个人资源等因素，选择成本较少的、低风险的办法。制度环境、社会经济条件及个人资源动态演化，策略也因时而异。

其四，普通民众在户籍系统内"用脚投票"，并未催生州县、盐场等共存一地的平行机构在财政资源汲取上实现"最优"安排。"用脚投票"理论认为民众"用脚投票"推动地方政府提供一套最优的税收—支出安排来吸引税源。但在明代，泉州盐场人群在户籍系统内"用脚投票"的行为尽管促使州县、盐场等各机构改革赋役制度以便更好完成赋役任务，但合理的税收—支出结构并未产生，地方政府掌握的人丁土地等税源反而变少，赋役征收不足的问题终明一代并未得到解决。

低成本、低风险户籍策略选择及其对家族组织、地方人群关系的影响

由于国家明文禁止人们更改户籍名色，所以普通民众没有选择

和变更户籍名色的自由。实现在户籍系统内"用脚投票"需要策略以应对制度规定、官府和胥吏的需索，应付自身将面临的社会、经济现状的改变，这些都存在成本和风险。不同策略的成本和风险不同，泉州盐场人群往往在具体时空中选择低成本、低风险的策略。相关户籍策略往往推动家族组织变化。

早在洪武初年，国家就颁布禁止民间更改户籍名色并对违反者进行惩罚的法令。在此制度下，更改户籍身份有被惩罚的风险。因此，泉州盐场人群更改户籍名色，需要"合法化"，还需要满足官吏寻租要求，让其同意更改户籍。如何"合法"地更改户籍？办法是寻找制度支持，进行制度套利。被利用的制度包括民户、灶户析户，以及明初统治者为解决诸如户下无成丁承担徭役等现实问题，而做出特殊规定，如让义男、赘婿代为承役等，甚至是父籍子继、户籍世袭。在具体的操作上，条件符合国家制度规定者，按规定更改户籍信息，并在此过程中进行利己的操作；而条件不符合制度规定者，则先私下操作，让自身情况符合制度规定，再利用制度变更户籍，或转移户籍赋役。这类行为属于制度套利，自明初至明末都有，只是运用的制度、操作的办法因时而异。

明初，国家对徭役的征发建立在对编户进行人身控制的基础上，因此，国家及各级官府重视对相应编户的人身控制。编户试图更改户籍名色进而变更承应徭役种类，需要得到官员、胥吏的支持，否则官员、胥吏仍会向其征发原本的徭役。为使官方同意更改户籍，民众需要建立与官方的沟通渠道，并动用人脉、财富资源。这也决定了明初在本地实现户籍身份变更者往往是地方大户。

明初泉州盐场地方大户主要利用析户、顶户等办法更改户籍。人们常先分爨析产，再到官府重新登记户籍，将原本登记在一个户头之下的人丁、事产分散到多个户下，以此降低户等，甚至借机改变部分家人的户籍身份。永乐年间，铺锦黄氏就通过析户析出两个灶户、一个民户。明初的顶户往往是大户将不喜欢的户籍转移给养子、赘婿等虚拟血缘亲属。沙堤龚氏就将蔡仲永户转移给养子蔡长仔。

此外，在国家逐渐允许逃户在迁徙地附籍的制度环境下，人们通过"捏作无籍"再入籍的办法更换户籍。从大的角度看，此策略有两种操作，一是举家逃亡他地，在他地重新登记户籍；二是留在原籍地，设法脱离原籍，再重新登记户籍。两种操作需要面对的具体风险和成本不同，但都很大。前一举措需要放弃既有的生活生产条件，到其他地方，则不一定能符合自身对生活生产的期望，也不一定能获得满意的户籍。后一举措虽然不需要面对举家离开本地的风险，但在州县、盐场和卫所并存的泉州盐场地区，其风险亦极大，因为需要满足多套官吏系统的需索，且脱离原籍再入籍之举被揭发的风险极高，即便当下没事，其后暴露的风险亦高。由于风险特别大，因此采取此策略者往往是军籍，特别是双重户籍者。而举家逃亡他地的多为贫弱小户，留在本地者多为地方大户。

总之，明初民众实现户籍策略的过程，是对户下丁口、事产进行重新安排和抉择的过程，户籍策略的展开首先影响到家庭结构和地方人群关系。析户导致地方小家庭甚至是不完整家庭的普遍出现，而收养养子则促使拟制血缘关系盛行。"捏作无籍"再入籍则促进了地方人群流动，改变地方人群结构。

至明中后期，民众所面对的制度环境和区域社会经济环境都与明初不同，人们在户籍系统内"用脚投票"的目的和策略也与明初不同。

在制度环境上，明初以降，随着州县赋役折银化、定额化，盐课改折，到明中后期登记于黄册的户需要完成的赋役任务明确而清晰，没有折银的少数徭役项目，泉州盐场人群也能以低风险的方式应对。上述变化降低赋役风险，还有以下影响。其一，不管是州县还是盐场，管理地方模式都转变为以征收白银形式的赋税为主，而放松对编户的人身控制。其二，盐场人群能够就具体户籍及其附带的权利义务进行权衡，并且比较容易达成一致意见。

在社会经济条件方面，明初以降泉州盐场地区社会经济发展，盐业、农业、海洋捕捞业、商业、海产养殖业、手工业等各种产业齐头并进。社会经济发展与上述制度环境变化相结合，盐场地区出现以下现象。一是盐场人群的财富积累增加，盐场士绅数量增多。二是盐场地区维生资源得到充分开发，不管是使用价值还是交换价值都得以提升。盐场人群争夺维生资源，将滨海滩涂等维生资源登记户籍是确权的重要办法。三是市场的发达使交易的逻辑深入人心，通过交易实现户籍变更成为主流。

在新环境下，泉州盐场人群管控赋役风险的办法从规避高徭役风险转为接受风险，同时降低赋役银支出，体现在户籍策略上则是摆脱某个户籍，获取某个户籍，甚至同时占有多个户籍，改变户的实际支配者。而明中后期变更户籍身份，往往可以不经过官吏同意，只要户籍需求者与供应者之间进行协商，就某个登记于黄册的具体户头附带的权利义务达成一致性意见并进行交易，就可实现户籍及其附带权利义务的转移。因此，明中后期，对权利、义务进行交易逐渐成为人们更改户籍身份的主要办法。不管是文献记载的顶户、合户还是析户，实际上背后都包括户籍供应者和需求者之间的交易。不过，单纯的交易毕竟与户籍制度规定不符合，虽然有些时候也获得官府的认可，但是当户籍出现纠纷时，官府仍以户籍世袭原则加以断定，因此，泉州盐场人群常给户籍交易披上宗族外衣，即通过建构宗族，追溯祖先户籍故事，将交易放置于合法的制度框架下。因此，我们看到明中后期泉州盐场地区宗族活动频繁，族谱编修成为当地宗族建设的一件大事，而族谱往往清楚登记哪些祖先登记了哪些户籍、承担了哪些徭役。户籍策略的频繁运用，也使宗族活动频繁。

通过族谱的记载我们发现，明中后期泉州盐场人群的户籍获取符合国家制度规定，遵循户籍世袭制度。而当我们从民众户籍策略的角度加以考察就可以发现，相关的记载实际上是民众根据国家户籍制度制造出来的，换言之，明中后期泉州盐场人群制造了户籍世袭现象。

总之，户籍策略使明初泉州盐场地区普遍出现小家庭且拟制血缘关系发达，而明中后期则宗族活动活跃，宗族成为盐场地区最为基本的组织。

户籍策略与户籍制度、盐场地方治理模式转变

普通民众的户籍策略还是明代户籍制度演化、盐场地方治理模式演化的不可忽视的推力。

洪武年间国家在地方上推行的配户当差户籍制被此后明代历任统治者视为"祖宗之法"而加以继承，未自上而下展开改革，亦未以新替旧。直到明清鼎革后，配户当差户籍制仍被清王朝作为国家基本制度载入《大清律例》。当然，这并不意味着明代户籍制度没有变化，相反，明中后期的户籍制度已迥异于明初，而推动户籍制度演变的行为主体正是普通民众。普通民众在户籍系统内"用脚投票"，回避赋役风险，或降低赋役支出，使承应赋税、徭役的主客体减少，迫使州县、盐场和卫所改革赋役、盐政、军政制度以解决问题，进而在实质上改变户籍制度。

　　与配户当差户籍制相应，明王朝除以州县系统治理地方，还在食盐生产规模大的地方设置盐政系统管理盐政，在军镇要地设置卫所管理军政。在东南沿海盐场地区，往往形成州县、盐场和卫所并存的多轨管理局面。自上而下看，各管理体系各有职责，各自向中央负责。其中，州县负责管理辖境内所有编户，向所有编户征收夏税秋粮，征发徭役；盐课司管灶户，向灶户征发灶役；卫所管理军户，要求军户服军役。盐课司和卫所机构专事专管，盐场则形成垂直管理体系。

　　虽然各自向中央负责，但是州县、盐场、卫所等机构若共存一地，则在实际运作中不可避免地互相牵扯。这源于各机构管辖的人群及赋役征发对象重叠交叉——州县和盐场都向灶户征发徭役，州县和卫所都向军户征发徭役。可以说，共存一地的各类管理机构实际上管理同一群人，向同一群人及同一地方的资源征发赋役。不仅如此，随着灶、军徭役优免制度的推行，地方上的人丁事产在承担国家徭役任务上出现"非此即彼"——承应此役则不承应彼役——的现象，即灶户承办灶役免里甲杂役，军户服军役免一二丁里甲正杂诸役。这类规定使地方上的丁产承担的徭役项目由户籍决定，只要所登记户籍名色不同，需要承应的徭役项目就不同，能够加以管控并征发徭役的机构也随之发生变化。在国家能够管控到的丁产有限，地方能为国家提供的人力、物力及财力有限的情况下，各机构之间容易就丁产管控而互相竞争，甚至对立。这是理解明代盐场人群在户籍系统内"用脚投票"行为，以及户籍策略对户籍制度、盐场地方管理模式影响的关键因素。

　　总体而言，泉州盐场人群的户籍策略推动户籍制度改革，主要体现在两个方面。

　　其一，致使国家征调赋役的主客体——人丁、事产减少，迫使相关官府设法调整，以便获取足够的赋税和徭役。

　　明初泉州盐场人群的户籍策略主要是摆脱双重户籍中的军籍，或改军为民、降低户等等，这些策略除了使卫所军伍严重缺额，还导致州县、盐场控制的人丁减少。在明初编户亲身应役的制度下，控制役户成为徭役征发的关键。各机构解决徭役编佥客体不足的办法是寻找其他人丁替补，这种办法在军政系统中称"勾军"，在盐政系统中称"佥补"。在洪武十四年黄册编纂完成之后，各官府没法再在泉州盐场地方获取大量无籍者，故勾军和佥补的对象往往是民户。这势必导致州县徭役佥点对象减少，引发州县的不满。为平衡州县、盐场和卫所对役户的需求，国家要求不管是军丁清勾还是灶丁佥补，都需要有司协调。然而，这种协调并不能解决问题。因为盐场人群的户籍策略持续展开，各机构能掌握到的承担相关徭役的丁产逐渐减少。在明初，卫所勾补军户成为主流，然勾军不仅难以有效解决问题，而且使卫所与州县之间的关系更加紧张。

　　州县为解决赋役问题，展开一系列改革，促使绝大部分的赋役项目比例赋税化，并通过一条鞭法简化之。卫所则通过寄操制度、卫所军户附籍等改革解决问题。盐法的改革则既与编户回避徭役有关，也有市场和财政上的考量，最终是盐课折米、折银，且依据灶户户下人丁、米粮征收。随着改革的推行，灶户、民户逐渐税户化，各机构之间的关系发生微妙的变化，州县和卫所的紧张关系得到缓解，而州县与盐场的关系则逐渐紧张化。这是因为各类徭役赋税化后，灶户户下单位丁米应纳赋役银明显少于民户、军户，盐场人群纷纷设法占有灶籍，宣称多籍，将大量的人丁事产放到灶户户下。其结果是州县赋役项目征发客体减少，而盐场盐课征发客体增多，两套系统的官吏对民间户籍策略态度不一。盐场人群则同时勾结州县、盐场官吏，以便多途径、多层次降低赋役支出，进一步使官府掌握的丁田额度减少，即便盐场都难以征收足额盐课，这是天启年间盐课司最终废除的重要原因。

其二，迫使地方各官府不断调整配户当差制，改变征发徭役时的户籍考量。

泉州盐场人群在户籍系统内"用脚投票"，还迫使官府不断调整征发徭役时对户籍、户籍名色的考量。虽然洪武年间泉州盐场地区出现民－军、灶－军等双重户籍现象，但是从征发徭役的角度看，当时泉州地方相关官府遵循了配户当差制，向役户征发本分户役，如令民户承担民差，灶户承办灶役，军户服军役。然而，随着民间开始运用户籍策略而州县掌握的编户有限，地方官府为获得足额徭役，不得不改变对户籍名色的考量。其中，早在明初，州县和卫所在处理民间"用脚投票"所引发的徭役征发不足时，为得到更多应役人丁，就不顾国家籍与役一一对应的制度规定，州县利用手中黄册，向灶户征发民差；都司卫所到州县勾军时，也常不顾民间冒名，将民户清勾为军。州县与卫所的做法都是不符合配户当差制的，是官府私下的操作。

为了解决因编户不足而导致徭役摊派对象不足的问题，官府在重新确认应役人群时，往往在坚持配户当差制的前提下，对其加以灵活利用，除向役户征发本分户役，也令其承担本分户役以外的役。如正统年间，福建官府为处理盐课积压及沿海卫所缺乏军饷等问题，拆东墙补西墙，令同安县民户纳盐课免民差，在地方制度层面上改变了户役摊派的原则与做法。而同安县也在编金均徭的时候将灶户编均徭，向灶户摊派杂办。

上述办法只能保证定额赋税征收，而无法满足国家新增的财政需求。嘉靖、万历年间，倭乱使中央及福建地方对白银的需求增加，福建官府在既有户籍户役体制外寻找税源，其中向用于生产"私盐"的土地征收盐丘税、丘盘税的做法，绕开了既有户籍赋役制度，没有考虑户籍，只根据土地用途征税，这使民、军等任何名色的户籍人群都可能纳盐课。

简言之，明中后期，官府征发徭役时对户籍、户籍名色的考虑逐渐发生变化，除灵活利用外，还绕开它以获取更多财政收入。这也说明虽然有明一代中央王朝没有废除配户当差制，没有主动、自上而下地改革配户当差制，但是配户当差制一直在演化，国家在征发徭役的实际操作中也没有一直坚持配户当差。换言之，配户当差制并非明王朝一贯的户役制。明中叶的徭役征发，除明初的以籍定役，役以籍异，还有对配户当差制的灵活利用，以及绕开既有户籍赋役体制的新税目／役目的征发。上述改变最终促使户籍户役发生结构性变化，明末户籍与户役复杂对应，而土地也逐渐脱离户籍属性，户籍名色仍重要，它仍是国家财政的重要来源，是官府征发各类役银的主要依据，同时是地方人群利用户籍套利的重要制度资源。

盐场人群户籍策略还促进泉州四场盐课司废除。在民差与灶役都折银之后，泉州灶户士绅为进一步管控赋役风险，提出盐课归县征的要求，并在与官府博弈之后，促成了泉州四个盐场盐课司裁撤，盐课归县征，总催、秤子等职役废除，灶户不再受两套机构剥削勒索，且不再需要编纂盐册，赋役风险和负担都降低。随着盐课司废除，盐场地区的管理模式从垂直管理演变为属地管理。

总之，民众在户籍系统内"用脚投票"，不仅推动赋役、军政和盐政改革，进而促使户籍制度演变，而且推动泉州盐场地方治理模式转变。

明代户籍特征

本书对明代普通民众户籍策略的研究，也有助于我们重新思考明代户籍制度及明王朝对人口、资源的管理。

目前，各学科的学者虽从不同层面对户籍进行界定，[1]但相关界定往往立足国家视角。例如，王清就认为狭义户籍制度指作为人口登记的行政管理制度；中义户籍制度指具有人口登记和户口迁移的基本功能；广义户籍制度指不仅具有人口登记和户口迁移的基本功能，而且具有利益分配的扩展功能。[2]与今天的户籍制度相比较，传统时期的户籍制度有着更为广泛和丰富的内涵，它除了包含户口清查、登记，户籍种类及等级划分，人口流动与编制等内容外，还包括对编户齐民赋役负担的规定。[3]

而本书的研究则发现，在明代，户籍不仅为国家所需，而且为普通民众所需。国家利用户籍制度掌握地方丁产信息、分配资源和维持秩序，普通民众则需要通过户籍确立自己与国家的关系、在社会中的身份，以及合法化所占有的地方维生资源、获取参与科考的机会，等等。因此，即便登记户籍有向国家承担赋役的义务和风险，但绝大部分人仍留在户籍系统内。简言之，户籍制度并非国家单向需求，而是被国家、民间双向需求。

民间在户籍制度运作及其演变中并非处于完全被动的地位，相反的，明代的民众不仅拥有选择户籍的空间，而且在户籍系统内"用脚投票"，择利而从。普通民众在户籍系统内用脚投票的目的在

1　例如陆益龙认为："户籍制度，是指与户口登记和管理相联系的行为规则、组织体制和政治经济法律制度以及相关政策的总和。"见陆益龙《户籍制度：控制与社会差别》，商务印书馆，2003，第54页。王清结合中国实际情况，指出户籍制度是行政部门依据有关的法律法规，通过许可等方式，对公民个体行为施加影响的一种政府社会性管制制度。见王清《利益分化与制度变迁：当代中国户籍制度改革研究》，北京大学出版社，2012，第33~34页。

2　王清：《户籍改革中的政府行为逻辑——基于地方案例的比较研究》，中央编译出版社，2017，第21~22页。

3　张荣强：《从户版到纸籍：战国至唐代户籍制度考论》，科学出版社，2023，第1页。

于管控赋役风险，同时享受户籍带来的相关福利。

　　本书对明代泉州盐场人群在户籍系统内"用脚投票"的研究，还有助于我们进一步掌握明代户籍特征。关于明代户籍特征，王毓铨指出，明代配户当差户籍制有役皆永充、役籍是世籍、父死子继、世代相承，以及役因籍异等特征。本书的研究则提出以下三点结论。

　　第一，户籍与职业无必然联系。

　　明代的户籍有民户、军户、灶户、匠户等名色之别。各类户籍划分以何为依据，有职业说、徭役说等。职业说源自《明史》："凡户三等，曰民，曰军，曰匠……毕以其业著籍。"[1]梁方仲就据此认为明初推行职业与户籍挂钩的制度。[2]唐文基亦称"明朝对户口采取按职业分籍管理的办法。不同职业者，分别载入不同的户籍"，且"不许变乱版籍，实质上是要把劳动者按籍登载的职业凝固化"。[3]与之不同，王毓铨则指出国家按照编户承当徭役的种类登记户籍名色。[4]民户、军户、灶户等各色户籍是国家根据地方人户向国家承担的徭役种类进行划分的。

　　实际上，明初户籍登记与地方经济结构密切相关，但并非完全按民间职业登记户籍。洪武年间，各地方官府整顿户籍时，户籍

1　张廷玉等：《明史》卷77《志第五十三·食货一·户口》，第1878页。

2　梁方仲：《明代一条鞭法年表》，《明代赋役制度》，第253页。

3　唐文基：《明代赋役制度史》，第44页。

4　王毓铨称"朝廷有多少种劳役，就佥拨多少类人户去承当"，见《封建社会的土地具有主人的身份》，《王毓铨史论集》下册，第781页。明代役使人民的方法是"以户为编制单位，把人户编成若干不同的役种，为每一役种立一役籍（版籍、册籍），驱使他们去承担他朝廷的各类生产、造作、兵防、奔走、祗应差役。这种以户为编制单位的役法就叫作'户役'。'户役'是《大明律·户律》的第一目。'户役'律，就是役户管束律、配户当差律"。见《明朝的配户当差制》，《王毓铨史论集》下册，第794页。"朱明太祖在开国之初……把他所能搜括到人户，编入册籍，按照朝廷的需要分拨他们承当各种差役……朱明太祖曾把这1000多万户分别编为若干类役户（差户），承当各色差役。"见《明朝的配户当差制》，《王毓铨史论集》下册，第796页。

名色的登记大体与地方经济结构有关，比如在食盐生产规模大、国家设盐场的地方登记了灶籍，在海边、湖边等有渔业的地方登记了渔户，等等。不过，我们不能因此就认定明初州县官根据每个家庭从事的职业登记户籍。在泉州盐场地区，即便是灶户这种被与生产食盐联系起来的户籍的编佥，仍不一定与制盐有关。晋江陈埭地区不产盐，陈埭丁氏家族也不制盐，但其在洪武年间就登记了三个灶籍。

　　另外，在明初编户亲身应役的徭役制度下，各色役户完成徭役的办法往往是从事相关职业，如灶户生产食盐，以所产食盐作为盐课缴纳官府；渔户捕鱼，以规定鱼类纳课；匠户从事工匠事业；等等，故户籍名色与职业有一定的关系。然而，我们不能因此认为役户一定从事应承徭役相关的职业。以明初泉州盐场地区灶户为例，灶户是与盐场关系最为直接而密切的户籍人群。在明代留下的文献中，灶户往往被视为生产食盐者。曾任福建按察司佥事的明代浙江士绅章懋（1437~1522）在《议处盐法事宜奏状（两浙盐法利弊）》中就称："夫盐之所出虽由土产，而其成用必资人力，海滨之民以煎盐为业者谓之'灶户'。"[1] 崇祯朝都察院右佥都御史郑二阳亦云："灶丁以盐事为天，一日不煎盐则一日无所营运，一日不卖盐则一日受其饥寒。"[2] 受此类文献影响，诸多研究成果将灶户等同于食盐生产者。

　　实际上，明代的灶户是在黄册上登记为"灶户"、承担灶役的人户，但与食盐生产没有必然联系。即便在明初亲身应役徭役制度

1　章懋：《议处盐法事宜奏状（两浙盐法利弊）》，陈子龙等选辑《明经世文编》卷95《章枫山文集·疏》，第835页上栏。
2　郑二阳：《郑中丞公益楼集》卷2《纪事·东巡纪事》，《四库未收书辑刊》第6辑第22册，第595页。

下，按制度规定灶户必须生产食盐以缴纳盐课，然而现实生活中的
灶户可以通过交易等方式获取食盐缴纳官府，而不生产食盐。明初
以降，盐课逐渐改折，盐课的缴纳物改为米粮或白银，灶户连缴纳
盐课都无须用盐，与制盐更无必然联系。相反，从事食盐生产的人
不一定是灶户，明初以降，民户、军户等其他户籍人群就有人制
盐。简言之，灶户是拥有灶籍身份的编户，与制盐这种经济行为无
必然联系。

第二，从役因籍异到籍役多重对应。

配户当差制下，编户需要承担户役。制度规定的某类役户应承
的户役种类为"本等徭役"（亦称"本分徭役""本等户役""本分
户役"），如灶役是灶户的本等徭役，军役是军户的本分户役，等
等。相反，非制度规定的某类役户应当的徭役种类，对该役户而言
就是非本分徭役，如军役对于灶户而言就是非本分户役。根据洪武
年间确定的"役因籍异"原则，籍与役一一对应，民户承应民差，
灶户办纳灶役，军户服军役。

明初以降，一方面普通民众规避高徭役风险、跨籍降低赋役负
担，另一方面地方官府灵活运用配户当差制，甚至绕开之。正统年
间，福建官府令同安县民户纳盐课免民差，在地方制度层面上改变
了户役摊派的原则与做法。嘉靖、万历年间，福建官府则在既有户
籍户役体制外寻找税源，向用于生产"私盐"的土地征调盐丘税、
丘盘税，根据土地用途征税，这就使民、军等任何名色的户籍人群
都可能纳盐课。

官民的户籍选择不断突破明初确立的籍与役一一对应的原则，
籍与役对应关系逐渐复杂化，甚至促使配户当差户籍制的结构发生
质的变化。由于明代地方官府的临时性策略往往被保留下来，因此
到明末，泉州盐课征收依据及纳课主体的户籍名色都具有多样性，

配户当差与非配户当差并存。既有明初确定的籍与役之间的对应，如灶户承办灶役，也有正统以降出现的籍与役之间的不对应，如非灶户群体承担盐课。后者有民户缴纳盐课免民差及民户缴纳盐课不免民差之分。户籍与户役不再是一一对应，而是一种役可能由数种户籍人口供应。

第三，人为制造户籍世袭的记载。

洪武以降，国家强制民间登记户籍，制定相关法律惩罚不登记户籍及不如实登记户籍的人，这些在《大明律》中有详细记载。不仅如此，国家还规定户籍一旦登记，则"人户以籍为定"，不许更改户籍名色，不许变乱户籍。可见，在国家户籍制度设计中，民间登记的籍为世籍，役为世役。

根据规定，黄册十年一编纂，编纂黄册之年称为大造之年。该年各县负责重新编审户籍信息，并根据实际情况修改。然而，洪武十四年黄册攒造完成之后，泉州盐场地区的户籍编审流于形式，黄册上登记的信息，包括户名等出现世袭化倾向。

本书的研究发现，户名世袭化并不意味着户籍支配者世袭化。实际上，随着代际变更，不仅户的实际支配群体发生变化，而且人们的户籍策略使并没有血缘关系的人也能成为户支配者。生活在明代泉州盐场地区的人们通过顶户、合户、析户等办法，策略性地摆脱某个户籍、获取某个户籍，甚至同时占有多个户籍，改变户的实际支配者。换言之，在黄册上存续数十年甚至数百年的户的实际支配者，不仅因为代际变更而变化，而且经常被策略性地改变，换成不具有血缘关系的人。

泉州盐场人群户籍策略的结果是人们支配的户籍不一定继承自自己的父祖，户籍的现支配者与户籍登记者不存在必然的血缘关系。然而，在明王朝禁止民间更改户籍名色的制度下，泉州盐场人群为了使户籍合法化，利用户籍世袭的原则，通过建构宗族、追溯祖先户籍故事，制造了现有户头来自祖先登记的记载，有意地示人以户籍世袭的特征。

综上，生活在明代的普通民众在户籍制度下充分发挥"主观能动性"，根据所处的制度环境、区域社会经济条件及个人资源的不同，低风险地在户籍系统内"用脚投票"，以实现对赋役风险的管控。民众在户籍系统内"用脚投票"不仅影响盐场地方社会组织、人际关系，而且推动户籍制度、地方治理的演变。

参考文献

史　料

《明史》，中华书局，2011 年点校本。

《明实录》，"中研院"历史语言研究所校印，1962。

正德《大明会典》，日本公文书馆内阁文库藏。

万历《大明会典》，收入《续修四库全书》第 789~792 册，上海古籍出版社，1996。

《大明律》（洪武三十年五月颁布），日本早稻田大学图书馆藏。

《诸司职掌》，收入《续修四库全书》第 748 册，上海古籍出版社，1996。

（明）霍翼辑《军政条例类考》，收入《续修四库全书》第 852

册，上海古籍出版社，1996。

（明）张本:《为条例事》，收入陈九德辑《皇明名臣经济录》卷17《兵部四》，明嘉靖二十八年刻本，日本东洋文库研究所藏。

（明）江大鲲等修《福建运司志》，收入于浩辑《稀见明清经济史料丛刊》第1辑第27~29册，国家图书馆出版社，2008。

（明）林大有纂修《福建运司续志》，收入虞浩旭主编《天一阁藏明代政书珍本丛刊》第10册，线装书局，2010。

（明）童蒙正、林大有纂修《福建运司志》，收入虞浩旭主编《天一阁藏明代政书珍本丛刊》第10册，线装书局，2010。

（明）汪砢玉:《古今鹾略》，收入《北京图书馆古籍珍本丛刊》第58册，书目文献出版社，1998。

（明）周昌晋:《福建鹾政全书》，收入《北京图书馆古籍珍本丛刊》第58册，书目文献出版社，1998。

（明）毕自严:《度支奏议》，收入《续修四库全书》第488册，上海古籍出版社，1996。

（明）蔡清:《虚斋集》，收入《景印文渊阁四库全书》第1257册，台湾商务印书馆，1986。

（明）蔡献臣:《清白堂稿》，收入《四库未收书辑刊》第6辑第22册，北京出版社，2000。

（明）陈子龙等选辑《明经世文编》，中华书局，1962。

（明）洪受著，吴岛校释《沧海纪遗校释》，台湾古籍出版有限公司，2002。

（明）黄凤翔:《田亭草》，收入《续修四库全书》第1356册，上海古籍出版社，1996。

（明）李恺：《介山集》，海峡书局，2016。

（明）廖刚：《高峰文集》，收入《景印文渊阁四库全书》第1142 册，台湾商务印书馆，1986。

（明）林希元：《同安林次崖先生文集》，收入《四库全书存目丛书》集部第 75 册，齐鲁书社，1996。

（明）许孚远：《敬和堂集》，万历二十二年刻本，日本国立公文书馆藏。

（明）叶向高：《苍霞草》，收入《四库禁毁书丛刊》集部第 124 册，北京出版社，1998。

（明）曾异：《纺授堂文集》，收入《四库禁毁书丛刊》集部第163 册，北京出版社，1997。

（明）张萱：《西园闻见录》，哈佛燕京学社，1940。

（明）郑纪：《东园文集》，收入《景印文渊阁四库全书》第1249 册，台湾商务印书馆，1986。

（明）朱浙：《天马山房遗稿》，收入《景印文渊阁四库全书》第1273 册，台湾商务印书馆，1986。

（清）顾炎武：《天下郡国利病书》，收入《续修四库全书》史部第 597 册，上海古籍出版社，1996。

弘治《八闽通志》，收入《四库全书存目丛书》史部第 178 册，齐鲁书社，1995。

嘉靖《安溪县志》，收入《天一阁藏明代方志选刊》，上海古籍书店，1963。

嘉靖《广东通志》，广东省地方史志办公室，1997。

嘉靖《惠安县志》，收入《天一阁藏明代方志选刊》，上海古籍书店，1963。

嘉靖《建阳县志》，收入《天一阁藏明代方志选刊》，上海古籍书店，1962。

嘉靖《仙游县志》，收入《日本藏中国罕见地方志丛刊》，书目文献出版社，1990。

万历《福宁州志》，万历刻本，中国国家图书馆藏。

万历《福州府志》，收入《日本藏中国罕见地方志丛刊》，书目文献出版社，1990。

万历《泉州府志》，万历刻本，中国国家图书馆藏。

崇祯《闽书》，收入《四库全书存目丛书》史部第 204 册，齐鲁书社，1996。

康熙《南安县志》，南安县志编纂委员会办公室，1986。

康熙《同安县志》，收入方宝川、陈旭东主编《福建师范大学图书馆藏稀见方志丛刊》第 10 册，北京图书馆出版社，2008。

康熙《漳浦县志》，康熙四十七年刻本，中国国家图书馆藏。

乾隆《晋江县志》，收入《中国方志丛书》第 82 号，成文出版社，1967。

乾隆《龙溪县志》，乾隆二十七年刻本，北京大学图书馆藏。

光绪《金门志》，收入周宪文、杨亮功等编《台湾文献史料丛刊》第 2 辑第 38 册，台湾大通书局，1984。

惠安县志办公室等整理《惠安政书（附崇武所城志）》，福建人民出版社，1987。

粘良图选注《晋江碑刻选》，厦门大学出版社，2002。

郑振满、丁荷生编《福建宗教碑铭汇编（泉州府分册）》，福建人民出版社，2008。

陈昂等辑《温陵沪江后山陈氏五房族谱》，1932 年修，晋江市图书馆藏。

陈碧、陈邦英编修《沙堤龚氏族谱》，1926 年修，石狮市博物馆藏复印本。

福建石狮紫云塘园黄氏长房策卿派家谱编委会编印《福建石狮紫云塘园黄氏长房策卿派家谱》，2009。

何连金等辑《浔美何氏族谱志》，清代修，泉州市图书馆藏手抄本之影印本。

黄允铭、庄征澈、吴起谤等修《岱阳吴氏宗谱》，1994 年重修本，晋江龙湖镇埭头村埭头吴氏大宗祠藏。

黄进财、江万哲主编《黄氏族谱》，新远东出版社，1961。

黄钟穆等修《新厝黄氏旧谱》，乾隆二十八年手抄本，石狮市博物馆藏复印本。

雷泽、洪顺正等修《黄氏宗谱》，1988 年整理本，铺锦黄氏族人黄江海藏。

邱道清等修《东埔邱氏族谱》，始修于万历四十三年（1615），后多次续修，2003 年整理，石狮市博物馆藏 2003 年整理版之影印本。

施德馨纂辑，施世纶等补辑《浔海施氏族谱》，康熙年间刊刻，泉州市图书馆藏影印本。

吴九美等编修《洛溪吴氏宗谱》，晋江市图书馆据雍正年间重修本影印，晋江市图书馆藏。

吴可承等修《灵水吴氏族谱》，始修于嘉靖辛酉年（1561），清代重修，1995 年整理，晋江市图书馆藏复印本。

吴鑫仁编修《长房下东山、二房大地、三房东溪、四房顶东山四房头吴氏族谱》，乾隆四十六年（1781）修，金门县宗族文化研究协会藏。

一善斋编修《西偏西房龚氏家乘》，1936 年编修，福建石狮市博物馆藏影印本。

永和菌边修谱组编修《石狮大仑蔡氏族谱》，1997，福建石狮市博物馆藏。

尤大行等编《晋江沪江尤氏族谱》，清乾隆年间编纂，1947 年增修，稿本。

张荣强等修《金门青屿社张氏重恩堂集及族系谱图等专辑》，1991，金门县宗族文化研究协会藏。

张万牧等修《银同朝元门外张家族谱》，始修年代不详，传抄本，石狮市博物馆藏复印件。

张源仁等修《张氏旧谱》，乾隆抄本，石狮市博物馆藏影印本。

庄景辉编校《陈埭丁氏回族宗谱》，绿叶教育出版社，1996。

庄壬辙修《晋邑庄氏族谱》，成化丁未年（1487）修，泉州市图书馆藏影印本。

论 著

陈支平:《民间文书与明清赋役史研究》，黄山书社，2004。

弗兰克·H.奈特:《风险、不确定性与利润》，安佳译，商务印书馆，2006。

何炳棣:《明初以降人口及其相关问题（1368~1953）》，葛剑雄译，三联书店，2000。

鹤见尚弘:《中国明清社会经济研究》，姜镇庆等译，学苑出版社，1989。

黄仁宇:《十六世纪明代中国之财政与税收》，阿风等译，三联书店，2001。

黄中青：《明代海防的水寨与游兵：浙闽粤沿海岛屿防卫的建置与解体》，学书奖助基金，2001。

科大卫：《皇帝和祖宗：华南的国家与宗族》，卜永坚译，江苏人民出版社，2009。

梁方仲：《明代赋役制度》，中华书局，2008。

刘淼：《明代盐业经济研究》，汕头大学出版社，1996。

刘志伟：《在国家与社会之间：明清广东地区里甲赋役制度与乡村社会》，中国人民大学出版社，2010。

刘志伟、孙歌：《在历史中寻找中国：关于区域史研究认识论的对话》，东方出版中心，2016。

栾成显：《明代黄册研究》，中国社会科学出版社，1998。

麻健敏：《闽台粘氏满族谱牒研究》，海风出版社，2008。

牟复礼、崔瑞德编《剑桥中国明代史（1368~1644年）》，杨品泉等译，中国社会科学出版社，1992。

邱永志：《"白银时代"的落地：明代货币白银化与银钱并行格局的形成》，社会科学文献出版社，2018。

宋怡明：《被统治的艺术：中华帝国晚期的日常政治》，钟逸明译，中国华侨出版社，2019。

唐文基：《明代赋役制度史》，中国社会科学出版社，1991。

王晓群主编《风险管理》，上海财经大学出版社，2003。

《王毓铨史论集》，中华书局，2005。

韦庆远：《明代黄册制度》，中华书局，1961。

杨培娜：《生计与制度：明清闽粤滨海社会秩序》，社会科学文献出版社，2022。

于志嘉：《明代军户世袭制度》，台湾学生书局，1987。

于志嘉：《卫所、军户与军役——以明清江西地区为中心的研究》，北京大学出版社，2010。

郑振满：《明清福建家族组织与社会变迁》，中国人民大学出版社，2009。

郑振满：《乡族与国家：多元视野中的闽台传统社会》，三联书店，2009。

朱维幹：《福建史稿》，福建教育出版社，2008。

山根幸夫『明代徭役制度の展開』東京女子大学学会、1966。

卜永坚：《盐引·公债·资本市场：以十五、十六世纪两淮盐政为中心》，《历史研究》2010 年第 4 期。

陈春声：《明代前期潮州海防及其历史影响》（上、下），《中山大学学报》（社会科学版）2007 年第 2、3 期。

陈春声、刘志伟：《贡赋、市场与物质生活——试论十八世纪美洲白银输入与中国社会变迁之关系》，《清华大学学报》（哲学社会科学版）2010 年第 5 期。

陈支平：《从易氏家族文书看明代福建的"投献"与族产纠纷》，《中国史研究》2014 年第 3 期。

邓庆平：《卫所与州县：明清时期蔚州基层行政体系的变迁》，《中央研究院历史语言研究所集刊》第 80 本第 2 分，2009 年 6 月。

邓庆平：《华北乡村的堡寨与明清边镇的社会变迁——以河北蔚县为中心的考察》，《清史研究》2009 年第 3 期。

段雪玉：《乡豪、盐官与地方政治：〈庐江郡何氏家记〉所见元末明初的广东社会》，《盐业史研究》2010 年第 4 期。

高寿仙：《明代北京杂役考述》，《中国社会经济史研究》2003 年第 4 期。

黄国信：《万历年间的盐法改革与明代财政体系演变》，"全球化下明史研究之新视野学术研讨会"会议论文，台北，2007 年 10 月。

蒋宏达：《明代军灶籍新证》，《中国经济史研究》2019 年第 6 期。

李龙潜：《明代户口食盐钞制度》，《中学历史教学》1981 年第 5 期。

李晓龙：《承旧启新：洪武年间广东盐课提举司盐场制度的建立》，《中国经济史研究》2016 年第 3 期。

李晓龙：《明代中后期广东盐场的地方治理与赋役制度变迁》，《史学月刊》2018 年第 2 期。

李义琼：《折上折：明代隆万间的赋役折银与中央财政再分配》，《清华大学学报》（哲学社会科学版）2017 年第 3 期。

刘淼：《明朝灶户的户役》，《盐业史研究》1992 年第 2 期。

鲁西奇、徐斌：《明清时期江汉平原里甲制度的实行及其变革》，《"中央研究院"历史语言研究所集刊》第 84 本第 1 分，2013 年 3 月。

栾成显：《明代黄册人口登载事项考略》，《历史研究》1998 年第 2 期。

饶伟新：《明代"军灶籍"考论》，《"中央研究院"历史语言研究所集刊》第 85 本第 3 分，2014 年 9 月。

山根幸夫：《明代福建的丁料和纲银》，李小林译，《中国社会经济史研究》1991 年第 1 期。

申斌：《明代地方官府赋役核算体系的早期发展》，《中国经济史研究》2020 年第 1 期。

藤井宏：《明代盐商的一考察——边商、内商、水商的研究》，刘淼辑译《徽州社会经济史研究译文集》，黄山书社，1988。

吴滔：《明代浦东荡地归属与盐场管理之争》，《经济社会史评论》2016 年第 4 期。

吴滔：《海外之变体：明清时期崇明盐场兴废与区域发展》，《学术研究》2012 年第 5 期。

徐斌:《明清河泊所赤历册研究——以湖北地区为中心》,《中国农史》2011 年第 2 期。

徐泓:《明代前期的食盐生产组织》,《台大文史哲学报》第 24 期,1975 年 10 月。

徐泓:《明代后期盐业生产组织与生产形态的变迁》,沈刚伯先生八秩荣庆论文集编辑委员会主编《沈刚伯先生八秩荣庆论文集》,联经出版事业公司,1976。

徐靖捷:《盐场与州县——明代中后期泰州灶户的赋役管理》,《历史人类学学刊》(香港)第 10 卷第 2 期,2012 年 10 月。

杨锐彬、谢湜:《明代浙江永嘉盐场的赋役改革与地方变迁》,《安徽史学》2015 年第 2 期。

于志嘉:《再论垛集与抽籍》,郑钦仁教授七秩寿庆论文集编辑委员会编《郑钦仁教授七秩寿庆论文集》,稻香出版社,2006。

于志嘉:《试论族谱中所见的明代军户》,《"中央研究院"历史语言研究所集刊》第 57 本第 4 分,1986 年 12 月。

于志嘉:《明清时代军户的家族关系——卫所军户与原籍军户之间》,《"中央研究院"历史语言所集刊》第 74 本第 1 分,2003 年 3 月。

张金奎:《明代军户地位低下论质疑》,《中国史研究》2005 年第 2 期。

郑振满:《明代金门的制度变革与社会转型——以盐政改革为中心》,《历史人类学学刊》(香港)第 11 卷第 2 期,2013 年 10 月。

Charles M. Tiebout, "A Pure Theory of Local Expenditures," *Journal of Political Economy*, Vol.64, No.5（Oct. 1956）, pp.416-424.

Wallace E. Oates, "The Effects of Property Taxes and Local Public

Spending on Property Values: An Empirical Study of Tax Capitalization and the Tiebout Hypothesis," *Journal of Political Economy*, Vol.77, No.6 （Dec. 1969）, pp. 957-971.

藤井宏「明代塩場の研究」（上、下）『北海道大学文学部紀要』1、3 号、1952 年。

郑榕:《14~18 世纪闽南的卫所、户籍与宗族》，博士学位论文，闽南师范大学，2017。

后 记

我对明代户籍问题的关注，始于研究生阶段对明清福建盐场社会变迁的研究。

2003 年，我考入中山大学历史学系，2006 年获保研资格，承蒙黄国信老师不弃，得以忝列"黄门"。在黄老师指导下，我完成了以明代福建盐政为主题的学士学位论文，并确定以明清福建盐场社会变迁为博士学位论文选题。

明代盐场与户籍直接相关。根据明代户籍规定，灶户是生产食盐、缴纳盐课之人，故为盐场最重要的人群。因此，自决定做明清福建盐场社会变迁研究开始，我就需要关注灶户，初步形成灶户专门生产食盐以完成盐课，灶户、民户与军户是界限分明的不同人群的认识。不过，这种粗浅认识很快就在田野考察中被自我否定掉。

　　中山大学历史学系明清史方向非常重视历史人类学的研究，我因此得以接受系统的历史人类学训练，并将其用于盐史研究。自2007年读研开始，每年寒暑假我都前往明清福建盐场所在地进行田野考察。田野中要考察的问题非常多，寻找灶户及与灶户有关的故事是我当时田野的首要目的。2009年8月，我在泉州山腰盐场和当地老人聊天，询问他们和他们父祖辈的生计，有人很自豪地告诉我新中国成立后他们家是盐工，在当地很受欢迎，那个时候的人都想把自家女儿嫁给盐工。不过，他还有几个兄弟，是农民，不是盐工，然而身份的差别并不影响他们共同在一个"公妈厅"祭拜父祖，也不影响他们共同拥有同一间宗祠。这一信息让我意识到以往关于民、灶、军界限分明的认识可能过于简单。当然，亲兄弟分别当盐工与农民是1949年以后的情况，那么之前乃至明清时期是否也有类似的情形？

　　接下来在泉州、石狮和晋江沿海地区的田野考察中，我意识到许多大宗族的族人在明清时期有不同的户籍，结合当地族谱记载，可发现明中后期泉州盐场地区不仅有灶户，而且有民户、军户，他们不仅杂居共处，而且父子兄弟可能分别登记灶、军、民等籍，甚至出现同一群人同时拥有灶、军、民多籍的现象。这些发现和初步思考在我的博士学位论文《明清灶户制度的运作及其调适——以福建晋江浔美盐场为例》中有所体现。不过，博士论文是以一个盐场的社会变迁为研究主题，盐场人群的户籍问题仅是其中一个小分支，未能深入探讨。

　　2012年博士毕业后，我继续关注明清泉州盐场人群的户籍问题，试图探明福建盐场地区一族多籍现象的形成过程和机制。当我以户籍为研究主题时，就发现以往虽然已关注到盐场人群户籍的复杂性和盐场地区管理体制的多轨制，但对此问题的分析仍限于灶户、盐政的框架下。实际上，盐场只是盐场地区的一个要素，灶籍也仅是盐场人群多类户籍中的一种。因此我努力超越盐场、盐政和灶户的分析框架，在全面掌握明王朝户籍制度设计及其演变，盐场地区的州县、卫所及其与盐场互动的基础上，尝试以盐场人群为本位，考察他们历史上具体的户籍操作，结果发现明代泉州盐场人群在配户当差户籍制下有谋略地更改户籍，由此问题出发，最终形成了这本书。

本书的完成需要感谢很多人。首先感谢我的导师黄国信教授、温春来教授。两位老师平日里潜移默化的言传身教和用心良苦的谆谆教诲，既教会我为人处世，也引导我走上学术道路。读研阶段，两位老师每周都坚持和我们一起读书、讨论材料，教我如何解读材料和思考问题、撰写文章。当我在田野中发现盐场人群一族多籍的记载时，两位老师就指出这一现象极为重要，并同我一起解读相关文献，引导我进一步思考，给我灵感思路。黄老师和温老师策划"新经济史丛书"时，就鼓励我以泉州盐场地区的户籍为主题写本书。2018 年 8 月，在贵州的田野考察中，我专门汇报了书稿的主题和篇章结构，黄老师、温老师、谢晓辉、李晓龙、徐靖捷、任建敏、卢树鑫、陈海立等在场的师友给予了许多建议。会后，我厘清了思路，决心聚焦户籍策略，调整书稿结构，删减庞杂枝蔓。此后，黄老师一直关心书稿的进度，多次耐心和我讨论书稿内容，并给出大量修改意见，促使我不断提升书稿质量。

感谢刘志伟教授、陈春声教授和科大卫（David Faure）教授。三位老师的个人魅力和对学术的虔诚与追求时常激励我加倍努力。在我撰写博士学位论文时，三位老师就多次指出我思考的欠缺和需要面对的问题，提醒我注意材料的运用。毕业之后不管是在学术会议还是日常讨论中，刘老师常会一针见血地指出我对明代户籍理解存在的问题，促使我不断反思，进一步挖掘解读文献，努力回答面对的批评，在这一过程中我逐渐对明代户籍有更为全面的把握。感谢吴义雄教授，虽然他研究的方向是近代史，却一直关心我的研究工作与生活，给我不少鼓励和启发。

感谢常建华教授、郑振满教授、陈支平教授。常老师在我博士学位论文开题时提出许多宝贵意见和建议。郑老师在我刚决定研究福建盐政时，就为我提供了灶户资料，经常耐心为我解答福建历史、户籍等方面的问题。陈老师则让我查阅他花了大量时间和精力搜集到的福建地区的许多族谱。感谢宋怡明教授、吴滔教授和谢湜教授，在和他们的讨论中，我受益匪浅。

一路走来，我特别幸运拥有许多志同道合的兄弟姐妹。段雪玉、杨培娜、谢晓辉、田宓、黄素娟等师姐都热衷学术，经常为我答疑解惑。硕士同学申斌时常和我们分享他在经济史、财政史等方面的体会和收获，为我们提供各种相关研究资料。他在日本时帮我扫描了很多日本学者关于明清户籍赋役制度的书，我利用"垂直管理""属地管理"等概念分析明清福建盐场管理模式，正是在和申斌的讨论中形成的。陈文妍、林瑜、陈志光也是陪伴我一路走来的好友，我们互相鼓励，互相支持。在与毛帅、侯娟、陈贵明、覃延佳、李镇等博士同学，以及任建敏、卢树鑫、陈海立、李义琼、刘建莉、胡剑波、黄凯凯、韩燕仪等师弟师妹的交流中，我时常有新想法萌生。特别需要提及的是李晓龙和徐靖捷，他俩虽比我低一级，但我们一起成长。从2007年开始，我们就一起跑田野，一起读文献，每周一次在中山大学园东区119栋409房的讨论，是我们学术路上极为重要且美好的回忆。毕业后，我们进入不同单位工作，但这并没有影响我们对学术的共同爱好。我对明清盐史、户籍的许多认识，正是在和他们的讨论中逐渐形成的。学术路上有他们相伴，感觉极为幸运幸福。

2012 年博士毕业后，我入职兰州大学经济学院。在学院宽松的工作环境中，我得以延续明清福建盐政及户籍的研究，在经济学的熏陶下，我尝试以史学为本，同时运用经济学理论进行研究。本书关于"用脚投票"理论的运用，受益于和经济学院冯国强老师的交流。2021 年，我从兰州大学经济学院调至北京师范大学史学研究中心工作，史学研究中心虽在珠海校区，但与位于北京本部的历史学院一体两翼。历史学院的老师经常到珠海校区上课，也常在珠海校区办会，我得以时常向晁福林、杨共乐、刘林海、张皓、蒋重跃、宁欣、罗新慧、林辉锋、黄国辉教授请教，拓宽视野。在新的工作环境中，史学研究中心主任杨共乐教授、原负责史学研究中心事务的李渊副教授，文理学院历史系何立波、侯树栋、陈奉林教授，郝志景、张尧聘副教授，刘玮宁、徐铖钰等老师都给我提供了很多支持与帮助。

感谢本书编辑陈肖寒博士专业且细心的校对和编辑。感谢李璐男、陈玲、侯冠宇、李荣梅、王琦等"小朋友"，他们都是我在兰州大学经济学院带的硕士，现已在各单位工作。他们帮忙核对了本书的引文、注释，璐男还协助修改了书中的图表。

感谢家人们，是他们的辛苦付出，让我能够抽出时间修改书稿。先生李飞不仅理解和支持我的工作，负责家里大小事务，分担照顾小朋友的任务，还与我讨论书稿内容，并提出许多中肯的意见。谢谢公公、婆婆的大力支持，他们待我如亲生女儿，对我怀有最大的包容、理解和疼爱，不仅全心全意帮忙带娃、操持家务，让我得以"抽离"家庭，安心工作，而且总是想方设法让我多吃点，做饭总是先满足我的饮食要求，这种来自父母最为质朴而感人的爱，让我觉得无比幸运和幸福。父亲一直以来都支持我的工作，即便现在他生活无法自理，仍时常关心我。特别感谢姐姐和姐夫帮忙照顾父亲，使我能安心在外工作。

行文至此，田野过程中给我提供大量帮助的人又一一浮现在我的脑海中，他们有的是当地文博档案机构的工作人员，有的是保安大叔，有的则是田野村落的父老乡亲，我铭记于心，限于篇幅，不能在此一一列名感谢。所以，本书不仅是我个人在学术道路上的成长印记，同样凝聚着众多关爱我之人的深情厚谊。

2024 年 12 月 8 日于深圳花城

图书在版编目（CIP）数据

择利而从：明代泉州盐场人群的户籍策略 / 叶锦花
著 .-- 北京：社会科学文献出版社，2025. 1.
（新经济史丛书）. --ISBN 978-7-5228-3509-9

Ⅰ .D691.6

中国国家版本馆 CIP 数据核字第 2024QF2763 号

· 新经济史丛书 ·

择利而从：明代泉州盐场人群的户籍策略

著　　者 / 叶锦花

出 版 人 / 冀祥德
责任编辑 / 陈肖寒
责任印制 / 王京美

出　　版 / 社会科学文献出版社·历史学分社（010）59367256
　　　　　　地址：北京市北三环中路甲29号院华龙大厦　邮编：100029
　　　　　　网址：www.ssap.com.cn

发　　行 / 社会科学文献出版社（010）59367028
印　　装 / 北京联兴盛业印刷股份有限公司

规　　格 / 开　本：787mm×1092mm　1/16
　　　　　　印　张：23.25　字　数：291千字
版　　次 / 2025年1月第1版　2025年1月第1次印刷
书　　号 / ISBN 978-7-5228-3509-9
定　　价 / 98.00元

读者服务电话：4008918866

版权所有 翻印必究